KB068324

스웨트
SWEAT

들고 뛰고 헤엄치며 흘리는
모든 땀에 관하여

빌 헤이스
지음

김희정
정승연
옮김

RHK
알에이치코리아

불멸의 신들이 그렇게 만들었다.
뛰어남의 경지에 이르고 싶다면 먼저 땀을 흘려야 한다.

— 헤시오도스Hesiod, 《일과 날*Works And Days*》, 기원전 700년

〈지롤라모 메리쿠리아레*Girolamo Mercuriale***(히로니뮈스 메르쿠리알리스***Hieronymus Mercurialis***)〉**

삽화가 들어간 최초의 종합 운동 연구서 《체조술*De arte gymnastica*》의 저자,
동판화, 요한 테오도어 데 브리 작,
1598년경. 암스테르담 국립미술관 소장. 암스테르담.

〈알레산드로 파르네세 추기경*Cardinal Alessandro Farnese*〉

티티안 작. 1545~1546년경. 카포디몬테 미술관 소장. 나폴리.

〈레슬러들_**Wrestlers**_**〉**

메리쿠리아레의 1573년작 《체조술》 속 삽화. 피로 리고리오 작.
저자가 촬영한 사진. 스웨덴 스포츠 및 보건 과학 학교 소장. 스톡홀름.

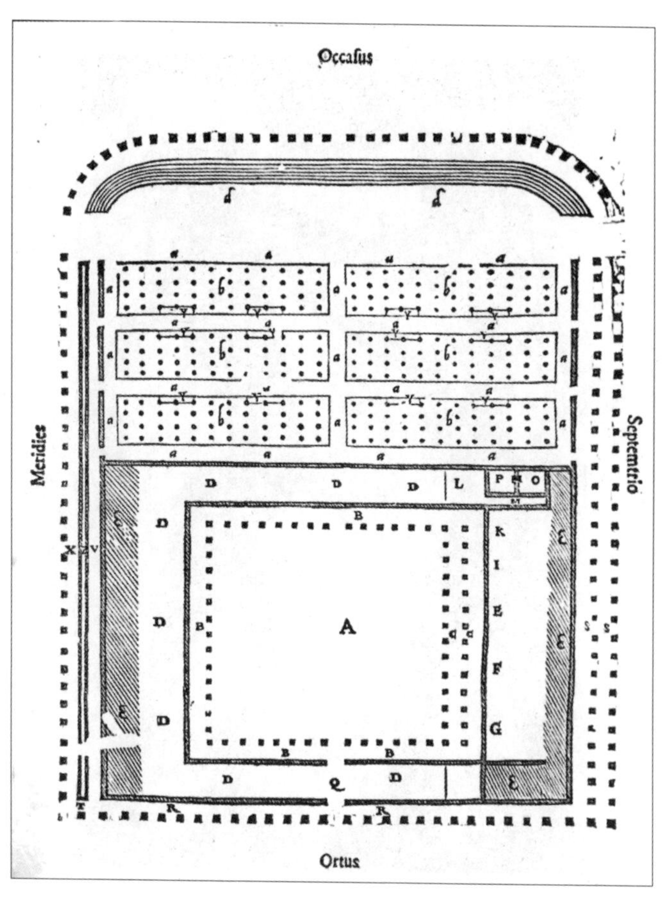

비트루비우스*Vitruvius*의 글에 기초한 체육관 설계도

메리쿠리아레의 1569년판 《체조술》 속 삽화.

저자가 촬영한 사진. 스웨덴 스포츠 및 보건 과학 학교 소장. 스톡홀름.

프레스코화 〈아크로타리 복서들*Akrotiri Boxer*〉

운동을 묘사한 최초의 작품 중 하나인
〈복싱하는 소년들〉로 산토리니섬인 고대 테라 궁전 벽에 그려져 있었다.
기원전 1700년경. 아테네 국립 고고학 박물관 소장.

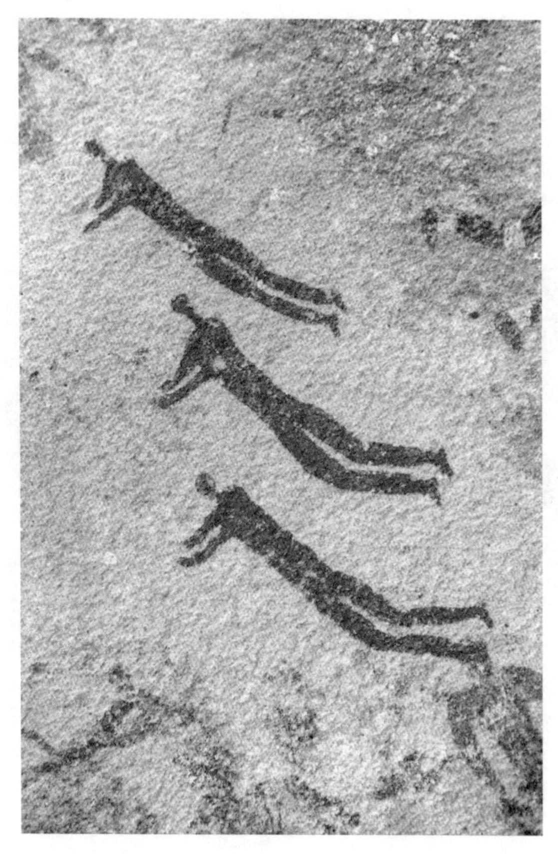

〈헤엄치는 사람들의 동굴*Cave of the Swimmers*〉 속 그려진 사람들의 모습

기원전 9000년경. 수영을 묘사한 최초의 작품 중 하나.
메스테카위 동굴. 길프 케비르 서부 사막, 이집트.

에르투리아의 〈사냥과 낚시의 무덤*Tomb of Hunting and Fishing*〉 속 다이버의 모습

고고학자들은 이러한 묘사가 담긴 장면이 수영하는 법을 아는가에 따라
생사가 갈리던 시대의 일상을 나타낸 것이라고 믿는다.
기원전 6세기경. 타르퀴니아.

제라르 티보 단버스*Gérard Thibault d'Anvers*의 《검술학》 속 그림

1630년. 매우 정교한 삽화와 함께 검술을 다룬 책. 저자가 직접 촬영.
스웨덴 스포츠 및 보건 과학 학교 소장. 스톡홀름.

최초의 여성 파라오 중 한 명인 하셉투스 여왕*Queen Hatshepsut***이**
헤브세드 축제*Heb-Sed festival***에서 '달리기 의식'을 하는 모습을 그린 벽화**

인류의 달리기를 묘사한 최초의 작품 중 하나로,
사냥이나 생존의 목적이 아닌 신을 숭배하기 위한 행동이었다.
이집트 제18왕조(기원전 1479~1458년경).

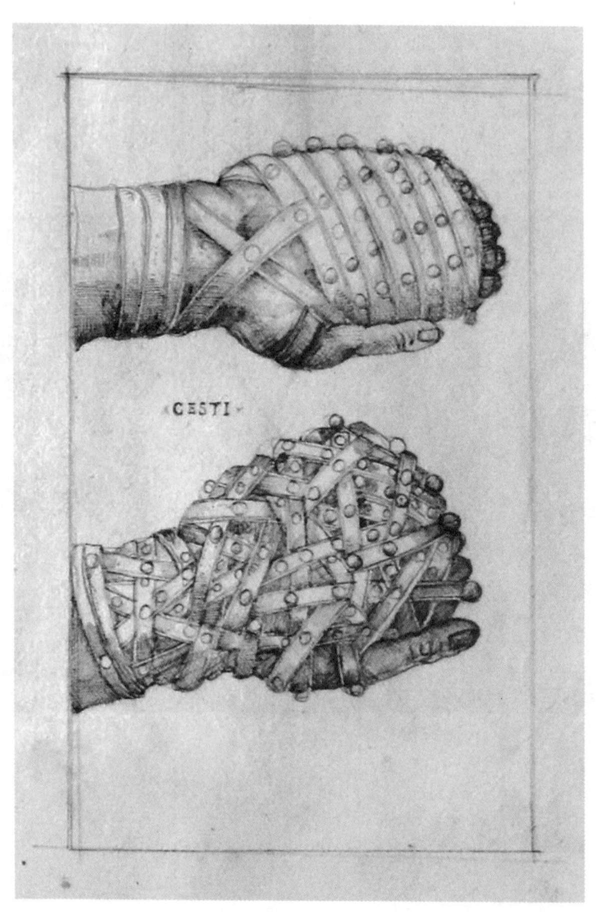

〈카에스투스*Caestus*〉

핸드랩을 감은 복서의 손을 그린 최초의 그림. 피로 리고리오 작.
메리쿠리아레의 《체조술》 속 삽화. 저자가 직접 촬영. 이탈리아 이솔라 벨라의
'보로메오 기록 보관소' 및 보로메오 아레세 일가 제공.

운동하는 여성을 그린 바닥 모자이크, 〈비키니를 입은 소녀들*Bikini Girls*〉

'빌라 로마나 델 카살레', 피아차 아르메리나,
4세기. 유네스코 세계 문화 유산. 시칠리아.

'왕립 중앙 체조 협회'의 수업 현장

남녀 모두에게 오로지 체육 교육을 제공하고
단련시키기 위한 목적으로 1813년 페르 헨릭 링이 설립한 세계 최초의 체조 학교. 1890년경.
스웨덴 스포츠 및 보건 과학 학교 소장. 스톡홀름.

스와미 비베카난다*Swami Vivekananda*

미국 전역을 오가며 수업을 진행하고 세계 곳곳에 요가 센터를 설립한 영향력 있는 요가 마스터. 1885~1895년경, 자이푸르에서의 모습.

오이겐 잔도우*Eugen Sandow*

1893년 나폴레온 새로니가 촬영한 사진. 프러시아 출신 바디빌더로 자신의 '완벽한 신체'로 세계적인 명성을 얻은 잔도우는 자신만의 중량 운동 및 운동법을 다룬 수많은 저서를 출간하고, 미국과 인도 전역을 방문했으며, 자신의 이름을 건 체육관을 설립했다.

〈자전거 옆에 서 있는 바이올렛 워드와 데이지 엘리엇*Violet Ward and Daisy Elliott with Bicycles*〉

유리판 네거티브. 앨리스 오스텐 작. 1895년경. 리치먼드 역사마을 소장.

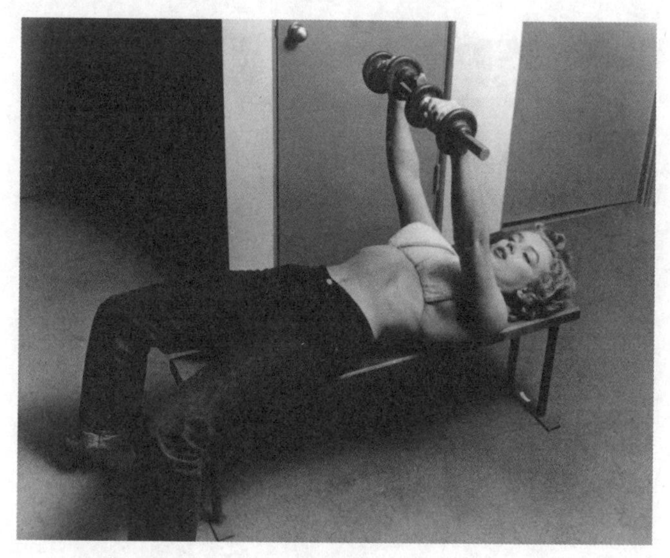

〈운동하는 매릴린 먼로*Marilyn Monroe Working Out*〉

필리페 할스만, 마그넘 포토스. 1952년.

차례

1 뛰어들기 — 25

2 읽히지 못한 경전 — 43

3 체육관의 운동광 — 59

4 운동과 거리가 먼 사람 — 75

5 복서의 일기 — 93

6 도서관의 책벌레 — 115

7 결투 — 127

8 달리기는 최고의 운동이다 — 145

9 배설물과 데오도런트 — 159

10 수영의 깊이 — 173

11 기록 보관소의 수호자 — 193

12 모두가 운동해야 한다는 견해에 반하여 — 209

13 휴식의 원칙 — 223

14 의도된 노동 — 239

15 또 다른 운동의 시작 — 251

16 연마의 길 — 273

17 증진을 위한 증거 — 291

18 섹스어필 — 303

19 거울에 비친 남자들 — 321

20 운동하지 않는 날들 — 335

21 올림피아로 가는 길 — 347

참고 문헌 — 368

뛰어들기

‹The Art of Swimming›, Melchisédech Thévenot, 1696

곧 어떤 일이 벌어질지 내 몸은 전혀 모르고 있다. 나는 셔츠, 반바지, 신발을 차례로 벗고 앉는다. 준비는 되었지만 나는 더 기다린다. 닥쳐올 순간에 좀 더 대비하고 싶지만 그럴 수가 없다. 어떤 계시라도 찾고 싶어 물을 내려다본다. 하지만 그런 건 보이지 않는다. 그러다가 갑자기 뭔가가 나를 앞으로 밀어붙인다. 체념, 조바심, 귀찮게 물어대는 둑 근처의 파리떼 때문인지 모르지만 나는 몸을 날린다. 그 행위에는 어딘가 폭력적인 데가 있다. 몸이 거울 같은 물의 표면을 깨고 그 안으로 뚫고 들어가는 것, 귀에 울려 퍼지는 폭발음 같은 소리, 피부에 닿는 느낌, 피부와 신경과 뼈 그 자체를 지각하는 것. 모든 감각이 고통과 다르지 않다.

고드름이 깨지는 장면을 떠올린다. 날카로움. 물안경을 쓴 눈으로 내가 느끼는 것을 주시한다. 물의 혼란, 감각의 혼란이 펼쳐진다. 호수의 유리 눈알 사이, 그 투명함 사이로 탁한 녹색과 갈색, 검은색, 페인트가 튄 것 같은 흰색이 잠깐씩 번뜩인다. 구부린 내 팔과 공기 거품이 눈앞에 보인다. 장비 없이 물에 뛰어든 스쿠버 다이버가 된 것 같은 느낌에 나는 순간 당황한다. 물이 차갑다. 10도라고 들었다. 이건 옳지 않은 짓이다. 그러나 이런 혼란스러운 생각이 머릿속을 스치는 순간에도 나는 물을 헤치고 앞으로 나아간다.

발을 세게 찬다. 발을 차서 앞으로 나아가면 추위로부터 도망갈 수 있으리라는 본능으로. 지금 할 수 있는 일은 달리 없다. 앞으로 뻗은 팔과 V자를 그린 손이 보이고, 나는 총알처럼 물속을 가른다. 내가 움직이고, 아니 날아가고 있다는 사실, 폐 안의 공기가 없어지고 있다는 사실이 머리를 채운다.

투명한 녹색이 점점 옅어진다. 표면이 가까워지고 있다. 오른손을 있는 힘껏 앞으로 뻗고 왼쪽 팔을 뒤로 젖혀 마치 화살을 당기는 자세로, 몸이 물 표면을 가르고 올라가는 순간 자유형을 시작할 태세를 갖춘다.

수면 위로 부상하는 것은 물에 뛰어드는 것과 정반대인 행동이지만, 느낌은 크게 다르지 않다. 엄청난 감각의 혼란, 온도와 물과 힘과 빛의 감각들이 혼란스럽게 밀려든다. 아, 표면을 뚫고 올라오는 순간 빛이 있다. 호수 기슭과 보트하우스와 나무가 보인다. 나는 공기를 움켜잡는다. (느낌이 그렇다. 공기를 들이킨다는 건 맞는 표현이 아니다. 실체가 있는 것을 힘을 다해 잡는 느낌이다.) 허파 가득 공기를 움켜쥐고, 뻗고, 당기고, 차고, 돌린다. 수영을 한다. 네다섯 번 숨을 쉴 때까지, 전혀 다른 생각이 끼어들 틈이 없는 순간까지 갔다가 몸을 돌린다. 둑으로 기어 올라가는 내 피부와 근육은 탱탱하며 산소로 가득 차 있다.

친구가 왜 그런 짓을 하는지 묻는다. 벌써 10월이고, 호수는 얼음장처럼 차가운데 대관절 무슨 짓이냐는 것이다. 나는 대답한다. "할 수 있으니까 하는 거야."

미국의 작곡가 버질 톰슨Virgil Thomson은 90세가 되고 나서 드디어 운동하지 않아도 되니 너무나도 행복하다고 말했다고 한다. (그는 운동하지 않아도 되는 행복한 삶을 2년 더 즐겼다). 나는 그와 다른 입장이다. 나이 드는 일이 두려운 이유 중 하나는, 내가 더 운동하지 못하게 될까 봐서다. TV 앞에 붙어서, 침대에서 일어나지도 못한 채, 아무것도 들어 올리지 못하고, 달리기도 못하고, 걷지도 못하게 될까 봐. 그렇게 되기 전에 누군가 나를 쏴 죽여주길 바란다. 아니, 잠깐만. 호수에 던져주길 바란다. 이 세상과 작별해야 할 시간이 오면 수영을 하며 떠나고 싶다.

몸을 움직이고 싶은 욕망은 내 유전자 어딘가에 새겨져 있는 것 같다. 12살쯤부터 나는 인간의 몸에 관심이 많았고, 이런 호기심 덕분에 나중에 수면 과학, 인간 혈액의 역사, 19세기 고전《그레이 해부학*Gray's Anatomy*》의 배경에 관한 책들을 쓰게 됐다. 《그레이 해부학》에 관한 조사를 하는 동안 의대 1학년생들과 함께 해부학을 공부하면서 사체 해부에도 참여했다. 모두 저자 헨리 그레이Henry Gray의 경험과 업적을 피부로 느껴보기 위함이었다. 책 작업을 끝낸 후 시간에 여유가 생긴 나는 체육관에서 몇 시간씩 뛰고, 요가를 하고, 실내 자전거를 탔다. 이미 나와 운동 사이에 긴 역사가 쌓인 뒤였지만, 문득 그때 운동 자체에도 오랜 역사가 있으리라는 생각이 들었다. 체육관에서 운동을 하던 12년 전 어느 날 오후의 일이다.

그날도 나는 유산소 운동 중에 내가 제일 좋아하는 '천국의 계단(계단을 오르는 동작을 반복하도록 만든 운동 기구, 스테퍼라고도 함—옮긴이)'에 올라섰다. 만만치 않은 운동이라는 점도 한몫하지만,

천국의 계단은 다른 기구를 사용하는 사람들보다 1m 정도 높이 있어 뭔가 심리적으로 고양되는 기분이 들고 뭐든 다 정복할 수 있을 것 같은 느낌을 준다. 그날도 항상 하던 프로그램을 기구에 입력했다. 지방 연소, 레벨 15, 25분. 손 닿는 곳에 수건과 물병을 놓고 이어폰을 귀에 꽂았다. 내 손가락이 시작 버튼으로 향한다. 강력한 힘을 가진 작은 초록색 동그라미. 누를 때마다 각자의 과거를 깨끗이 지우고 육체의 죄를 용서받는 것이 가능해지는 스위치. 하지만 무슨 이유에선지 그날은 잠시 망설여졌다. 나는 내 앞에 펼쳐진 광경을 다시 한번 둘러봤다. 다양한 나이와 인종의 남녀가 아령을 들어 올리고, 커다란 고무공에 올라 허리를 구부리고, 고문 기계를 연상시키는 기구들에 올라가 몸을 틀어 젖히고, 철봉에 매달려 안간힘을 쓰고 있는 것을 보고 있자니 머릿속에 생각이 하나 떠올랐다. '어쩌다 우리는 여기까지 왔을까? 운동의 시초까지 거슬러 올라가면 어디에 가닿을까?'

나는 한참을 서 있다가 취소 버튼을 누른 다음 물병과 수건을 챙겨 '천국의 계단'에서 내려왔다. 그다음 내가 한 행동은 순전히 반사작용으로 나온 것이었다. 나는 도서관으로 향했다.

도서관은 체육관과 마찬가지로 항상 내게 안전한 피신처가 되어주었다. 체육관이 도서관과 마찬가지로 항상 내게 배움의 장소였던 것처럼. 나는 여기저기를 들쑤시며 탐색을 시작했다. 목록을 뒤져보니 건강과 운동 매뉴얼이 많았다. 대부분 요즘 나온 책이었지만, 놀랄 정도로 많은 책이 19세기 혹은 그 이전에 출간된 것이었다. 제목만 봐도 구미가 확 당기는 《침대에

서 운동하기: 남성의 몸, 천하의 걸작*Exercising in Bed, Man, the Masterpiece*》이나, 제목을 다 읽기에도 숨이 찬 1796년 작《쉽게 오래 사는 법, 생활 태도에 조금씩 관심 가지기; 운동, 휴식, 수면, 배설 등에 관한 다수의 유익한 내용*An Easy Way to Prolong Life, By a Little Attention to Our Manner if Living, Containing Many Salutary Observation, on Exercise, Rest, Sleep, Evacuations, etc.*》 등은 대표적인 예였다. 후자의 저자는 '의료계에 종사하는 신사'라고만 적혀 있었다.

불행하게도 그 고서들은 없어진 지 오래였고, 운동의 기원에 관한 내 질문에 간결하고도 정확한 답을 해줄 만한 책은 찾을 수 없었다. 그걸로 끝이었다. 신경 써야 할 다른 일들이 생겨났고, 그 문제에 대해서는 더 이상 생각하지 않았다. 신경 써야 할 일 중 하나는 뉴욕에 가서 살겠다는 결정이었다. 어릴 적부터 늘 꿈꿔왔던 일인데, 지금 아니면 영원히 할 수 없겠다는 생각이 들었다. 그래서 48살이던 2009년 봄에, 나는 인생을 다시 시작했다. 풀타임 직장을 얻었고, 이제는 저세상 사람이 된 신경학자이자 작가인 올리버 색스Oliver Sacks와 사랑에 빠졌다. 뉴욕이라는 도시를 익히고 알아갔다. 맨해튼 웨스트사이드에서 1년 정도 살다가 이스트사이드로 이사했고, 다시 웨스트사이드로 돌아갔다. 근무 형태가 안정적이었기에 운동 시간을 확보할 수는 있었지만 글을 쓸 여유까지는 없었다. 3년여 동안 체육관을 일곱 번이나 옮겨 다닌 끝에 드디어 나랑 궁합이 맞는 곳에 정착했다. 체육관 역시 나와 육체적 관계를 맺는 존재이므로 궁합이 중요했다.

일상에서 독서를 하는 중에도 간혹 운동과 역사, 역사와 운동이라는 주제를 만나곤 했다. 어떨 때는 필기한 작은 메모지를 책상 서랍에 넣어두기도 했다. 가령, "《프로이트 전기》, 183쪽, 미주 참고할 것" 같은 메모. 내가 접어둔 페이지는 지그문트 프로이트Sigmund Freud의 초기 추종자 중 힘든 운동에 열정을 가진 사람들이 많았다는 사실을 설명하는 부분이었다. 오랫동안 앉아 있어야 하는 심리분석가들의 이미지와 크게 대비되는 부분이었다. 칼 아브라함Karl Abraham(프로이트의 수제자 중 한 명—옮긴이)은 수영과 등산에, 어네스트 존스Ernest Jones(프로이트의 영향을 받아 영국·미국에 정신분석을 정착시키는 데 힘썼으며, 프로이트를 비롯한 유대인 정신분석학자 50여 명을 나치의 박해에서 구출한 것으로 유명하다—옮긴이)는 피겨스케이팅에 심취해 있었다(존스는 프로이트 전기뿐 아니라 피겨스케이팅에 관한 책 《피겨스케이팅의 요소들*The Elements of Figure Skating*》도 집필했다). 프로이트는 산에서 긴 시간 하이킹하는 것을 즐겼다. 어쩐지 잘 어울린다. '우리가 운동을 선택하는 것일까, 운동이 우리를 선택하는 것일까?'라는 생각을 했다.

가끔 내 머릿속에서는 운동하는 사람과 운동이 잘 매치되지 않기도 했다. 카프카Franz Kafka만 해도 그렇다. 그는 1941년 5월에 쓴 일기에 다음과 같이 고백했다. "지난주 내내 매일 밤 옆방 사람이 내 방에 찾아와 나와 레슬링을 했다. 그는 학생인 것 같은데, 온종일 공부를 한 다음 밤에 잠자리에 들기 전 재빨리 운동하고 싶어 한다. 흠, 나와 그는 좋은 적수다. 내가 실수로 질 때도 있지만 둘 중에서 내가 더 힘도 세고 기술도 좋다. 하지만 그는 나보다 훨씬 끈기 있다." 본인이 그렇다고 하니 믿을 수밖에.

어느 날 신문에서 알베르트 아인슈타인Albert Einstein이 자전거를 타고 가는 모습이 담긴 유명한 사진을 발견하곤 찢어서 책상 위에 붙여뒀다. 그전에도 수없이 많이 본 사진이었다. 하지만 새로운 각도에서 생각하게 됐다. 아인슈타인이 건장한 운동선수처럼 보이진 않았지만 그렇다고 한 번도 운동을 안 한 사람처럼 보이지도 않았다. '자전거를 자주 타고 다녔을까? 한 번 타면 얼마나 오래 탔을까? 저 자전거는 본인 것일까?' 답을 찾기 위해 아인슈타인에 관한 책을 3권이나 뒤적였지만 여전히 궁금증은 풀리지 않았다. 그 덕에 그가 세일링을 좋아했다는 사실을 알아냈기에 아마도 수영은 할 줄 아는 사람이었을 것이라 추측할 수 있었지만 말이다. 나는 그것도 메모해 두었다.

메모에는 이런 내용도 있었다. 토마스 만Thomas Mann을 인용하자면 레오 톨스토이는 괴테와 마찬가지로 "몸을 움직이는 운동, 체력 단련, 스포츠의 즐거움"을 좋아해서 자전거를 긴 시간 탔고, 심지어 60세의 나이에도 20마일(약 32km) 이상 자전거를 탈 때가 많아서 아내를 크게 걱정시키곤 했다. 갑자기 톨스토이와 아인슈타인이 철인 3종 경기에서 경쟁하는 장면이 떠올랐다. 과연 누가 이길까? 어쩌면 여성이 이길지도 모른다. 폴로늄polonium을 발견한 후 마리 퀴리는 무엇을 했을까? 그해 여름 그는 남편 피에르와 같이 일하던 작은 실험실을 닫고 함께 프랑스 남부로 가서 자전거도 타고 하이킹도 하며 휴가를 즐겼다. 원기를 회복해 돌아온 그는 평생에 가장 중요한 업적을 이뤄냈다. 라듐radium을 발견한 것이다.

앤디 워홀Andy Warhol의 일기에서 언뜻 본 세 문장은 잊고 있던 미러볼의 추억을 되살려줬을 뿐 아니라 워홀에 관한 많은 것을 알려주었다. “체육관에 갔다. 기구에 올라가라고 해서 그렇게 했더니 거꾸로 뒤집는 바람에 주머니에 들어 있던 약이 모두 쏟아졌고, 머리카락도 떨어질 뻔했다. 그런 다음 디스코 데크에 갔다.” 뜬금없는 생각이 들었다. ‘떠들썩하던 중력 부츠는 그다음에 어떻게 됐더라?’

프로젝트를 점점 더 구체화하면서 나는 내가 최근 10~20년 사이의 운동 트렌드에는 별 관심이 없다는 사실을 깨달았다. 이 책은 실내 자전거나 크로스핏CrossFit(다양한 종목을 섞은 교차 운동으로 온몸을 고루 발달시키자는 취지의 미국 운동 단체.—옮긴이)이나 다른 유행에 관한 책이 되지는 않을 것이 확실했다. 그런 건 직간접적으로 다 경험한 것들이니까. 이 책은 지금까지 내가 몰랐던 더 깊은 역사를 담을 것이다. 내가 하는 운동, 내 몸이 지금 경험하는 것과 우리 기억 속에서 희미하게 사라져가는 과거의 지혜를 연결하고 싶었다. 개인적인 역사, 그러나 단정적인 역사가 아닌 것들을 담으려 했다.

나는 생각이 떠오를 때마다 휘갈겨 적기 시작했다. 공책이 없으면 닥치는 대로 아무 데나 메모를 했다. 올리버와 동네 음식점에 갔다가 종이 매트를 엉망으로 만든 적도 있다. 이제 그 식당은 문을 닫았지만, 음식과 포도주가 나오는 사이사이 나눴던 대화의 주된 내용은 여전히 내 가슴에 남아 있다. ‘운동을 기술과 분리할 수 있을까? 운동 자체가 기술일까, 아니면 기술을 얻기 위한 수단일까? 어느 지점부터 운동은 단순한 운동이 아니라 퍼포먼스인 걸까?’ 상그리아를 두 피처 정도 마시고 나면

이 모든 게 훨씬 더 심오하게 들릴 것이다.

'운동한다'라는 의미의 영어 단어 exercise가 사용되기 시작한 것은 14세기다. Exercise는 글자 그대로 '제어를 없애다'라는 의미로, 농장에서 기르는 동물들과 관련해 사용했다. 이 사실을 알고 나자 새로운 시각이 생겼다. 운동은 제어 받지 않은 활동이며, 움직임이 있는 것은 뭐든 운동이라는 것. 하지만 이 단어는 내면의 상태, 존재의 구현 방법과도 관련이 있었다. 우리는 조심스러움, 신중함, 자제심, 좋은 취향, 좋은 매너 등 착한 행동을 하려는 욕구, 혹은 하지 않으려는 욕구를 exercise, 즉 발휘할 수 있다. 선을 구현exercise하려는 욕구만큼이나 악을 구현하려는 욕구도 강하다. 운동 프로그램 전체를 그 주제에 맞춰 짜는 것도 가능할 것이다.

가끔 나는 사람들에게 운동으로 어떤 활동을 하는지, 왜 그런 활동을 하는지 묻기도 했다. 슈퍼맨 같은 체격을 지닌 브롱크스 출신 바텐더는 자기가 피트니스 분야 전체에 혁명적인 변화를 가져올 기술을 개발 중이라고 장담했다. "진짜라니까요." "그래요?" 나는 그에게 몸을 기울이며 귀를 쫑긋했지만 그는 비밀이라며 말을 아꼈다.

친구의 조카인 한 50대 여성은 활기차고 건강미가 넘쳤는데, 매일 아침 샤워를 하기 직전 날마다 같은 음악 두 곡에 맞춰 쉬지 않고 춤을 춘다고 했다. 내 단골 러시아인 이발사의 운동 종목은 핸드볼인데, 그는 겨울에도 예외 없이 운동한다고 했다. 그는 퀸즈의 오래된 코트에 친구들과 모여 시합을 하는데, 겨울에는 뜨거운 물을 담은 양동이에 공을 따뜻하게 담가야 탄력을 유지할 수 있다고 내 머리를 바리캉으로 짧게 밀면서 설명했다.

핸드볼은 우리 아버지가 하던 운동이었다. 하지만 요즘은 거의 아무도 핸드볼 이야기를 하지 않는다. 레슬링은 또 어떤가. 한때 올림픽 대표 종목이었지만 몇 년 전 공식 종목에서 거의 제외될 뻔한 위기까지 겪지 않았던가. 얼마나 슬픈 일인가. 레슬링과 비슷하게 멸종 위기에 처하거나, 사어死語처럼 아무런 기록도, 묘사도 남기지 못한 채 이미 멸종되어버린 운동도 있지 않을까? 내 충실한 동반자, '천국의 계단'도 곧 역사의 뒤안길로 사라질까? 이 문제를 전문가와 상의할 때가 되었다는 사실이 서서히 분명해졌다.

~

후텁지근한 7월의 어느 날 오후, 너무 덥고 끈적거려서인지 이스트 할렘 거리가 거의 텅 비어 있었다. 나는 약속 시간인 오후 1시보다 1분 앞서 목적지에 도착했다. 그즈음 습관처럼 가지고 다니는 수건으로 땀을 닦은 다음 무거운 금색 문을 열고 뉴욕 의학 아카데미New York Academy of Medicine에 들어섰다. 150년 전통을 자랑하는 존경받는 연구 및 보호단체였다. 나에게 인사를 건넨, 상냥해 보이는 젊은 경비원에게 내 이름을 말했다.

이윽고 '역사 자료 컬렉션' 사서 알린 셰이너Arlene Shaner 씨가 대리석이 깔린 로비로 나왔다. 부드러운 목소리에 우아한 분위기의 그녀는 나랑 비슷한 연령대로 보였다. 큰 키에 홀쭉한 몸이 살짝 휜 듯 구부러져 보이는 데다 머리카락이 은회색이어서 민들레 홀씨를 연상시켰다. 어릴 때 여름이 되면 '후~' 불면서 소원을 빌었던 민들레 홀씨 말이다. 나는 그녀를 따라 엘리베이터를 타고 3층으로 올라간 다음 복도를 따라 방 몇 개를 지나쳤다. 무도회장처럼 천정이 높고 책 말고는 아무것도 없는 커다란 방들을 지나 굽이치는 계단을 오른 그녀는 텅 빈 복도를 잠시 걸어가더니 이윽고 어떤 문 앞에 멈춰 섰다. 황토색 작은 글씨로 '희귀 장서'라는 명패가 붙은 문이었다.

잠긴 문을 연 셰이너 씨가 나를 방 안으로 안내했다. 카드 목록이 든 장 위에 놓인 6개의 인간 두개골이 나를 맞았다. 연결된 두 방의 벽 전체에 꽂힌 책들과 오래된 책에서만 나는 특유의 퀴퀴한 냄새를 마주한 순간, 내게는 다중적인 차원의 기시감이 밀려들었다. "아, 좋은 냄새." 나는 중얼거렸다. 내가 앞을 볼 수 없어도, 냄새를 따라가기만 해도 책상과 의자를 돌아서 여러 사다리 중 하나를 타고 올라가 매우 오래된 책들이 꽂힌 제일 높은 선반을 찾는 데에 아무 문제가 없었을 것이다.

나는 셰이너 씨의 책상 근처에 있는 개인 열람석에 자리를 잡고 가방의 지퍼를 열었다. 그런 나를 본 셰이너 씨는 사서들의 귀에만 들리는 주파수를 포착하기라도 한 듯, 일련의 '안 됩니다'로 선제공격을 했다. "펜 안 됩니다. 가방에서 아예 꺼낼 생각도 하지 마세요." 세상 단호하고, 세상 친절한 목소리로 그녀가 말했다. "물병도, 음식도 안 됩니다. 휴대전화도 안 됩니다. 허락 없이 사진 촬영도 안 됩니다."

나는 눈 하나 깜빡하지 않고 그의 입에서 나오는 모든 단어를 온몸으로 흡수했다. 이 21세기 미네르바의 명령에 즐겁게 복종할 준비가 되어 있었다. '희귀 장서' 열람실은 그의 영역이었고, 내가 그곳의 임시 거주자로나마 허락된 것이 행운처럼 느껴졌다. 노트북은 허락받았으나 어쩐지 어울리지 않는 느낌이어서 나는 가방 안에 그대로 두고 공책과 연필을 꺼냈다.

열람하고 싶은 책 10권을 미리 신청해 둔 터였다. 그냥 고른 숫자가 아니었다. 탐욕스럽게 보일 정도로 많지는 않고, 진지하지 않다는 인상이 들 정도로 적지 않은 숫자가 바로 10이었다. 나도 연구 도서실에서 시간을 보낼 만큼 보내본 터라 이제는 불문율을 잘 알고 있었다. 셰이너 씨는 내가 예약한 책(주로 의학 역사 부문에서 잘 알려진 저자들의 책)들이 담긴 도서관 카트를 끌어다 주고, 종이 책갈피 한 더미와 스펀지로 감싼 독서대를 내게 안겨 주었다. 자기 책상으로 돌아가는 그의 뒷모습을 보면서 나는 찌릿한 흥분감을 느꼈다. 도약대에 선 다이빙 선수, 출발선에 선 주자가 출발 신호 전 카운트다운을 들을 때 느끼는 울렁거림이라고나 할까. 나는 히포크라테스의 저서로 손을 뻗었다(처음으로 거슬러 올라가 시작하는 것이 좋을 것 같았다). 그리고 그제야 카트에 담긴 책이 10권이 아니라 11권이라는 사실을 깨달았다. 낯선 제목이 적힌 책을 집어 들었다. 보통보다 더 큰 판형인 그 책에는 모래색의 보호 케이스가 씌워져 있었다. "실례가 되는 줄 알지만 제가 임의로 골라본 책이에요. 그 책을 보고 싶어 하실 것 같았거든요." 셰이너 씨가 책상에 앉은 채 그렇게 말했다.

나는 그 책을 케이스에서 꺼내 조심스럽게 손에 들었다. 작은 덤벨 혹은 큰 인간 두뇌 정도 되는 무게를 느끼면서, 그냥 중간 아무 데나 자연스럽게 펼쳐지도록 했다. 그렇게 내 눈 앞에 펼쳐진 장면은 벌거벗은 남자 둘을 그린 그림이었다. 몸이 서로 꼬이고 뒤엉켜 있는데, 목판화라는 것이 믿기지 않을 정도로 살아 움직이는 듯했다. 엉킨 팔다리가 누구의 것인지 분간하기가 어려웠다. 얼핏 보면 이 건장한 남성들이 뒤엉킨 채 싸우는 것처럼 보이기도 하고, 낭만적인 포옹을 하는 것처럼 보이기도 하지만, 사실 그들은 바로 레슬링을 하고 있었다. 나는 셰이너 씨 쪽을 보고 뻐끔대며 말했다. '너무 좋은데요.' 그도 소리 없이 입 모양으로만 대답했다. '그럴 줄 알았어요.' 방 안에는 아무도 없었지만 우리는 속삭이는 소리조차 내지 않았다.

표지 바로 안에는 책의 유래를 타자기로 쓴 작은 메모가 들어 있었다. 내 손에 들려 있는 책은 탄생 시기가 1573년으로 거슬러 올라가는, 《체조술*De arte gymnastica(The Art of Gymnastics)*》의 희귀하고도 소중한 삽화 에디션이었다. 거의 새것처럼 잘 보존된 그 책의 저자 지롤라모 메리쿠리아레Girolamo Mericuriale는, 처음 들어보는 이름이었다.

그때만 해도 이 책으로 인해 내가 2천 년의 세월을 건너 세 개의 대륙을 방문하고, 수십 가지 형태의 운동을 연구하게 될 것이라는 사실을 알지 못했다. 나는 화려한 이탈리아의 궁정들과 고대 그리스 유적지들, 온갖 종류의 운동 시설을 방문할 것이었다. 그리고 여러 나라 도서관 깊은 곳에 꼭꼭 숨겨진 (가끔 비타협적인 태도를 보이는 고집 센 사서들의 보호하에 있는) 고대 희귀본들을 직접 만나 볼 것이었다. 그 책들은 내용뿐 아니라 만듦새, 퇴색한 표지, 냄새 같은 물리적 존재감으로 운동이라는 예술이 어떻게 만들어지고, 사라지고, 다시 발견되었는지 점점 커지는 내 질문에 답이 되어주었다.

나는 첫 페이지를 폈다.

책은 하나의 상상에서 시작됐다. 폐허가 된 건물들, 한때 어떤 모습이었는지 짐작하기도 힘든 광경이 펼쳐져 있었다. 메리쿠리아레는 '넋을 잃을 정도로 감탄하며' 널찍한 목욕탕과 운동 시설의 무너져가는 유적들을 바라본다. 고대 그리스와 로마인들이 '운동이라는 단 하나의 목적을 위해 지은' 건물들이었다. 그 유적을 바라보던 그에게 갑자기 멋지고도 피할 수 없는 생각이 하나 떠올랐다. 이 주제에 관한 책을 집필해서 "이 잃어버린 예술이 가지고 있던 원래의 장대함과 고대의 존엄성을 돌려주겠다"는 결심이다. 현대 해부학에 안드레아스 베살리우스 Andreas Vasalius가 집필한 《사람 몸 구조에 관하여(파브리카) *De humani corporis fabrica*》가 있다면, 그의 책은 잃어버린 고대 그리스·로마 사람들의 체육 예술을 되살리는 데 맞먹는 역할을 할 만한 존재였다. 왜 그때까지 아무도 그 일을 하지 않았는지에 대해 이야기하면서, 메리쿠리아레는 다음과 같이 말했다. "감히 말할 수 있는 일은 아니다. 내가 유일하게 아는 것 하나는 이 일이 엄청나게 유용하겠지만 막대한 노력이 들어갈 것이라는 사실이다."

이후 몇 년 동안 그는 로마의 여러 도서관에 틀어박혀 고대와 그 이전에 살았던 200여 명 이상의 작가들이 쓴 책을 공부했다. 그렇게 기원전 5세기부터 내려오는 구체적인 운동 지침을 포함한, 고대 그리스 건강 및 피트니스 안내서의 르네상스 버전이 만들어졌다. 그러나 그때 나는 그런 사실을 알지 못했다.

그 더운 여름날, 텅 빈 도서관 열람실에 앉아 있던 내가 알고 있는 유일한 사실은 내가 메리쿠리아레의 걸작을 읽지 못한다는 것이었다. 내가 모르는 언어였다. 내가 할 수 있는 최선은 페이지를 넘기면서 계속, 반복적으로 나오는 단어가 있다는 사실을 깨닫는 일뿐이었다. 내가 잘못 안 것이 아니라면 라틴어로 엑세르시타티온exercitation은 exercise, 즉 운동이라는 단어였다.

읽히지 못한 경전

나의 소명은 운동의 아름다움이 지닌 빛을 복원하는 것이었다.
그것은 한때 고귀하게 여겨졌으나, 이제는 생명을 잃고 스러졌다.

—지롤라모 메리쿠리아레, 《체조술》

‹In the library›, Georg Reimer, 1850-1866

나는 오후에 생기는 모든 여유 시간을 의학 아카데미의 서가에서 보냈다. 세차게 울리는 음악, 흘러내리는 땀방울, 벌겋게 달아오른 사람들이 자아내는 체육관의 열기를 도서관의 고요와 정체, 축축하고 스산한 공기, 손만 대도 부서질 듯한 고서들과 맞바꾼 것이다. 두 공간 모두 나름의 퀴퀴함이 있었지만 그 외에는 거의 공통점이 없었다.

셰이너 씨와 나 사이에는 루틴이 생겼다. 주초에 책 6권의 대출을 신청한다. 셰이너 씨가 로비로 나와 나를 맞아준다. 함께 엘리베이터를 타고 3층으로 간다. 희귀 장서실로 걸어간다. 그 모든 과정에서 느껴지는 모종의 격식이 나는 즐거웠다. 특별 출입 권한은 없었지만, 이 미로 같은 곳에서 길을 찾는 건 자신 있었다. 셰이너 씨의 도움을 요청한 여느 학생, 학자 혹은 의학계 종사자와 마찬가지로 나도 그곳의 규칙을 지키고, 그의 지도를 따른다. 이 모든 행위는 책을 향한 존경과 도서관이라는 기관에 대한 존중뿐 아니라 이들을 돌보는 임무를 맡은, 게다가 모르는 것이 없는 셰이너 씨를 향한 경의도 담고 있었다.

운동의 중요성을 설파한 소피스트 필로스트라투스Philostratus부터 독일 체육의 창시자 프레드리히 루트비히 안Friedrich Ludwig Jahn과 국가 체조 전도자로 나섰던 그의 동료들, 미국인 작가 해리엇 비처 스토Harriet Beecher Stowe의 자매이자 19세기 중반의 제인 폰다Jane Fonda라고 할 수 있는 캐서린 스토Catherine Stowe까지. 이들을 만날 수 있었던 건 모두 세이너 씨 덕분이었다. 하나같이 놀라운 인물들이었으며, 매력적인 뒷이야기들을 가지고 있었지만, 나는 메리쿠리아레가 하려 했던 말을 더 듣고 싶었다. '학교에서 라틴어를 공부했더라면 얼마나 좋았을까'라는 생각을 지울 수 없었지만, 설령 그랬더라도 큰 도움은 되지 않았을 것이다. 메리쿠리아레의 말은 이제는 전문가만이 번역해 낼 수 있는 화려한 중세 라틴어로 쓰여 있었다.

흥미롭게도, 나는 그와 관련된 이러저러한 이야기들을 간접적으로 전해 듣고 있었다. 1705년에 출간된 장문의 논문에서 영국의 의학 저자 프랜시스 퓰러 주니어Francis Fuller the Younger는 히로니뮈스 메르쿠리알리스Hieronymous Mercurialis(라틴어로 쓴 메리쿠리아레의 이름)를 반복적으로 인용했다. 퓰러는 심각한 가려움증으로 인해 건강염려증hypochondriasis을 얻게 되었는데, 논문에서 그는 자신을 좀먹던 이 병에 이탈리아의 의사 메리쿠리아레의 운동법을 적용해 치료한 과정을 적고 있다. 퓰러는 이미 메리쿠리아레의 추종자가 되어 있었다.

~

격정적으로 땀을 흘리는 일이 혈액의 질을 떨어뜨릴 거라 생각하겠지만, 사실은 그와 반대다. 열대 지역에 사는 사람들이 다량의 땀을 흘리는데도 오히려 더 생기 있고 활기차 보이는 것과 마찬가지다. 따라서 적당한 운동, 즉 몸의 자연적인 열을 배가시키는 행위는 혈액의 질을 높여준다.

또 다른 영국인 저술가 리처드 멀캐스터Richard Mulcaster는 메리쿠리아레와 동시대인으로 머천트 테일러스 스쿨Merchant Taylors' School(당시 영국에서 가장 큰 학교)의 교장직을 지낸 인물이다. 1581년, 그는 자신의 교육서 《위치*Positions*》를 통해 학교 교육과정에 운동이 포함되어야 한다고, 즉 체육 수업을 교과목으로 채택해야 한다고 주장했다. 이에 대한 근거로 멀카스터는 "우리 시대 최고의 지성인이자 이탈리아의 의사 히로니뮈스 메르쿠리알리스에 준할 자는 아무도 없을 것이다. 그는 모든 저술가의 거대한 고통을 덜어냈으며, 체조·운동에 관한 모든 문제에 관심을 쏟았고, 이 물음에 대해 나의 가슴에 새길 조언을 남겨주었으며, 그의 조언은 나의 목적과 완벽하게 일치했다"고 밝혔다.

실제로 《위치》에 담긴 내용의 많은 부분이 메리쿠리아레의 《체조술》을 기반으로 하고 있다. 어떻게 멀카스터는 이러한 생각에 도달할 수 있었을까? 그는 엘리자베스 여왕의 측근이었고, 셰익스피어와도 알고 지낸 것으로 보인다. 심지어 셰익스피어의 작품 《사랑의 헛수고》에 나오는 올로페르네스 교장은 멀카스터를 모델로 삼아 만든 인물이라고 전해진다. 이렇게 보니 16세기 후반에도 세상은 무척 좁았던 듯하다. 그렇다면 셰익스피어도 메리쿠리아레의 저서에 대해 알고 있었을까?

메리쿠리아레의 초상화를 보고 있으니, 이상하게도 두 사람은 닮은 구석이 있었다. 메리쿠리아레는 턱수염과 민머리, 툭 튀어나온 이마를 가졌는데, 마치 자신이 얼마나 똑똑한 인물인가를 보여주기 위해 의도적으로 가꾼 듯한 외모였다. 메리쿠리아레에 대해 내가 아는 사항은 다음과 같다. 지롤라모 메리쿠리아레는 현대의 이탈리아 로마냐주의 중심 지역인 포를리Forli에서 1530년 9월 30일에 태어났다. 의사의 아들이었던 그는 베니스 대학교에서 의학 및 철학 학위를 취득하고, 가정 및 파도바 대학교에서 공부를 이어갔다(파도바는 안드레아스 베살리우스가 해부학을 강의하고 1543년에 출간된 그의 걸작을 완성한 곳이지만, 아쉽게도 메리쿠리아레가 왔을 때는 이미 그가 대학을 떠난 후였다). 졸업하기 전부터 메리쿠리아레는 학자이자 정체된 현실에 도전하는 것을 두려워하지 않는 의학 분야의 권위자로서 자신의 이름을 널리 알리기 시작했다. 22살에는 아직 자신의 자녀를 두지 않았음에도 불구하고 육아 관련 저서 《노모테라스무스*Nomothelasmus*》를 집필해 당시 관례였던 유모 고용에 반대하고, 어머니가 직접 모유를 수유하는 것이 아이의 건강에 도움이 된다고 말했다.

메리쿠리아레는 의업에 종사할 생각으로 고향에 돌아와 정착했다. 의사로서 그는 환자들의 다양한 문제(질환, 중병, 가벼운 부상 등)를, 오늘날의 소도시 일반의들과 비슷한 태도로 치료했다. 그러나 중대한 예외 사항이 있었다. 당시 의술은 여전히 비과학적인 명제인 고대 '히포크라테스의 4체액설'을 기반으로 하고 있었다. 이 가설은 체액이라고 부르는 네 가지 물질(피, 가래, 황담즙, 흑담즙)이 사람의 건강 상태를 결정짓는다는 내용을 골자로 한다. 넷 중에 하나 이상의 물질이 과하게 많거나 부족해지면 우리 몸의 눈금이 한쪽으로 기울어 병에 걸리고, '이상 체질'이 된다. 따라서 치료법에는 이러한 체액의 균형을 다시 맞추기 위한 방책으로 사혈, 설사와 구토 유도, 금식, 발한, 배뇨 유도, 관장 등이 포함됐다. 현대인의 관점에서 이러한 치료 방식은 혜택만큼 해악도 끼쳤을 것이라는 게 명백해 보인다. (당시 철학자 프란시스 베이컨Fransis Bacon은 '때로는 치료의 고통이 질병보다 더하다'고 말했는데, 아마도 개인적 경험에서 비롯된 발언일 가능성이 높다). 메리쿠리아레가 의사로 일하던 당시 베살리우스의 해부학은 전통 의학에 영향력을 행사하기에는 낯선 지식이었다. 심장 박동에 의해 혈액이 순환된다는 윌리엄 하비William Harvey의 발견은 60년이나 지나서 나왔고, 전염병에 관한 완벽한 이해도 19세기 이후에나 이루어졌다.

메리쿠리아레의 의사 초기 시절 일상에 대해서는 알려진 바가 거의 없다. 하지만 그의 품행이 어떠했는가에 대해 추론은 해볼 수 있을 것이다. 메리쿠리아레가 변덕스러운 사람일 것이라 상상했다면, 이름의 스펠링(영어 mercurial은 '변덕스러운'이란 뜻이다—옮긴이)에서 느껴지는 뉘앙스 때문일 수도 있다. 그는 불처럼 타오르거나 툭 하면 화를 내는 기질의 사람이라기보다는 차분하고 낙관적인 사람이었던 듯하다. 포를리 사람들의 존경을 얻어 1562년 외교 사절 자격으로 로마에 보낼 적임자에 지목된 것도 날카로운 지성, 학구적인 태도와 더불어 그의 이러한 성격 덕분이었을 가능성이 크다. 그는 로마에서 부유한 권력자 집안인 파르네세 가문의 자손이자 타계한 교황 바오로 3세의 손자인 알레산드로 파르네세 추기경Cardinal Alessandro Farnese을 만났다(그렇다. 당시 교황은 결혼해도 괜찮았다). 파르네세가 메리쿠리아레에게 가문의 개인 주치의 자리를 제안한 것은 아마 그의 모습에서 큰 감명을 받아서였을 것이다. 이 직위를 통해 메리쿠리아레는 바티칸 도서관뿐 아니라 파르네세 가문의 훌륭한 전용 도서관에 출입할 수 있었으며, 그의 긴 일생에 걸쳐 완성한 수많은 저서 중 하나인 《체조술》 집필을 시작할 수 있었다. 그는 67세에 포를리에서 눈을 감았고, 《체조술》의 마지막 판본은 17세기에 출간됐다.

나는 거기까지가 전부라고 생각했다. 하지만 어느 날, 셰이너 씨가 텍사스주 오스틴에 있는 어느 희귀 장서 담당 사서를 소개해 주었고, 그를 통해 《체조술》의 이탈리아어판이 1996년 이탈리아 피렌체에 있는 한 예술 서적 출판사를 통해 나왔다는 사실을 알게 되었다. 그 책은 최초로 완전 영역본을 싣고 있었지만, 이제는 절판되어 뉴욕의 서점이나 도서관은 물론이고 온라인에서도 구할 수가 없었다. 고민 끝에 (내게는) 엄청난 액수의 돈을 이탈리아 출판사에 지불하고, 그들이 가지고 있던 남은 사본을 손에 넣은 나는 그 책을 옮긴 번역가를 찾아 나섰다. 메리쿠리아레의 책에 대해 처음 알게 된 날로부터 거의 딱 1년이 지난 뒤, 나는 오로지 한 사람을 만나기 위한 목적으로 런던행 비행기에 올랐다. 우리는 7월 첫째 주 월요일 오전 11시, 런던 웰컴 의학사 도서관에서 만나기로 약속했다.

뉴욕을 떠나기 전 세부 사항들을 확인하는 메시지를 보냈더니 답장으로 아래와 같은 안내가 담긴 엄청난(!) 이메일이 왔다. 요점을 확실하게 짚은, 깔끔하고 군더더기 없는 내용이었다.

친애하는 헤이스 씨에게,

'학술지 S-Z'라고 써 있는 가장 끝 쪽의 정기 간행물 코너에 앉아 계실 것을 제안합니다. 제가 그곳으로 가겠습니다.

곧 뵙죠, 비비안으로부터.

1시간 일찍 도서관에 도착했다. 전에 이 도서관에 와본 경험이 있어, 공항을 방불케 하는 보안 검색 절차가 기다리고 있다는 사실을 이미 알고 있었다. 세상 그 무엇으로도 대체할 수 없는 장서들이 있다는 걸 생각하면, 이해할 만하다.

약속 장소로 가서 그곳에 있는 인도 동물 협회의 학술지를 읽기 시작했다. 근처에 다른 도서관 이용객이 전혀 없었다. 아마 늘 그렇기에 여기 앉으라고 했구나, 라는 추측이 들었다. 시계 바늘이 11시 정각을 가리키자, 비비안 누턴 박사가 모습을 드러냈다. 키 큰 60대 신사인 그를 보자마자, 펄럭이는 트렌치코트와 뾰족한 코가 가장 먼저 눈에 들어왔다. 위풍당당한 새 같은 첫인상이었다. 케임브리지 대학교의 교수였던 그는 현재 유니버시티 칼리지 런던University College London의 의학사 프로그램을 총괄하고 있었고, 고대 의학과 의사들에 관한 연구 분야에서 세계 최고 전문가였다. 누턴 박사는 갈레누스Galenus가 주제인 다수의 권위 있는 저서를 포함해 12권이 넘는 학술 서적과 수백 개에 달하는 학술 논문을 집필했다.

자리에 앉기도 전에 누턴 박사가 나에게 물었다. "어떤 계기로 메리쿠리아레에 관심이 생기신 건가요?" 친근함이 느껴지는 미소를 담아 던진 물음이었지만 상대를 유심히 살피는 눈빛과 사무적인 태도가 느껴졌다. 보안 검색 절차는 여전히 진행 중이었다. "호기심입니다. 다른 이유는 없어요." 나는 운동의 역사에 대해 모두 알고 싶어 노력했던 것처럼, 메리쿠리아레에 관한 것이라면 가능한 한 전부를 알고 싶었다고 설명했다. "누턴 박사님은요?"나는 그를 비비안이라 부를 용기가 나지 않았다.

그는 처음 메리쿠리아레에 대해 알게 된 시점은 40년 전이며, 케임브리지에서 강사로 일하면서 르네상스 시대의 고대 의학에 관해 가르칠 때였다고 했다. "메리쿠리아레는 16세기가 낳은 위대한 학자이자 저명한 의사였죠." 오늘날 학계 외의 사람들에게는 거의 알려지지 않은 인물이지만, 그는 시대를 대표한 위인이자, '옛것의 위대함을 발견하고 과거의 역사를 새로 쓰고자 앞장섰던' 6명의 대표 인물 중 하나였다. 새로운 인본주의 정신을 따라 고전 예술 및 철학과 마찬가지로 사람들은 의학 또한 인류 최대의 업적으로 여겼다. "결국 이런 흐름 자체가 르네상스였던 거죠."

누턴 박사는 대규모 강의실에 익숙한 강사답게 분명하고 확실한 억양으로, 한 글자도 놓치지 않고 메모할 수 있을 정도로 또박또박 천천히 말했다. 우리가 도서관에 앉아 있다는 사실은 괘념치 않는 것 같았다. 나는 마치 맨 앞줄에 앉아 즉흥적으로 열린 마스터 클래스를 단독으로 듣는 학생이 된 기분이 들었다. 그는 무엇보다도 《체조술》이 단 한 명의 독자를 염두에 두고 쓰인 책이며 초판본의 주인공은 파르네세 추기경이었다고 설명했다. 메리쿠리아레가 주치의로서 자신의 책무를 다한 것은 두말할 것 없는 사실이지만, 그 이전부터 그는 현대의 맥아더 재단

MacArthur Foundation의 '지니어스 그랜트genius grant'에 맞먹는 혜택을 누리고 있었다. 열렬한 수집가였던 파르네세의 오래된 것들을 향한 많은 문화적 호기심에 기여하면서, 메리쿠리아레는 여가 시간(라틴어로 오티움otium이라 한다)에 자신의 지적 호기심을 추구할 자유가 있었다. 그런 추기경에게 메리쿠리아레가 헌정한 것은 초판본뿐이었다. 메리쿠리아레가 삽화와 추가 자료를 더한 1573년판(내가 처음 도서관에서 본 판본)의 개정 작업을 하고 있을 때쯤, 그는 최고의 승진 기회를 제안받았다. 신성 로마 제국의 황제 막시밀리안 2세Maximilian II의 주치의 자리였다. 이 상황에서 그가 해야 할 일은 명백했다. 책을 헌정할 사람을 바꿔야 했으므로 저자인 그로서는 상당한 곡예를 한 셈이다.

누턴 박사가 내가 가지고 있는 자신의 번역본을 집어 들었다. 첫 페이지를 펼친 뒤 다시 나에게 건네주곤 재미있다는 듯 미소를 지으며 의자에 등을 기댔다. 헌정사의 주인공은 "천하를 다스린 황제 막시밀리안 2세"였다.

> 수많은 노력과 전심을 담은 책이 세상에 나오게 되었다. 사람들로부터 배운 결과로 나온 이 책은 상당한 환영을 받았다고 감히 말할 수 있다. 그것은 최근 몇 개월간 이 논문을 다시 펼쳐 들도록 나 자신을 부추겼던 이유이기도 하다. 두 번째 생각이 처음의 것보다 나을 때가 많으므로, 더 많은 이에게 용납받지 못하고 큰 기쁨을 주지 못할 거란 두려움은 떨쳐낼 수 있었다. 그렇기에 나는 이제껏 감히 추진하지 못했던 일을 마주하고 나의 신실한 마음을 증명하기 위하여 황제 폐하께 이 책을

주저 없이 헌정하고자 한다. 우리의 황제 폐하만큼 체조의 부흥에 중요한 존재는 없다는 사실에 모두가 동의할 것이기 때문이다.

픽 웃음이 나고 말았다. "놀랍네요. 한때 겸손했던 사람이 뻔뻔해진 데다 아첨까지 할 줄 알게 되었네요. 메리쿠리아레는 야심가였나 봅니다." "맞아요. 하지만 누구나 그렇게 되지 않겠어요?" 누턴 박사가 말했다. "인디애나주 블루밍턴에서 온 보잘것없던 사람이, 뉴욕의 저명한 영양학계 대부가 된 것이나 마찬가지인데 말이에요." "누군가는 그 일을 해야 했을 테고요." "바로 그거예요."

그렇다고 해도 메리쿠리아레는 르네상스 시대의 앤드루 웨일Andrew Weil(미국의 유명 의사—옮긴이)도, 책의 중심 내용을 자신의 성격이나 개인적인 이야기로 채운 오즈 박사(본명은 메흐메트 오즈Mehmet Oz로, 방송인으로도 활동하고 있는 심장 전문의—옮긴이)도 아니었다. 메리쿠리아레는 운동법이나 식이요법에 관한 내용은 책에 전혀 포함시키지 않았다. 그런 내용을 부적절한 것으로 여기지는 않았겠으나, 관련 없는 내용으로 비춰질 수는 있었을 것이다. "메리쿠리아레는 보편적인 원칙을 전달하고자 했던 겁니다." 그가 이렇게 한 이유는 해당 주제에 관한 의학 백과사전을 쓰기 위해서였다고 누턴 박사가 설명했다. "그는 분명히 운동하는 것을 장려했고, 어떤 의미에서든 이 모든 것에 관심이 있었던 것이 확실합니다." 이는 현대인들이 생각하는 것보다 훨씬 급진적인 일이었다.

당시만 해도 운동이나 운동 실력은 중요한 의미를 지닌 것으로 인정받지 못했다. 올림픽 경기로 요약될 수 있는 운동과 운동 경기의 문화는 1200년 전 기독교의 부흥과 함께 완전히 파괴되었기 때문이다. 로마의 첫 번째 기독교인 황제, 콘스탄티누스 황제는 325년 공식적으로 검투 경기를 금지했으며, 약 70년 뒤 테오도시우스 1세Theodosius I는 올림픽 경기를 완전히 폐지했다. 이것은 운동과 운동 경기가 단순히 기독교 교리와 상반되어서가 아니라, 순위를 경쟁하는 운동 경기가 이교도의 의식(동물의 피를 희생하는 것)과 연결되어 있으며, 그리스·로마 신들을 모시는 신전을 위한 것이기 때문이었다. 이제 경기장 대신 대성당이 성스러운 장소가 되었다. 이제부터 모든 영광은 우리의 신체가 아닌 성령(영혼)을 향해야 했다. 이 모든 일이 하룻밤 사이에 혹은 단 하나의 강령으로 벌어진 것은 아니지만, 운동 자체를 위한 운동의 개념은 단 수백 년 만에 외설적인 것으로 전락했다. 수천 년이 지나 메리쿠리아레가 이 주제를 다룰 때 즈음 운동이라는 예술은, 그의 말에 따르면, '소멸된' 상태였다.

누턴 박사가 지적한 것처럼, 메리쿠리아레가 운동과 관련된 첫 번째 인쇄 서적을 낸 사람은 아니었다. 참고로 이 공은 무명의 스페인 내과 의사 크리스토발 멘데즈Christobal Mendez에게 돌려야 하는데, 그는 1553년 《체조에 관한 서적*Book of Bodily Exercise*》이라는 얇은 책을 펴냈다. 메리쿠리아레가 쓴 《체조술》은 훨씬 방대한 양을 종합적으로 담고 있으며, 운동과 경기라는 두 가지 주제를 깊이 다루고 있다(메리쿠리아레가 멘데즈의 짧은 저서에 대해 알고 있었다는 증거도 없다).

《체조술》에서, 메리쿠리아레는 의사가 아니라 피고측 변호사가 할 법한 논리적이고, 신중하고, 화려한 언변으로 운동에 관한 의견을 펼쳤다. 《체조술》은 총 6개의 장으로 구성되어 있는데, 각각 앞 장의 내용을 더 발전시키는 형식으로 저술되었다. 걷기·달리기·수영·뛰기·권투·레슬링 등에 관한 장들이 있고, 심지어 웃기·울기·숨 참기 등 내가 지금까지 한 번도 운동이라고 여기지 않던 활동까지도 다루고 있다. 그는 일단 선언하듯 진술하고, 그에 대한 증거를 제시한 다음, 자신이 내놓은 주장의 장단점을 강조하기 위해 고대 저술가들의 말을 인용하는 방법을 서술적·수사적 전략으로 사용했다. 전체를 통틀어 메리쿠리아레의 핵심 증인은 2세기를 살았던 그리스 출신 의사 갈레누스다. 그는 첫 100페이지 내에서만 45회나 언급되는데, 이는 그리 놀라운 일은 아니다. 갈레누스의 가르침은 의학 교육의 기초를 형성했으며 14세기에 걸쳐 서양 역사에 영향을 끼쳤으니까.

나는 누턴 박사에게 물었다. 《체조술》을 번역하는 일이 그의 운동 습관에도 영향을 미쳤을까? 그가 항의하듯 말했다. "나는 젊었을 때 꽤 운동을 많이 했습니다. 스쿼시와 크리켓, 테니스를 했고, 지금은 일주일에 두세 번 체육관에 가요." 아무래도 메리쿠리아레는 누턴 박사가 지금의 나이에도 건강한 몸을 유지하는 것에 대한 공로를 인정받긴 어려울 듯싶었다. 어찌 됐건, 누턴 박사는 자기가 직접 실천하는 주요 신체 활동은 메리쿠리아레가 전혀 떠올리지 못한 일이라며 말을 덧붙였다. "교회 종을 치고 있죠." "교회요? 종을 치신다고요?" 그가 끄덕였다. "제가 사는 마을에서 하고 있어요. 수요일 저녁마다 치고요, 가끔은 월요일 저녁에도 종을 쳐요. 물론 어떨 때는 토요일, 일요일 아침에 치기도 하고요. 온몸을 쓰는 일이에요. 줄을 당겨야 하니까요."

줄을 당기는 장면은 상상할 수 있었다. 광배근, 이두박근, 손 근육들을 끌어모아 하느님과 줄다리기를 하는 모습을 떠올렸다. 하지만 종이라니? 지금까지 우리가 나눈 대화의 종착역은 〈노트르담의 곱추〉나 〈사운드 오브 뮤직〉인 걸까? "우리 마을에 있는 종의 무게가 약 270kg 정도예요. 제가 직접 쳐본 것 중 가장 무거운 종은 약 2천kg 남짓이고요." 나는 마음속으로 뉴욕에서 쳐볼 수 있는 교회 종을 찾아보자고 생각했다.

누턴 박사가 번역한 《체조술》은 메리쿠리아레가 완성한 5개의 개정판 중 마지막 버전이었다. 그와 동시대를 살았던 프랑스의 에세이스트 몽테뉴처럼, 메리쿠리아레는 자신의 작품을 꾸준히 보수하고 추가했다. 이는 출판사가 재발간하는 수고를 감당할 정도로 책이 수익을 올리고 있었다는 의미도 된다. 그렇다고 해서 16, 17세기에 그의 저서를 모방한 운동 서적이 쏟아질 정도로 큰 인기를 누린 것은 아닌 듯하다. 특히 실용 입문서와 의학 조언, 처신술 안내서가 유행했다는 점은 무척 의아한 부분이다. 책이 나오고 대략 100년째 되는 해에는 인쇄된 책이 많아졌기 때문이다. 그의 책처럼 엄밀하고 열정적으로 운동이라는 주제를 다룬 책을 만나려면 또다시 300년을 기다려야 할 것이다.

도무지 이해되지 않았다. 어째서 메리쿠리아레의 책은 더 많은 영향력을 행사하지 못했던 걸까? 역사에서 잊힌 것도 아닌데 말이다. 누턴 박사가 무언가를 말하려다가 잠시 멈추더니, 단어를 신중히 골라 분명한 어조로 말했다. “책이 너무 두꺼운 것 같아요.” 그가 결국 실토했다. 번역가 말고 이렇게 말할 자격을 갖춘 사람이 어디에 있을까. 나는 우리 사이에 놓인 벽돌 같은 물건으로 시선을 옮겼다. “조금만 더 얇았다면 어땠을까요?” 누턴 박사가 완곡하게 대답했다. “그래도 사람들은 알았어요. 이건 책장에 모셔둘 만한 책이란 걸요.” “성경이나 《무한한 흥미》 같은 책을 말하는 거군요.” 예상치 못한 대답이었는지 그의 눈이 가늘어졌다. “읽는 사람이 있을까요?” 내가 말했다. “이 책이 읽는 책일까요?” 마주 앉은 번역가가 질문을 바로 고쳤다.

체육관의 운동장

운동은 때로 힘들다.
신체를 단련하는 시간이 유쾌하지 않다는 것은 인정할 수밖에 없는 사실이다.
하지만 진정한 건강은 결코 편안함과 양립될 수 없다.

—지롤라모 메리쿠리아레, 《체조술》

‹Centaur›, Ludvig Abelin Schou, 1865~1866

앞으로는 운동할 때마다 새로운 것을 배우겠다고 다짐했다. 메리쿠리아레 식으로 말하자면, 땀방울 속에 숨은 예술을 발견하리라 결심한 것이다. 호텔로 돌아와 정장을 벗고 지하에 있다는 체육관을 찾아 나섰다. 아니, 정정하겠다. 체육관이 아니라 '피트니스 센터'라 불리는 곳이었다. 메리쿠리아레가 이곳을 볼 수 있는 기적이 일어난다면, 그는 무언가 틀림없이 잘못되었다고 생각할 것이다. 옛날 아테네에서 그러했듯 그에게 "체육관은 도시 한 구역을 분리해 따로 지어 놓은 공공 공간이었기" 때문이다. "이러한 체육관들은 매우 커서 많은 사람을 수용할 수 있고, 모든 공간이 심히 넓어서 심신 단련에 필요한 수많은 종류의 운동을 거치적거리는 것 하나 없이 수행할 수 있다." 메리쿠리아레는 플라톤과 아리스토텔레스가 철학을 토론하기 위해 청중들을 불러 모은 장소도 체육관이었다고 지적했다.

이걸 어쩌나. 내가 호텔 지하에서 발견한 체육관의 크기는 위층에 있는 나의 객실과 크게 다를 바가 없다. 들어서자마자 왼쪽에는 풀다운 동작에 사용하는 케이블, 삼두근 운동기구, 바이셉스 컬과 같은 기구들이 있고, 오른쪽에는 1990년대에 출시된 것 같은 러닝머신 하나가 놓여 있어 일반적인 체육관의 축소

판처럼 보인다. 한쪽 구석엔 로잉 머신과 가벼운 덤벨 몇 개가 차지하고 있다.

적어도 이곳에 철학자들은 하나도 없다. 참석자는 오직 나와 큼지막한 보수볼뿐이다. 두 개의 벽면에 나란히 놓인 거울 속에 보이는 내 모습이 무한히 펼쳐진 듯했다. 나는 "안녕"이라고 인사를 건넨 뒤 보수볼을 옆으로 밀어 치웠다. 고무 매트 하나를 펼친 다음 모든 운동을 하기 전에 내가 항상 하는 준비 동작을 시작한다. 나의 준비 동작은 수년간 트레이너와 물리치료사를 통해 배웠거나, 운동광들을 관찰하면서 터득한 동작들을 혼합한 것이다. 체육관에서만큼은 따라 하는 것을 절대 표절이라 비난할 수 없다. 고로 나는 정기적으로 다른 이들의 운동법을 훔친다. 시작은 언제나 서서 햄스트링과 종아리 스트레칭을 하는 것이다. 두 손으로 벽을 짚고 한쪽 다리를 구부리면서 나머지 다리를 뒤로 쭉 뻗고 30초 동안 뒤꿈치를 땅에 붙인 자세를 유지한 다음 다리를 바꿔서 반대쪽도 똑같이 한다. 만일 근처에 계단이 있다면 열 번 정도 빠르게 오르락내리락한다. 계단 오르내리기만큼 전신을 단숨에 확실하게 예열시켜 주는 운동은 거의 없다.

이제 어깨와 가슴 운동을 할 차례다. 먼저 깜짝 놀란 펠리컨이 날갯짓하듯 두 팔을 퍼덕거린다. 그다음 팔을 골반 근처로 내리고 같은 동작을 반복한다. 두 벽이 만나는 구석으로 가서 팔을 양옆으로 올려 붙이고, 팔꿈치를 구부리고, 가슴을 최대한 앞으로 내민다. 벽 모서리에 가슴으로 키스를 하려는 것처럼 말이다. 이렇게 하면 뒤쪽 근육까지 움직일 수 있다. 서 있는 상태로 목 근육을 풀어준다. 머리로 벨리댄스를 추는 것처럼 빙글빙글 돌리고, 양옆으로 까딱이고, 사방으로 움직여준다. 또 어깨를 으쓱이고 돌려주기를 반복한다. 매트에 엎드려 일명 도그 자세(혹은 다운독 자세)로 V자 스트레칭을 한다. 이렇게 하면 항상 긴장된 상태에 있는 햄스트링을 풀어줄 수 있다. 등을 대고 누운 다음에는 각 무릎을 당겨서 골반과 엉덩이 스트레칭을 한다. 마지막으로 발목을 다른 쪽 다리에 걸치듯 올린 다음, 무릎을 가슴 쪽으로 강하게 당겨 허벅지 안쪽에 있는 서양배 모양의 근육인 이상근을 이완시킨다. 그런 다음 몸을 뒤집는다. 무릎을 꿇어앉은 자세로 두고, 두 팔을 머리 위로 쭉 뻗어 그 사이로 머리를 집어넣는 고전 요가 자세인 '아기 자세child pose'를 취해 등 근육과 어깨를 풀어준다. 이 루틴을 따르면 7분에서 10분이 훌쩍 지나간다.

누군가는 내가 이 동작 중 어느 것도 해서는 안 된다고 말할지 모른다. 최근 과학 연구에 따르면, 운동 전에 스트레칭을 하면 근육 조직에 에너지를 쓰게 되기에 오히려 힘과 기운이 빠진다고 한다. 상관없다. 나는 역도 선수가 돼서 경기에 출전하려고 훈련하는 것이 아니다. 나는 예전부터 운동하기 전에 항상 스트레칭을 했다. 이 행위는 내게 정해진 순서 같은 것이고, 무엇보다도 기분을 좋게 해준다. 이 이유만으로 충분하다. 스트레칭이 몸을 해부학적으로 준비시켜주지 않는대도 적어도 정신은 준비시킨다. 메리쿠리아레도 내 의견에 동의한다. 그는 "편안하고 부담스럽지 않은 운동부터 시작하고, 점차 그 강도를 높여가야 한다"고 말했다.

메리쿠리아레는 운동의 단계를 예비 단계, 보통 단계(주요 운동), 마무리 단계(정리 운동)로 분류했다. 앞서 말한 준비 운동은 첫 번째인 예비 단계에 속한다. 책에서는 현대인들이 생각하는 것보다 훨씬 구체적으로 예비 단계에 관해 묘사하고 있다. 메리쿠리아레는 "먼저 몸을 깨끗하게 하고, 머리카락을 빗고, 손과 얼굴을 씻은 뒤 적절한 복장을 갖추는 것"이라고 적고, 움직이는 데 불편함이 없고 바람과 열로부터 몸을 보호해 주는 옷을 입으라고 조언한다. 이 말은 메리쿠리아레가 고대 전통과는 확실하게 다른 입장이었음을 보여준다. 왜냐하면 그의 책 제목에서 볼 수 있는 단어 '체조gymnastics'는 고대 그리스인들이 수백 년에 걸쳐 지켜온 기본 원칙인, '벌거벗은 채로 운동하다'라는 뜻의 그리스어에서 비롯되었기 때문이다.

메리쿠리아레가 쓴 이 벽돌 책에는 상체 구부리기나 윗몸 일으키기처럼 복근을 단련하는 법에 관한 설명이 없다. 갈레누스는 물론, 그리스·로마 시대에 운동과 관련된 기록을 남긴 다른 인물들의 저서에서도 마찬가지다. 통통한 배가 훌륭한 취급을 받았기 때문은 아니다(그런 시절이 있기는 했다. 남성에게 튀어나온 배는 권력·부·건강을, 여성에게는 모성애와 관능미를 상징했다). 또한 그리스·로마 사람들이 탄탄한 복근의 아름다움에 대해 알지 못해서도 아니다. 이 사실은 뚜렷한 식스팩을 자랑하는 고대 조각상과 가늘고 잘록한 허리를 가진 체육인들을 그려 놓은 화병만 보아도 알 수 있다. 그들의 몸에는 적극적인 체육 활동과 육체노동으로 단단한 상체 근육이 만들어졌을 가능성이 높고, 따라서 그들은 별도로 운동해야 할 필요가 없었을 것이다.

나는 거의 매일 긴 시간을 책상 앞에서 보내면서도, 원반 던지기 선수의 복사근과 젊은 레슬러의 물결치는 배곧은근을 원한다. 일단 내가 생각해 낼 수 있는 모든 종류의 다양한 윗몸일으키기를 수행하기로 전략을 세워본다. 방향뿐 아니라 속도에 변형을 주어 빠르게 했다가 매우 천천히 했다가 오래 버텨보는 방법을 쓸 것이다. 한 번은 보수볼을 가지고, 또 한 번은 보수볼 없이 해보려고 한다. 체육관에 복근 운동 기계가 있다면 이 또한 사용할 것이다. 내가 절대로 하지 않는 행동이 하나 있다면 바로 횟수 세기다. 무엇보다도 윗몸일으키기를 하다 보면 이게 몇 번째였는지를 항상 까먹는다. 더불어 나는 윗몸일으키기의 횟수를 세는 것이 가짜 성취감을 가져다준다고 생각한다. 우리의 목표는 횟수를 채우는 것이 아니라 복부에 있는 모든 근육을 기진맥진하게 만드는 것이 되어야 한다. 복부에는 표면적으로 눈에 띄는 근육들 말고도 안쪽에 두 종류의 복근이 더 있다(군살이 없거나 유전자 금수저라면). 땀을 흘릴 정도로 복근 운동을 하지 않았다면 진정한 복근 운동을 했다고 말할 수 없다는 것이 내 기준이다.

그다음 로잉 머신에 자리를 잡는다. 로잉 머신은 내가 자주 이용하는 유산소 운동 기구는 아니다. 진짜 보트와 물, 목적지 없이 노를 젓는 우스꽝스러운 행위에 마음을 빼앗기지 않도록 오로지 테크닉에만 집중하기로 마음먹는다. 등을 곧게 펴고 어깨를 내려 자세를 바르게 한다. 다리와 팔이 쭉쭉 뻗어나가는 것을 느낀다. 능형근이 수축하면서, 뒤쪽 어깨뼈인 견갑골을 쭉 당긴다. 날개를 활짝 편 맹금류를 상상한다. 눈앞에서는 기계에 연결된 선들이 바짝 당겨졌다 풀어지기를 반복한다. 귀로 흘러 들어오는 음악을 따라 선들이 리듬을 맞춰 움직이는 것처럼 보인다. 심장 박동 측정기는 없었지만 10분 정도 노를 젓고 나니 심박수가 110회 즈음으로 적당하게 쿵쾅거리는 것이 느껴진다. 호흡도 적어도 평소보다 2배 이상 빨라졌다. 마침내 공식적으로 메리쿠리아레가 말한 운동의 정의에 부합하는 범주에 든 것이다.

엄밀히 말해 운동은 격렬하고 자연적인 신체의 움직임이다. 여기에는 호흡 양상의 변화가 수반되어야 하며, 건강 유지 또는 건전한 체질을 함양한다는 목적을 추구한다.

간결하고 명확한 그의 정의는 현대에도 완벽한 울림을 준다. 메리쿠리아레는 자기보다 1400년을 앞서 운동을 숨을 가쁘게 하는 '혈기왕성한 움직임'이라고 정의했던 갈레누스의 사상을 이어받았지만, 운동의 '목적'을 언급하는 마지막 절을 덧붙이면서 확실한 차이점을 강조했다. 메리쿠리아레는 목적이야말로 노동이나 다른 움직임으로부터 운동을 구별 짓는 중요한 요소라고 믿었다. 삽질을 예로 들어보자. "삽질을 하는 이유가 땅을 경작해 농사를 짓기 위함이라면 이것은 분명히 일이자 노동이다. 하지만 그 목적이 건강 증진에 있다면 마땅히 운동이라 불러야 한다." 노 젓기도 마찬가지다. 노를 젓는 목적이 강을 건너기 위한 것이라면, 이것은 운동이 아니라 하나의 이동 수단으로 보아야 할 것이다.

목적의 개념은 운동과 스포츠를 구별하는 데도 유용하다. 스포츠의 정의에는 경쟁·경기 규칙·팀·개인 스포츠 여부에 상관없이 '승자'와 '패자'를 선언한다는 뜻이 담겨 있다. 물론 농구나 테니스, 혹은 골프를 하면서 운동을 할 수 있다는 주장도 할 수 있다. 하지만 운동은 스포츠에 참여하기 위한 부가적 행동이다. 스포츠는 특정한 경기의 형태를 빌려 타인과 경쟁하고, 상대방의 완패를 기원하는 데 목적을 두고 있기 때문이다.

~

중량 운동 기구 쪽으로 걸어가면서, 과연 포를리의 의사 메리쿠리아레가 이상한 기계들로 가득하고 주머니에 쏙 들어갈 법한 귀여운 크기의 이 체육관을 보고 기뻐할지 실망할지 궁금해졌다. 메리쿠리아레는 이렇게나 작은 체육관이 존재한다는 사실을 받아들일까, 아니면 규모와 부족한 편의시설을 보고 충격받을까? 고대 그리스와 초기 로마 제국 시절에는 모든 마을에 체육관이 적어도 하나씩은 있었다. 당시 체육관은 상류층 남성과 청년들에게만 허락된 공간이었음에도 불구하고 극장과 시장만큼 문화 및 사회적으로 큰 역할을 했다. 여성은 체육관에 들어갈 수 없었으며 관람조차 할 수 없었다. 플라톤이 《법률》에서 "나이 든 여성이나 어린 여성이나… 남성과 같이 운동해야 한다"고 말한 것은 사실이지만, 이것은 그럴 수 있었다거나 실제로 함께 운동했다는 뜻이 아니라 19세기까지 현실적으로 보편화되지 못했던 하나의 이상을 제시한 것에 가깝다. 메리쿠리아레는 체육관에서 여성이 운동하는 것을 옹호하거나 반대하지 않았지만 "여기에서 다룰 문제는 아니다"라고 말하며 요령껏 문제를 회피했다.

체육관은 일반적으로 시당국이 소유한 공식 건물이었고, 트레이너, 고대 버전의 '타월 보이' 등을 비롯한 담당 관리자들도 상주해 있었다. '김나지아크gymnasiarch(운동 양성 책임자라는 뜻—옮긴이)'라는 이름의 총괄 담당자가 일반적인 관리를 맡았다. 물론 개인 체육관도 있었다. 기록에 따르면 이러한 개인 체육관은 오늘날처럼 방문객들이 입장료를 내고 이용할 수 있었다. 체육관 회원이 되는 것이다. 메리쿠리아레가 살았던 16세기 이탈리아에 남아 있는 체육관들은 카라칼라 욕장Baths of Caracalla처럼 반쯤 무너지고 흙더미에 묻힌 거대한 유적지들뿐이었다.

메리쿠리아레는 로마의 건축가 마르쿠스 비트루비우스marcus Vitruvius의 글을 바탕으로 체육관이란 무엇인지, 체육관을 어떻게 설계하고 지어야 하는지에 대한, 매우 거창하고도 확실한 아이디어를 가지고 있었다. 고전 건축학 관련 현존하는 유일한 주요 저서이자 총 10권으로 이루어진 비트루비우스의 《건축서*De architectura*》(영문 제목 On Architecutre, 기원전 25년경)에서는 수로교와 중앙 난방부터 감옥 및 극장 건설, 필요 부품과 소재까지 설계에 필요한 사항들을 상세하게 설명하고 있다. 5권 2장에서는 제대로 된 팔레스트라를 세우는 '규칙'을 설명한다. 팔레스트라는 그리스인들이 레슬링을 하기 위해 지은 대규모 운동 시설로, 운동 공간, 관람석, 목욕 공간을 갖추고 있다('운동광'에 걸맞은 고대 그리스어… 물론 그 시절에도 그런 말이 있었다. 말 그대로 '팔레스트라광'이었다).

비트루비우스는 400m²(현대의 표준 육상 트랙과 같은 길이) 규모의 넓은 중앙 안뜰이 운동할 수 있는 주요 공간 역할을 해야 한다고 명시하고 있다. 이 안뜰을 둘러싼 면 중 3개는 사람들이 걸어 다닐 수 있는 포르티코portico가 있고, 그 안에는 "철학자, 수사학자, 학문을 즐거워하는 이들이 앉아 토론을 할 수 있도록 좌석이 갖춰진 방이 자리해야 한다." 네 번째 면은 이중 포르티코와 추가 좌석이 있고, 보행자들이 비를 피할 수 있게 해주는 지붕이 있다. 이중 포르티코 안에는 몇 개의 공간을 갖추어야 했다. 가장 먼저 전라로 운동을 하기 전, 향기가 나는 올리브 오일을 붓는 향유실이 있다. 그다음 분장실에서는 곱게 빻은 흙가루를 기름칠한 피부 위에 바른다. 햇빛으로부터 피부를 보호하거나 덜 미끄럽게 만들어 잘 잡을 수 있게 하기 위해서다. 마지막으로 냉탕, 온탕, 사우나, '아치형 한증막'을 갖춘 목욕탕이 있다. 팔레스트라의 반대편에는 너비 약 3.6m 정도의 움푹 들어간 보도가 있다. 비트루비우스는 "이렇게 하면 옷을 입고 지나다니는 사람들과 기름을 바르고 연습 중인 레슬러들이 서로 불편해하지 않을 수 있다"고 설명한다. 이 거대한 단지 뒤에는 "아주 많은 인원이 넉넉하게 앉아" 경기 중인 선수들을 볼 수 있을 정도로 규모가 매우 큰 경기장이 있다.

메리쿠리아레는 자신의 저서 초판에 비트루비우스식 체육관을 위한 청사진을 제시했다. 꿈의 체육관을 이상화했지만, 그가 상상했던 몸은 이상화하지 않았다. 성별에 상관없이 우리가 오늘날 보디빌더에게서 볼 수 있는 비대한 근육들은 메리쿠리아레에게 용납할 수 없는 것이었다. 그는 "체력은 양호한 건강 상태와는 매우 다른 것"이라고 강조하면서, "자신의 몸을 과도하게 키우고 더 많은 힘을 비축하려는 사람은… 둔하고, 무기력하고, 느린 정신과 감각을 초래하게 된다"고 말했다. 그런 몸을 갖기를 바라는 것마저도 체조술을 '왜곡'하는 것에 속한다. 운동의 궁극적 이유는 자신의 아름다움을 강조하기 위해서가 아니었다. 그것이야말로 순전한 자만심이며, 질병을 예방하고 건강을 유지하는 것이 운동의 진정한 목표라는 것이다. 메리쿠리아레는 "적당하고 적절하게 운동한 사람은 약에 의존하지 않는 건강한 삶을 살 수 있지만, 적절한 조치 없이 운동한다면 끊임없이 병에 걸리고, 꾸준히 약을 먹는 삶을 살게 될 뿐"이라고 말했다.

이렇게 메리쿠리아레는 식단·운동·행동 교정에 초점을 맞춰 현대적 예방 의학의 개념을 세우고, 고대 관습까지 보존했다는 측면에서 시대를 앞서간 사람이었다. 레슬링 선수에서 의사가 된 인물이자 기원전 5세기경 아테네에 거주했던 헤로디쿠스Herodicus는 이러한 사상을 발전시킨 장본인으로 알려졌지만, 운동이 곧 의학이라 분명하게 주장한 사람은 그의 제자인 히포크라테스였다. 히포크라테스는 이렇게 말했다. "먹는 것만으로는 건강하게 살 수 없다. 반드시 운동을 병행해야 한다. 음식과 운동은 서로 반대되는 성질을 가지고 있지만, 함께할 때 건강한 몸을 탄생시킨다."

히포크라테스는 건강한 삶을 주제로 쓴 두 논문, 《건강 요법*Regimen in Health*》과 《요법*Regimen*》에서 식단, 운동, 휴식, 목욕, 기타 위생 문제에 대해 다뤘다(제목에 쓰인 단어의 어원은 라틴어로 '통치하다' 또는 '다스리다'라는 뜻의 regere이다. 따라서 요법이란 사람이 살기 위해 따라야 하는 규칙을 의미한다). 히포크라테스는 우리 모두 "환자의 체질과 개인의 나이에 맞춰 운동량과 먹는 양을 조절하는 일에" 세심한 주의를 기울여야 한다고 강조했다. 다시 말하면, 식이요법은 각 사람에 맞게 진행해야 하며, 단어의 정의를 따라 일상 속에 녹아들어야 한다. 현대의 운동 계획이라는 개념은 과장 없이 고대에서 비롯된 것이라고 말할 수 있다.

~

나는 누구보다 등과 허리 운동에 진심인 사람이다. 나의 웨이트 운동은 가슴도, 팔도, 다리도 아닌 등과 허리 운동에서 시작된다. 월요일에는 항상 등과 허리 운동으로 한 주를 시작한다. 월요일이 첫 요일이라는 데 예외가 없듯 나는 아주 오랜 시간 나만의 원칙을 지켜왔다. 하지만 옛날처럼 너무 무거운 무게를 들지는 않는다. 그럴 수도 없다. 몇 년 전, 나이가 들면서 자연스럽게 퇴화한 데다, 오랜 시간 중량 리프팅을 한 결과로 어깨를 받쳐주는 4개의 작은 근육 중 하나인 회전근개 근육의 힘줄이 찢어졌기 때문이다. 수술할 정도로 심각하진 않았지만 극심한 고통에 시달렸고, 수개월 간 체육관에 가지 못했으며 가슴 위로 두 팔을 올릴 수 없어 2주에 한 번씩 물리치료를 받아야 했다.

플라톤의 경고에 귀를 기울이지 않아서일까. 그는 《국가론》에서 신체를 단련할 때는 절제할 줄 알아야 한다고 조언하면서, 이를 음악과 시를 공부하는 것에 비유했다. 모든 것에서 '단순하고 유연한' 태도를 유지하고, 무엇이든 지나칠 정도로 하지 말아야 하며, 이 원칙을 따른다면 '아주 심각한 경우를 제외하고 약으로부터 독립된' 삶을 살 수 있을 것이라고.

이는 플라톤 본인 경험에 비추어 말한 것이다. 플라톤은 운동선수, 특히 매우 뛰어난 실력의 레슬링 선수였다. 원래 플라톤의 이름은 그의 할아버지에게서 물려받은 '아리스토클레스'였다. 하지만 훈련 코치가 그의 태평양 같은 어깨를 보고 '넓다'는 의미의 그리스어 platon을 따와 그를 '플라톤'이라 불렀다고 한다. 그리고 모두가 그를 그 이름으로 부르기 시작했다. 플라톤은 이스트미아 제전Isthmian Games(올림픽과 유사한 경기로 고대 그리스의 4대 운동 축제에 속함)에 출전할 정도로 뛰어난 레슬링 선수였으며, 성인이 되어서까지 레슬링을 계속했다고 한다. 아테네에서 가장 큰 체육관 중 하나에 속하는 아카데미Academy에 자리를 잡은 뒤, 그는 운동과 체육 교육의 미덕을 목소리 높여 설파했다. 그는 신체 단련과 '정신 수련'의 균형을 추구해야 하며, '학문 지성'을 훈련해야 한다고 주장했다. 목표는 이 두 요소가 가진 팽팽한 파장을 조정하여 같은 선상에 자리하게 만드는 것이다.

정리하자면, 사고와 땀을 일 대 일로 동등하게 함양해야 한다는 의미였다. 타고난 운동선수나 행위예술가를 보면 명백히 알 수 있듯이 우리의 몸은 협응, 품위, 민첩성, 끈기 및 기술을 포함한 지식의 근원이 될 수 있고, 이 지식은 직관과 학습 모두를 통해 얻을 수 있다. 그러고 보면 몸의 움직임을 새로 발명하고, 표현하고, 구현하는 몸의 아인슈타인이라고 불릴 만한 천

재적인 인물들이 극소수이지만 존재한다. 미국의 현대 무용 안무가 마크 모리스Mark Morris나 세레나 윌리엄스Serena Williams 같은 사람들 말이다.

현대 철학자(인 동시에 자칭 스포츠광) 콜린 맥긴Colin McGinn은 체육 수업은 평생 추구해야 할 과업으로 여겨야 한다고 주장한다. 그는 저서 《스포츠*Sport*》에서 이렇게 말하고 있다. '우리의 정신이 지식과 다양한 정보로 풍성해지기를 바라듯, 신체도 이와 같이 성장할 수 있도록 힘써야 한다. 박학다식한 신체야말로 우리가 추구해야 할 대상이다.'

물론 너무 멀리 가지 않도록 조심해야 한다. 《국가론》을 다시 살펴보자. "모든 것을 차치한 채 운동에만 평생을 바치는 것이 특정 종류의 정신세계를 만들어낸다는 것을 눈치챘는가? 일절 운동하지 않는 삶이 또 다른 정신세계를 탄생시키는 것처럼 말이다." 여기서 플라톤은 소크라테스의 말을 인용한다. "운동을 지나치게 강조하면 극도로 비문화적인 사람이 탄생하며, 순전히 글로만 훈련받기를 원한다면 부적절할 정도로 유약한 인간이 생겨날 뿐이다." 내가 플라톤의 발치에 앉은 청년이었다고 해도, 나는 그의 말을 제대로 듣지 않았을 것 같다. 당시에는 잘생긴 외모와 큰 체격을 갖는 것이 최고였으니까. 다윈식 진화론을 고스란히 재현한 것처럼 데이트 상대를 유혹하려고 너나 할 것 없이 몸집을 불려댔을 것이다. 하지만 나는 그런 목적을 노골적으로 의식하지는 못했다. 그냥 운동 자체를 좋아하며, 온 힘을 쏟아 무거운 아령을 들어 올리는 일에 순전한 만족을 느꼈다. 나는 자전거 타기와 노 젓기, 수영을 사랑했던 이반 파블로

프Ivan Pavlov가 아름답게 표현한, '근육이 주는 기쁨'을 얻고 싶을 뿐이었다. 그 마음은 지금도 변함이 없다.

손을 머리 위로 뻗어 랫풀다운(랫lat은 광배근에 해당하는 영어 단어를 축약한 것으로, 양쪽 겨드랑이에서 등 아래까지 이어져 있는 근육을 뜻한다)에 사용하는 긴 막대를 잡고, 벤치에 가볍게 걸터앉은 다음 앞쪽으로 몸을 기울여 최대한 막대를 아래로 잡아당긴다. 나는 이 동작을 매우 천천히, 저항력을 탐닉하듯 실행한다. 막대가 등 중앙에 있는 삼각형 모양의 중부승모근에 닿을 때까지 내린 다음, 팔이 다시 쭉 펴질 때까지 서서히 위로 올린다. 한 번 더 할 때는 아까보다 더 빠르게, 반복하고 또 반복하면서, 열 번에서 열두 번 정도 진행한다. 쉬는 시간 없이 자세를 바꾸고 몸을 살짝 뒤로 기울인 상태로 막대가 가슴 앞쪽 중간까지 내려오도록 당긴다. 나는 이 동작이 리버스 벤치프레스 같다고 생각한다. 미는 대신 당긴다는 점, 가슴 근육 대신 광배근과 승모근을 운동시킨다는 점만 다를 뿐이다. 이때 직접 등을 볼 수 없다는 점이 만족스럽다. 근육의 모양을 상상하면서, 근육이 수축하고 있음을 눈이 아니라 감각에 의지해 느껴본다. 한 세트를 마칠 때마다 잡는 위치를 바꾼다. 넓게 시작해서 간격을 좁힌다. 거의 두 손이 닿을 정도로 가까이 잡게 될 때까지 계속해서, 두 팔과 등이 지칠 때까지 당기고 당긴다. 잠시 쉬면서 중량을 4.5kg 늘린다.

4

운동과 거리가 먼 사람

우리가 단련하고 있는 것은 정신도 신체도 아닌 한 명의 사람이다.
우리는 사람을 두 부분으로 나누어 생각할 수 없다.

—미셸 드 몽테뉴(1533~1592년)

‹Zwevende man aan parachute›, F. Ockerse, 1934

난 어릴 때부터 운동을 잘하는 아이가 아니었다. 팀 스포츠나 학교 체육 활동도 별로 좋아하지 않았다. 그래도 어느 정도의 운동 신경은 갖춘 편이었는데, 자신감만 갖췄더라면 운동 관련 활동에 더 적극적으로 참여할 수 있었을 것이다. 내 아버지는 미국육군사관학교 생도이자 한국 전쟁에 참전한 군인이셨다. 낙하산 부대원이었던 아버지는 전투 중 부상으로 한쪽 눈 시야를 잃었지만 그 이후에도 낙하산을 메고 뛰어내렸으며, 야간 낙하 작전으로 적진에 침투하기도 했다. 문득 아버지가 가장 짜릿함을 느낀 순간은 언제일까 궁금하다. 비행기에서 뛰어내릴 때? 낙하산에 매달려 공중에 떠 있을 때? 그것도 아니라면 육지에 내렸다가 다시 튀어 올라갈 때? 돌이켜 보면 아버지의 삶은 평생 이런 식이었을 거고, 아들인 나 또한 그 부분에서 아버지를 닮았다고 해도 틀린 말은 아니다.

아버지에게 운동이란 군인이 되기 위한 훈련이었던 것처럼, 그의 외동아들인 내게 운동이란 남자가 되기 위해 아버지에게 훈련을 받는 시간이었다. 나는 아버지에게 수영과 스노 스키, 자전거 타기, 공 던지고 받는 기술을 배웠다. 함께 거리를 달리며 달리기 훈련을 했다. 차고에서 섀도 복싱을 했다. 아버지는 나를 피크닉 테이블 위에 올려놓고 낙하산 부대원이 올바르게 착지하는 법을 보여주었다.

아버지는 어머니와 결혼하기 전에 군대에서 은퇴하셨고, 1963년에 현장을 제대로 보지도 않은 채 스포캔에 있는 코카콜라 병입 공장을 구입했다. 스포캔은 서부 몬태나, 북부 아이다호, 동부 워싱턴이 만나는 대규모 도시권, '인랜드 엠파이어Inland Empire'의 중심지로 알려진 곳이었다. 아버지는 이 지역에 있는 모든 경기장(제일 큰 경기장에는 스포캔 콜로세움이라는 거창한 이름도 붙었다)에 탄산음료를 제공하는 공급 업자였기에 거의 모든 스포츠 행사에 공짜로 참석할 수 있었다. 어머니와 다섯 누나들은 아예 가고 싶지 않았던 건지, 애초에 초대받지 못하고 집에 남겨졌던 건지 (아버지는 농담 반 진담 반으로 우리 집 여자들을 '여편네들Squaws(북미 원주민 여자들을 부르는 말—옮긴이)'이라고 불렀다.) 지금은 잘 기억나지 않는다. 후자일 확률이 더 높긴 하다. 하지만 분명히 기억하는 것은 아들인 나는 항상 아버지와 함께 관중석에 있었고, 팝콘과 오렌지 크러시를 든 채 끊임없이 딴생각에 잠겨 있었다는 사실이다. 나는 경기 진행 규칙을 한 번도 제대로 이해하지 못한 채 아버지와 야구, 하키, 수영, 육상 경기, 보트 쇼, 자동차 쇼, 에어 쇼, 로데오를 보러 다녔다. 스포캔에 투우 경기가 있었다면, 아버지와 나는 1열에서 직관했을 것이다.

매주 일요일 성당에서의 일과를 마치고 나면 아버지는 나를 스포캔 체육 클럽으로 데려가곤 했다. 나는 그곳으로 가는 길을 자세하고도 또렷이 기억한다. 차를 타고 콤스톡 코트Comstock Court와 링컨 스트리트와 먼로Monroe를 지나고, 차에서 내려

주차장에서부터 위층으로 가는 계단을 따라 걸어 올라가서 프런트 데스크를 지난 다음, '남자'라고 붙어 있는 안쪽 방의 문을 열고 들어가는 과정 모두를.

스포캔 클럽은 한 지붕 아래서 온갖 종류의 운동을 즐길 수 있는 곳이었다. 그곳에는 수영장, 야구장, 핸드볼 및 스쿼시 코트, 조깅 트랙, 체조 장비(평행봉, 링, 뜀틀), 레슬링 매트, 헬스용 자전거, 펀치백, 복싱 링, 웨이트 룸, 선데크가 있었다. 마치 1970년에 부활한 현대식 그리스 팔레스트라 같았다. 이름에 주의를 기울여 보자. 그곳은 체육관이 아니라 클럽이었다. 그냥 걸어 들어가 가입을 할 수 있는 곳이 아니었다. 입장 허가를 받고, 검열을 통과하고, 회원으로 선출되어야 한다. 소속되어야 하는 것이다. 그 소속감이라는 개념은 내 마음속 깊은 곳에 뿌리를 내렸다. 지금은 그때와 달리 다른 시선으로 이해하고 있기는 하지만, 이 개념은 오늘날까지도 운동과 떼려야 뗄 수 없는 관계로 연결되어 있다.

스포캔 클럽의 회원이 되는 것은 암묵적으로 일부 시민들은 출입 허락을 받지 못한다는 사실을 인지하는 일이었다. 당시 유대인이나 흑인 회원은 없다는 이야기를 들었던 기억이 난다. 스포캔이라는 도시 자체에 유대인이나 흑인이 많이 살았던 건 아니었고, 도시에 살았던 소수의 유대인이나 흑인은 모두 클럽에서 웨이트리스·요리사·구두닦이·경비원으로 일했던 것 같다. 안마사로 있었던 사람은 앞을 보지 못하는 나이 든 흑인 신사였다. 클럽 로고에는 미국 원주민 족장의 얼굴도 그려져 있었지만, 스포캔 클럽에 스포캔 원주민들이 없다는 것은 두말할 필요가 없는 사실이었다(스포캔 원주민 보호구역은 마을에서 80km나 떨어져 있었다). 여성도 가입할 수 있었지만, 누군가의 아내이거나 딸이기에 들어올 수 있는 경우가 많았다. 이처럼 클럽의 회원제와 철학, 암묵적인 규칙이 하나의 소우주, 즉 스포캔의 문화를 고스란히 드러낸다는 사실을 이제야 돌이켜 보고 깨달았다. 당시 내 나이는 9살 정도였고, 이곳이 얼마나 인종 차별적인 장소인지를 충분히, 정확히 알아채기에는 너무 어렸다. 그래도 한 가지 예외는 있었다. 어린 나이였지만 나는 내가 가족 중에서 남자라는 사실, 특히 외동아들이라서 누나들은 당연히 가질 수 없는 특권을 갖고 있다는 사실을 알고 있었다. 오직 나만 혼자 방을 쓸 수 있었고, 물려받거나 집에서 만든 게 아닌 새 옷을 입을 수 있었고, 누나들은 할 수 없는 일들을 할 수 있었다. 성당에서는 복사말 그대로 제단 위에 올라가는 것의 자리를 꿰찼다. 미사에서 어머니에게는 허락되지 않던 성구 읽는 일을, 아버지가 맡을 수 있었던 것처럼 말이다.

이런 점에서 스포캔 클럽은 성당과 비슷했다. 클럽은 모든 측면에서 남성을 위한 장소였다. 라커룸에 들어가면 이 사실이 더욱 깊이 와 닿았다. 클럽에는 한증막과 사우나와 월풀 목욕탕이 있었고, 옷을 벗는 부분에서 지켜야 할 별다른 규칙은 없어 보였다. 이 점은 우리 집과 분명히 대조되는 부분이었다. 남자는 둘뿐이라 여편네들에게 수 싸움에서 질 수밖에 없어 극히 점잖은 분위기가 지배하는 집과는 달리, 클럽에서는 갓 세탁한 수건이 샤워기 옆에 층층이 쌓여 있어도 대부분 몸의 물기를 적당히 털어낸 알몸인 상태로, 사각팬티만 걸친 채 카드 게임을 하고, 신문을 읽고, 흑백 TV로 경기를 시청했다.

일요일마다 아버지는 파커 선생님과 함께 핸드볼을 했다. 나는 성당에 입고 갔던 옷을 바꿔입기 위해 라커룸으로 돌진하던 아버지의 뒤를 느릿느릿 따라갔다. 양옆으로 줄지어 늘어선 3단으로 쌓인 라커들이, 내 눈엔 성당에 있는 의자 개수보다 많아 보였다. 아랫부분은 수영장 바닥처럼 푸른색으로 칠해져 있었다. 라커라는 이름이 무색할 정도로 아무도 문을 잠그지 않았다. 성당의 성구 보관실 옷장에 제복이 걸려 있듯, 라커에는 땀에 절어 퀴퀴한 냄새가 나는 운동복이 들어 있었다. 정장과 넥타이가 사라지고 국부 보호대와 운동용 반바지, 운동화, 티셔츠, 스웨트셔츠, 고글, 장갑이 그 자리를 대신했다. 나는 운동선수로 변신하는 아버지의 모습을 넋을 잃고 바라보았다.

~

스포츠 경기의 기원을 살피려면 최소 청동기 시대로 거슬러 올라가야 한다. 크레타섬 왕의 즐거움을 위해 레슬링과 복싱 경기가 열렸다는 기록이 있지만, 오늘날 우리가 이해하고 있는 운동선수의 개념은 고대 그리스에서 시작됐다. 기원전 776년에 처음 개최된 올림픽Olympic Games이라는 운동 경기가 탄생한 곳이 바로 그리스다. 사실 이때의 올림픽 경기는 영어로 복수Olympic Games가 아니라 단수Olympic Game로 써야 한다. 최초의 올림픽에는 경기가 200m 단거리 달리기 하나뿐이었기 때문이다. 올리브 화관의 주인공은 코로이버스Coroebus라는 이름의 남자였다. 열일곱 번의 올림피아드가 지난 후, 원반던지기, 투창, 멀리뛰기, 레슬링이 경기 종목으로 추가되었고 뒤이어 복싱과 다른 스포츠가 채택되었다(당시 팀 스포츠도 몇 개 진행되긴 했지만 운동 경기로 편입되지는 않았다. 운동 경기에서는 영광을 개인에게 돌리는 데 초점이 맞춰져 있었기 때문이다).

현대의 운동선수들과 마찬가지로 올림픽 선수들은 역도·뛰기·스파링·던지기·격투·달리기 같은 체계화된 운동법을 통해 경기에 필요한 힘·속도·기술·체력을 길렀다. 어떤 의미에서 이러한 방식은 체력 단련에 새로운 의미와 정체성을 부여했으며, 궁극적으로는 운동을 대중화의 길로 이끌었다. 과거로부터 한 걸음 내디딘 것이다. 초기 시절 운동은 선수를 양성하기 위한 수단이 아니었고, 하물며 건강이나 아름다움을 얻기 위한 수단은 더더욱 아니었다. 운동이란 순전히 전쟁에 대비하기 위한 것이었으며, 전투에서 싸울 수 있는 병사를 양성하고 준비시키는 과정이었다. 여성은 군사 훈련 대상에 포함되지 않았지만, 기원전 10세기경 탄생하여 500년간 번성했던 그리스의 도시국가 스파르타에서만큼은 예외였다. 스파르타 사회는 어떤 사회보다 전투력 강화에 열중했다. 그 목적이 전투 대비였든, 뛰어난 전사가 될 튼튼한 남자아이를 출산하기 위한 건강한 신체 유지였든, 성인 여성과 소녀 들은 성인 남성 및 소년 들과 같이 훈련을 받아야 했다.

또한 여성의 참가가 허용된 올림픽 경기는 단 한 종목이었는데, 이 역시 일종의 대리전을 통해서만 가능했다. 충분한 돈을 가진 부유한 여성이라면 전차 경기에 참가시킬 경주마들을 소유할 수 있었다. 스파르타 왕 아르키다무스Archidamus의 딸인

시니스카Cyniska 소유의 경주마들이 기원전 396년 및 392년 전차 경기에서 승리했다고 전해진다. 시니스카는 이 사실을 매우 자랑스러워했으며 자신의 승리를 기념하는 동상을 올림피아에 세우고 이렇게 적었다고 한다. "나는 그리스에서 이 승리의 왕관을 거머쥔 유일한 여성임을 밝힌다." 이 기록은 제2회 하계 올림픽이자 여성들이 처음으로 참가한 대회였던 1900년 파리 올림픽 때까지 유지되었다(프랑스 남작 피에르 드 쿠베르탱이 4년 전인 1896년에 개최한 것이 최초의 하계 올림픽이었다).

하지만 수백 년 동안 성인 여성과 소녀 들에게 금지했던 것은 비단 운동 경기뿐만이 아니었다. 체육관 내부에 출입할 수 없는 것은 물론, 고대의 여성들은 공공장소에서 운동하도록 장려받기는커녕 어떤 방식의 운동도 허락받지 못했다. 여성은 '차분하고, 순결하고, 순종적이며 눈에 띄지 않도록' 행동해야 하고, 신체를 단련하고 탄탄하게 하거나 운동 경기에 출전하는 등의 점잖지 못한 행동은 바람직하지 않은 것으로 간주했다고 역사가 베티 스피어스Betty Spears는 기록했다. 일부 현대 학자들은 이 주장에 반론을 제기하면서 서기 320년경 지어진 로마 시대의 호화 빌라를 장식하고 있는 모자이크 작품 〈비키니를 입은 소녀들〉을 증거로 제시한다. 현재 유네스코 세계문화유산으로 등재된 이 모자이크는 비키니를 입은 젊은 여성들이 달리기·중량 운동·원반던지기 등을 하는 모습을 묘사하고 있다. 일부 학자들의 주장처럼 이 아름다운 모자이크가 여신의 자태를 한 여성들이 활기차게 뛰어다니며 경기를 하는 모습을 상상한 것이 아니라 초기 로마 제국의 일상을 고스란히 담아낸 것이라도, 이는 부유한 남성의 딸이나 아내에게만 허락된 극소수의 모습을 묘사했을 확률이 높다. 여성 대다수가 훌륭한 운동 기록을 만들어내는 것이 아닌, 탁월함을 추구하는 전통적인 그리스의 이상을 가정 기술·자녀 양육·가사 활동에 적용했을 것이다.

운동선수를 뜻하는 영어 단어 '애슬리트athlete'의 어원이 된 그리스 단어에는 남성형과 중성형이 있다. 전자는 경쟁을, 후자는 승자의 상금을 뜻한다. 따라서 애슬리트는 승리와 업적, 두 가지 의미를 모두 내포하고 있다고 볼 수 있다. 이 단어의 사용을 기록으로 남긴 최초의 인물은 고대 그리스의 작가 호메로스다. 그가 쓴 대서사시 《오디세이》 8권에서도 애슬리트가 등장하는데, 관련 이야기는 다음과 같다.

난파를 당한 오디세우스가 우연히 파이아케스인들의 섬에 상륙하고, 그곳의 왕으로부터 영웅으로 환대를 받는다. 그를 위해 양 12마리, 멧돼지 8마리, 황소 2마리를 잡아 올린 성대한 연회가 열린다. 포도주가 흘러넘치고 모든 것이 아름답게 반짝인다. 그러다 음유시인이 무대로 나와 열정적인 목소리로 트로이 전쟁에 대해 노래하자 감동한 오디세우스의 눈에 눈물이 맺히기 시작하고, 오디세우스는 울음을 참으려 노력하지만 흐느낌을 멈추지 못한다. 왕이 시인에게 노래를 멈추고 분위기를 바꾸라고 명령하자 온갖 종류의 경기가 시작되고, 경쟁할 다수의 젊은 선수들이 앞으로 나선다. 승자들의 이름만으로도 이 장면을 읽는 독자들은 매우 즐겁다. 톱세일, 립타이드, 로우하드, 서프 앳더비치, 브로드시 등 이들은 '그 모습이 아름답고 모든 파이아케스인들을 대표하'기에 충분해 보이는 선수들이었다. 파이

아케스인들의 도보 경주, 씨름, 뛰기, 권투, 원반던지기 시합이 펼쳐지고, 경기가 끝나자 한 젊은 청년이 오디세우스에게 다가와 자신과 겨루기를 청한다.

청년의 아버지뻘이라고는 해도 여전히 한창인 오디세우스이지만, 그는 제안을 거절한다. “나의 영혼이 아직 고통 가운데 있음을 헤아려 주시오. 경기가 문제가 아니라…” “그럴 줄 알았습니다!” 조롱 섞인 말이 그를 가로막는다. “역시 이런 경기를 할 만한 분으로 보이지 않는군요. 진정한 남자들만이 할 수 있는 그런 경기 말입니다…. 운동과는 거리가 먼 사람인가 봅니다.” 운동과 거리가 먼 사람. 이 말은 당신은 남자가 아니라는 뜻이다. 오디세우스가 자리를 박차고 지금까지 누구도 들지 않았던 제일 무거운 원반을 집어 들어 능숙한 자세로 멀리 던지자 모든 이가 숨을 죽인다. “자, 젊은 용사여. 겨뤄 봅시다.” 오디세우스가 웃으며 말한다.

그리스·로마 시대에 운동의 신이 존재했는가에 대한 기록은 상이하다. 일부에서는 흙과 눈물로 남자와 여자를 만들었다고 전해지는 프로메테우스Prometheus라 하기도 하고, 지치지 않고 달리고 또 달렸던 신들의 사자 에르메스라고 주장하는 사람들도 있다. 하지만 최근 《오디세이》를 다시 읽고 난 뒤, 나는 운동의 신은 사실 여신 아테나였을 거라는 생각을 했다. 이야기 끝부분에서, 만신창이가 되어 이타카로 돌아온 오디세우스에게 아테나는 그의 아내가 오디세우스의 육체적 매력에 끌리게 될 것이라고 말한다. 아테나는 그에게 미의 축복을 내리고, “모든 이의 눈에 훤칠하고, 우람한 체격을 지닌” 사람으로 보이게 해준다. 마치 즉각적인 스테로이드 효과로 단숨에 '포 아워 바디The 4-Hour Body'(한 달에 4시간이면 누구나 원하는 몸을 만들 수 있다고 주장한, 티모시 페리스가 쓴 책 제목—옮긴이)를 달성한 것처럼 말이다. 목욕탕에서 걸어 나오는 오디세우스의 모습은 "신처럼 빛이 난"다.

~

아버지는 특별히 키가 크지도, 체격이 우람하지도 않았다. 하지만 핸드볼 코트로 들어가는 문이 너무 작아서 그곳을 통과하려면 몸을 숙여야 했다. 그렇게 아버지는 잠깐이나마 걸리버가 되곤 했다. 그사이 나는 계단 몇 개를 올라 관중석으로 갔다. 아버지와 파커 박사가 새하얀 코트 위에서 일사불란하게 움직이는 모습은 마치 정교하게 짜인 발레 동작 같기도 했다. 이름 붙인다면 '아저씨들의 왈츠'가 좋겠다. 핸드볼 때문에 벽에 생긴 까만 얼룩들은 오토바이가 도로 위에 남긴 타이어 자국을, 공이 부딪힐 때 코트에 울려 퍼지는 소리는 하프의 큰 울림을 닮아 있었다. 이따금 플라이볼이 나기도 했는데 경기 규칙에 따르면 그 공은 아웃이었다. 하지만 나는 항상 정반대로 플라이볼이 핸드볼 버전의 홈런이라고 생각했다. 나는 공을 쫓아가서 어른들이 있는 곳으로 던졌다. 그러면 늘 "고맙다"라는 대답이 돌아왔다.

이기든 지든, 핸드볼이 끝나고 코트를 나설 때면 아버지는 다른 사람이 되어 있었다. 흠뻑 젖은 몸, 뒤로 넘긴 반들반들한 까만 머리, 벌겋게 달아오른 얼굴인 채였다. 줄줄 흘러내리는 땀이 차가운 공기와 만나면서 아버지 등 뒤로 아지랑이가 피어 올랐다. 눈길을 사로잡는 광경이었지만 특별한 정도는 아니었다. 여름이면 아버지는 나를 데리고 경마장에 가곤 했다. 우리는 돈을 걸기 전에 종종 마구간에 들렀다. 아버지는 그곳에 있는 모든 사육사와 훈련사를 알고 있는 듯했는데, 어느 정도 시간이 지나서야 모든 아들의 아버지가 우리 아버지와 같은 처지가 아니라는 것을 깨달았다. 내 생각에 아버지는 노동자들과 함께 있을 때, 그러니까 군대와 비슷한 환경에 편안함을 느낀 게 아닐까 싶다.

아버지가 소유한 코카콜라 공장에서는 트럭 운전사, 맛 평가사, 정비사, 공장 운영자, 청소부 등 수십 명의 노동자를 고용했다. 아버지는 그 부류에 속한 사람은 아니었다. 아버지는 사실 어떤 상황에서든 상사처럼 행동했다. 하지만 그런 아버지도 트랙이 아닌 곳에서 갑자기 모습을 드러낸 경주마들 옆에선 침묵을 지켰고, 작아졌다. 줄지어 나온 경주마들은 넋을 빼놓을 정도로 장엄한 자태를 자랑하는 동시에 야생의 자태도 고스란히 드러냈다. 사납게 숨을 헐떡이고, 큰 눈을 더욱 크게 부라리고, 귀만큼 큰 콧구멍을 벌름거리면서 꼬리를 높게 쳐들고, 땀이 빚어낸 지독한 악취와 사람 10명분의 오줌을 누어댔다. 말들의 뒷다리 쪽에서 열기가 구름처럼 피어올랐다. 나는 그 장면에 온 마음을 빼앗겼다. 말에게서 인간의 존재가 느껴지는 것일까, 사람에게서 말의 존재가 느껴지는 것일까. 반은 사람, 반은 말인 켄타우로스의 존재를 의심할 이유가 전혀 없어 보였다.

핸드볼을 마치고 우리는 수영을 하러 갔다. 수영은 아버지가 운동에 대해 더없이 진지해지는 지점이라고 할 수 있다. 아버지는 웨스트포인트 사관학교 수영팀 주장이었고, 전쟁이 아니었다면 선수로 올림픽에 나가셨을 거다. 아버지의 주특기는 체력 소모가 가장 큰 영법인 접영이었다. '나비 헤엄'이라는 말이 지닌 섬세한 느낌에도 불구하고, 나는 이 수영 기법을 '나비와 같이 헤엄친다'고 묘사해 본 적이 없다. 아버지의 접영은 거칠었다. 마구 휘젓는 팔과 요동치는 몸뚱어리를 따라 물이 빠져나갔다가 들어오기를 반복하면서 잔물결이 아닌 큰 파도가 일었다. 수영장 전체에서 아버지의 존재를 느낄 수 있었고, 그게 아버지가 원하는 것이었다. 나는 물이 얕은 수영장 끄트머리에서 공중제비를 연습했다.

수영장에서 나오면 마침내 라커룸으로 돌아와 사우나로 향한다. 사우나와 목욕탕의 유일한 차이는 수건으로 가린 몸을 발가벗겨 놓았다는 점뿐이었다. 으스스한 분위기가 나를 압도했고, 성당 못지않게 고요하고 어두침침했다. 기도라도 해야 할까? 성당에 모인 사람들과 달리 무기력하게 누워 있는 사람도 있었고, 앉아 있는 사람도 있었다. 나는 눈을 뜨고 주변을 살폈다. 아버지는 머리를 뒤로 젖히고 있었고, 얼굴과 목, 털이 수북한 가슴에서 떨어진 땀방울이 다리 근처에 흥건했다. 졸고 계시는 건가 싶었지만 몇 분마다 손으로 몸을 쓸어 손바닥에 모인 땀들을 사우나에 있는 뜨거운 돌 위로 털어내시는 걸 보니 잠드신 건 아닌 듯했다. 돌에 치익, 하고 연기가 피어올랐다. 막 불어 끈 생일 케이크의 촛불 같았다.

고대 세계에서 운동선수가 흘린 땀은 고귀한 것으로 여겨졌다. 내가 2천 년 전 사람이었다면, 아버지가 돌 위에 털어버린 귀중한 땀들을 보면서 아깝다고 발을 굴렀을지도 모른다. 경기나 운동을 마친 운동선수들은 자기 몸에 있던 땀과 기름을 긁어모아 작은 단지 안에 담았다고 한다. 오로지 이 액체들을 긁어모으는 용도로 만들어진, 셀러리 줄기처럼 생긴 S자 모양의 철제 도구 스트리질strigil(고대 로마의 때 미는 도구—옮긴이)을 사용했다. 이를 통해 얻은 독특한 냄새의 혼합물은 글로이오스gloios라고 불렸으며, 운동선수들이 벽에 몸을 기대면서 흘러내린 땀 자국까지 긁어 가져가는 사람이 있을 정도로 귀한 대접을 받았다고 한다. 디오스코리데스, 플리니우스, 갈렌 같은 고대 그리스·로마 작가 모두 이 방법이 효과가 있다고 증언했다. 플리니우스는 한때 검투사 양성소 소장들이 이 땀과 기름의 혼합물을 800세스테르티우스, 즉 수천 달러에 맞먹는 가격에 팔았다고 기록했다. 믿기 힘들지도 모르지만, 고대의 상거래 기록들이 플리니우스와 다른 이들의 주장이 옳다는 사실을 뒷받침해 주고 있다.

글로이오스는 이를 판매한 그리스의 체육관에 짭짤한 수입원이 되어주었으며, 개인 체육관에서는 회원들이 내는 회비를 보충할 수 있는 좋은 방법이었다. 글로이오스는 의료 목적으로 사용되었는데, 훌륭한 운동선수들에게 있는 '탁월함을 향한 매진'을 뜻하는 아레테arete의 정수가 그 안에 깃들었을 것이라는 믿음 때문이었다. 하지만 운동으로 흘린 땀을 운동 기록을 향상하는 데에 사용했을 것이라는 일부의 추측과는 달리, 글로이오스는 인체의 은밀한 부위에 나는 아주 불편한 질병인 치질과 생식기 혹을 치료하는 데 사용되었다고 한다.

과거에 존재했던 이 이상한 방법을 쉽게 비웃을지도 모르지만, 현대인도 그에 못지않게 이상한 짓을 많이 한다. 더 강해지고, 더 날씬해지고, 더 호리호리해지고, 더 단단해지고, 건망증이 덜하고, 주름이 덜 지고, 덜 지치고, 더 젊어지고, 덜 우울해지기 위한 운동 유행도 그에 포함될 것이다. 나 또한 다른 사람보다 나을 게 없다. 지금보다 더 혈기가 왕성한 사람이 될 수 있다면, 나 역시 기꺼이 운동선수의 땀을 내 몸에 부었을 테니까.

~

가끔 아버지와 나는 영화를 보러 가곤 했다. 단둘이서만. 다만 우리가 보는 영화들은 내가 흥미 가질 만한 것은 아니었고, 정확히 어린이 영화란 게 뭔지는 모르지만, 하여튼 어린이를 위한 영화는 아니었다. 내 아버지는 자기 아들에게 호의를 베푸는 유형의 부모는 아니었다. 우리는 아버지가 보고 싶어 하는 것, 즉 어머니라면 절대 아버지와 함께 보러 가지 않을 만한 영화들을 관람했다. 아버지는 카우보이와 미국 원주민들이 나오는 서부 영화, 전쟁 영화, 스포츠 보기를 좋아했다. 〈서부 전선 이상 없다〉, 〈패튼 대전차군단〉, 〈폭력 탈옥〉, 〈다운힐 레이서〉, 〈제레미아 존슨〉, 〈블리트〉, 〈더 브레이브〉 같은 것들 말이다.

실전 경기를 보러 간 적은 한 번도 없었지만, 아버지를 따라가서 최고의 시합으로 알려진 1971년 조 프레이저와 무하마드 알리의 대결을 본 적은 있다. 매디슨 스퀘어 가든에서의 경기 이후 몇 개월 뒤에 극장 영화로 개봉했는데, 다큐멘터리는 아니었고, TV용 〈와이드 월드 오브 스포츠〉 특별편 같은 프로그램을 극장 스크린으로 상영하는 것이었다. 상영 장소는 스포캔 시내에 있는 폭스 극장였다. 내 기억이 맞는다면 이는 일회성 행사였고, 그때 내 나이는 10살이었다.

지금도 극장 로비의 풍경과 냄새가 생생하게 떠오른다. 매점에서는 팝콘과 탄산음료를 팔았고, 발코니로 이어지는 널찍한 계단을 따라가면 짙은 보랏빛 벨벳 커튼을 옆으로 정돈해 둔 안내원들이 티켓을 확인한 뒤 손전등을 켜고 복도를 따라 우리를 안내해 주었다. 당시 나는 무하마드 알리와 그의 역사에 대해 아무것도 알지 못했다. 지금에 와서야 그 경기가 얼마나 큰 의미를 가진 것이었는지 절감한다. 카시우스 클레이 주니어Cassius Clay Jr.라는 이름을 가지고 태어난 그는 1964년 헤비급 월드 챔피언이 된 직후 이슬람교를 받아들이고 무하마드 알리로 개명했다. 자신의 종교적 신념을 따라 월남전을 위한 군대 소집에 거부하면서 징병 기피 혐의로 기소되었고, 챔피언 타이틀을 박탈당했다. 무하마드 알리와, 독실한 아일랜드 백인 가톨릭 신자이자 훈장을 받은 군인인 우리 아버지 사이에는 과연 공통점이 있을까? 하지만 내 아버지는 최고의 흑인 선수 2명이 챔피언 타이틀을 되찾기 위해 벌이는 20세기 격투 경기를 보겠다는 일념으로 최대한 직관에 가까운 좌석을 얻을 수 있는 인물이었다.

거기 모인 사람들 또한 보통의 영화 관람객은 아니라는 사실을, 칠흑 같은 어둠 속에서도 분명히 알 수 있었다. 아내, 딸, 어머니를 집에 따로 떼어놓을 수 있고, 집에 늦게 돌아가도 차려진 저녁밥을 먹을 수 있는 사람들. 이곳은 스포캔 클럽에서 일하는 이들을 포함한 남자들의 집합 장소였다. 어쩌면 이미 TV로 경기를 봤으나 다시 보고 싶어 왔을 수도 있다. 어쩌면 경기를 놓쳤을 수도 있다. 그러나 영화관에서는 TV로 볼 수 없는 것을 볼 수 있었다. 당시의 TV는 최대 크기가 16인치 정도로 무척 작았다. 극장용 스크린은 이미 신적인 존재로 자리매김한 알리와 프레이저의 모습을 더욱 크게 비추어 주고 있었다. 아버지는 내 쪽으로 몸을 기울이곤 앞사람들 때문에 화면이 안 보이지는 않느냐고 물었다. 아버지의 입에서 스카치 위스키 냄새가 났다. 나는 이 냄새를 아버지의 말에서, 가끔 목소리에서도 종종 맡곤 했다. 나는 괜찮다는 의미로 고개를 끄덕였다. 극장은 조용해졌고, 경기가 시작됐다.

15라운드 경기가 끝났다. 예상치 못한 판정으로 프레이저가 챔피언 타이틀을 거머쥐었다. 극장에서 줄지어 나와 집으로 돌아갈 때 정확히 어떤 기분을 느꼈는지 기억나지 않는다. 넋이 나갔던가? 끔찍하다 느꼈던가? 아마도 피와 땀, 탄탄한 육체의 아름다움, 춤 동작 같은 움직임에 매료되었던 것 같다. 한 가지는 확실했다. 진짜로 격투를 하면 어떤 기분일지 알고 싶었다. 그리고 약 40년 뒤, 그 기분을 느낄 기회가 나에게 찾아왔다.

복서의 일기

고대의 무기는 손과 손톱, 이빨이었다.

_루크레티우스Lucretius, 《사물의 본질에 대하여*On the Nature of Things*》, 기원전 1세기

‹Boxing›, Will R. Barnes, 1912~1924

3월 13일, 목요일

심호흡한 뒤 나는 '티타늄 트레이닝 센터'로 들어섰다. 이곳은 샌프란시스코에 있는 내 아파트에서 다섯 블록 정도만 걸으면 갈 수 있는 곳이다. 지금까지 수백 번 넘게 지나친 곳이지만 한 번도 들어갈 용기를 내지는 못했다. 톡 쏘는 땀 냄새가 여지없이 밀려든다. 내가 지난 30년 동안 다녔던 여러 체육관과 닮은 곳이라고는 하나도 없어 보이나, 그게 꼭 게이는 코빼기도 보이지 않아서 그런 것만은 아니다.

하얀 벽과 시멘트 바닥으로 된 커다란 홀에는 공식 규격의 복싱 링, 거울이 붙어 있는 벽, 네다섯 개 정도의 펀치백 등 꼭 필요한 것 말고는 아무것도 없다. 카운터 뒤쪽에는 30대로 보이는 삭발을 한 남자가 있다. 분위기와 체격만 보면 나이트클럽 문지기라도 해도 손색이 없겠다. 나는 인사를 건넨 뒤 아무렇지 않은 척 수강 신청을 하고 싶다고 말했다. 그러자 그가 수요일마다 있는 유산소 킥복싱 수업에 관해 설명하기 시작해서 내가 말을 자르고 끼어들었다. "전 살을 빼고 싶은 게 아니에요. 이미 적정 체중을 유지 중이에요. 복싱 기술을 배우고 싶습니다." 별로 놀라지 않은 눈치다. 어쨌거나 이곳은 복싱 체육관이니 당연한 걸지도 모른다. 나는 그의 눈을 똑바로 바라보면서 말했다. "기초부터 배울 수 있다면 좋겠어요. 전 태어나서 한 번도 복싱 글러브를 착용해 본 적도, 사람을 때려본 적도 없거든요." 카운터 뒤에 앉은 건장한 문지기는 눈도 꿈쩍하지 않는다. "제가 가르쳐 드리죠." 그가 말한다. "월요일부터 복싱 훈련 캠프가 시작됩니다. 주 5일, 총 6주 코스고요. 아침 6시까지 오세요."

3월 17일, 월요일

오전 5시 15분에 일어나 복싱 체육관에 가기 전 샤워를 하고 커피 한 잔을 마시니 적당히 여유롭다. 공기가 쌀쌀하고, 바깥은 아직 어둡다. 별들도 보인다. 가는 길에 비요크Bjork(아이슬란드의 싱어송라이터—옮긴이)의 노래 1곡과 U2의 노래 1절 정도를 들으니 나에게 주어진 시간이 모두 끝난 뒤였다. 캠프에 절대 늦으면 안 된다. 어제 문지기인 켄이 이렇게 당부했기 때문이다. "첫날부터 지각하면 물에 들어가야 해요. 훈련 캠프 규칙 제1조에요. 금요일마다 그 주에 지각한 사람들은 브래넌가와 1번가 쪽으로 가서," 그가 손으로 다이빙 동작을 묘사하며 말을 이었다. "물속으로 뛰어드는 거죠."

체육관에 도착하니 5분 정도의 여유 시간이 있다. 출석부에 이름을 적고 구석에 짐을 던져 놓은 뒤 나와 함께할 훈련병들을 빠르게 훑어보았다. 대부분이 남자지만 여자 훈련생도 대여섯 명 있다. 6시 정각이 되자 켄이 큰 목소리로 "줄넘기 시작!"이라고 외친다. 한 사람씩 구석에 놓인 통에서 줄넘기를 집어 든다. 음악은 없다. 말하는 사람도 없다. 시끌벅적한 환영 인사도 오가지 않는다. 살짝 겁을 먹은 듯한 25명의 사람이 돌리는 줄넘기 소리만 가득할 뿐이다. 눈을 감으니 줄넘기 소리가 양철 지붕에 떨어지는 가랑비 소리처럼 느껴진다. 하지만 켄이 듣고 싶은 건 폭풍우 소리인 듯하다. "너무 느려요!" 그가 소리친다. "이건 일요일에 공원에서 하는 줄넘기 같은 게 아니에요. 더 빨리 뛰세요! 꼬마 여자애들처럼 굴지 말고요!" 그의 말을 들으니 꼬마 여자애들이 완전히 달리 보인다. 그 아이들이 하는 줄넘기는 쉬워 보였기 때문이다. "그만, 이제 내려놓고! 바닥에 엎드려서 팔굽혀펴기 50개 시작! 하나, 둘, 셋, 넷!"

지저분한 바닥을 마주한 순간, 기억 하나가 머리를 스친다. 나는 이곳에 와본 적이 있었다. 수년 전, 이곳은 복싱장이기 전에 중고 서점이었다. 나는 파트너 스티브와 매주 일요일 오후에 이곳에 들르곤 했다. 벽마다 천장에 닿을 듯한 높은 책장이 있었고, 서점에 있는 이동 사다리를 밟고 올라가 책장 꼭대기에 있는 책들을 꺼내 볼 수 있는 곳이었다. "25개만 더!" 현재 복싱링이 설치된 앞쪽 창문에는 책이 수북하게 쌓인 여러 개의 책상과 테이블, 의자로 가득한 개방형 사무실이 있었다. 고양이 한두 마리가 그 주변을 어슬렁거리곤 했다. 깨끗하게 정돈된 편은 아니었으나 책 가격이 싸고 종류가 다양한 데다 다른 도서관보다도 조용해서… "윗몸일으키기 100개!" 켄이 소리친다.

윗몸일으키기가 끝나자 켄은 숨돌릴 시간을 주었다. 그러나 숨만 한 번 쉬고 일어서라는 말을 잘못한 게 아닐까 싶다. 1분도 되지 않아 밖으로 나가라고 하더니 약 3km 정도의 길거리 러닝을 시켰기 때문이다. 그리고 이 모든 것은 워밍업에 불과했다. 체육관으로 돌아오니 아직도 45분이 남아 있었고, 우리는 맨몸 운동으로 대부분의 시간을 채웠다. 복싱 훈련 캠프의 첫 시간이 끝날 때쯤, 모든 관절이 아파왔고 육해공 합동 작전을 한 것처럼 온몸이 땀으로 흠뻑 젖어 있었다. 사람은 시간이 지나면 고통의 감각을 정확하게 기억하지 못한다고 한다. 이제 나는 그 반대도 마찬가지란 사실을 이해할 수 있다. 사람은 앞으로 다가올 고통이 어떨지도 상상하지 못한다.

3월 18일, 화요일

복싱은 몸에 집중하는 운동이다. 몸을 사용하고, 느끼고, 신체의 모든 부분을 활용하여 그 안에 잠들어 있던 힘과 우아한 아름다움을 표현하는 행위다. 하지만 복싱장에서는 몸을 드러낼 일이 없다. 피부를 노출하지 않는다. 켄과 번갈아 수업을 이끄는 폴은 수업에 온 남자들과 마찬가지로 반바지 아래 타이즈를 신고, 긴소매 셔츠와 모자를 착용하고 있다. 사람들은 주로 스웨트팬츠와 니트 모자, 후디를 입는다. 덕분에 내가 어제 입은 민소매 티셔츠와 운동용 반바지가 상황에 어긋난 옷차림처럼 느껴졌다. 오늘은 스웨트셔츠에 조금 더 기장이 길고 품이 넉넉한 반바지를 입었다.

폴이 스파링을 대비해 손에 랩 감는 법을 보여주면서 수업이 시작되었다. 우리는 사전에 108인치 핸드랩을 준비하라는 안내를 받았다. 100도, 110도 아닌 108인치짜리를 준비할 것. 나는 정확한 숫자를 언급한 점이 매력적이라고 느꼈다. 그 숫자는 오랜 시간에 걸쳐 이 중요한 장비를 시험해 본 사람들의 내

공을 여지없이 보여주기 때문이다. 나는 피에 흠뻑 젖은 것 같은 빨간 랩을 구입했다. 천에 고무줄이 헐겁게 박음질 되어 있다. 손목이나 발목을 자주 접질린 사람이 쓰는 에이스 붕대처럼 말이다.

폴이 말려 있던 랩을 툭 던지는 듯한 동작으로 단숨에 풀어내더니 자신의 왼쪽 손에 감기 시작했다. 손바닥 위로 세 번, 손목 위로 세 번, 그다음 손가락 사이사이에 넣어 꼼꼼히 감는다. 마지막으로 랩을 뱅뱅 돌려 손가락 관절을 감쌀 때까지 감고, 감고, 또 감는다. "이렇게 하면 지저분하게 감았던 부분이 한방에 감쪽같이 감춰지죠." 폴은 사람들이 웃을 때까지 잠시 말을 멈췄다. 이 말은 옛날부터 지금까지 그에게 흡족함을 선사해 주는 그의 고정 멘트가 분명하다. 그리고 이번에는 랩을 오른쪽 손을 감은 다음, 양손에 복싱 글러브를 끼우고 이빨로 벨크로 끈을 당겨 손에 맞게 조이더니 곧장 몇 가지 복싱 동작을 이어서 보여준다. 핸드랩과 글러브는 그를 변신시키고 새 힘을 더해주는 장비 같다. 게다가 그 움직임이란! 그는 뼈를 깎는 듯한 노력 끝에 얻은 결연한 의지로, 멋진 춤을 추는 힙합 댄서처럼 보였다. 움직임을 온전히 느끼며, 자신의 내면에 흐르는 음악에 맞춰 추는 춤 말이다.

내가 감은 핸드랩은 절대 한방에 감춰질 수 없을 정도로 엉망진창이지만, 일단은 이걸로 충분하다. 폴이 수강생들 앞에서 기본 복싱 자세를 한 동작씩 끊어서 보여주었다. 발은 한데 모으고, 두 팔은 몸의 양옆에 위치시킨다. 그다음 두 손을 머리 위로 올리고, 기도하듯 가까이 붙인 다음, 주먹의 위치가 얼굴 앞에 오도록 팔꿈치를 내린다. “주목하세요!” 자세를 연습 중이던 우리에게 폴이 말한다. “몸의 선을 잘 유지해야 합니다. 팔뚝 뒤쪽이 허벅지 앞쪽과 일직선을 이뤄야 해요. 이렇게!” 그가 다시 자세를 보여준다. 폴의 목소리에서 이는 사소한 문제가 아니며, 대충 하거나 간과하면 안 된다는 것이 느껴진다. “일직선을 유지해야 해요.” 그가 조금 더 낮은 목소리로, 거의 속삭이듯 말한다. “일직선을 유지하세요.” 이 순간만큼은 폴이 복싱 코치보다는 인체의 아름다움에 빠진 탐미주의자 같다. “이제 두 손으로 얼굴 앞에 창문을 하나 만들고 그 안을 들여다보세요. 팔꿈치는 집어넣고! 좋아요, 준비 끝. 이제 뻗으세요! 유리창을 부수듯!” 우리는 제자리에 서서 눈앞의 창문 속으로 주먹을 찔러 넣었다. 원, 투. 원, 투. 퍽! 거울 속 찡그린 얼굴을 한 내 모습이 보인다. 이 동작이 빈야사보다 조금 더 높은 수준의 요가라고 생각하니 도움이 되는 것 같다. 한마디로 폭력적인 요가라고 할 수 있지 않을까. 원, 투. 원, 투. 퍽!

조금씩 자세와 박자감이 몸에 익기 시작한다. 하지만 모두가 그렇진 않은 듯하다. 일순간, 잘 따라오지 못하는 한 수강생을 가르치는 폴의 모습이 보였다. 그는 일직선은커녕 주먹도 제대로 쓰지 못하고 있었다. “하루아침에 되는 건 아니니까요.” 맹세컨대 폴은 무척 상냥한 목소리로 말하고 있었다. “언어를 익히는 겁니다. 완전히 새로운 언어를요.” 그는 우리가 몸에 익히려 노력하는 이 움직임을 언어에 비유했다. 우리는 이 고대 언어를 배우는 견습생인 것이다.

3월 26일, 수요일

복싱이라는 스포츠가 지금의 형태를 갖추기 전인 초기 시절, 복싱장엔 복싱 링은커녕 맨바닥과의 단차 같은 것도 없었다. 흙바닥 위에 막대 자로 선을 그어 공간을 표시해 두고 그 안에서 "싸우기 시작!" 하고 외치는 게 전부였다. 에페우스와 에우리알로스간의 피 튀기는 대결을 묘사한 《일리아스》 속의 한 장면처럼 말이다. 책에는 이렇게 쓰여 있다. "두 남자가 준비를 마치고 중앙으로 걸어 나오더니 주먹을 말아쥐고 서로를 인정사정없이 때리기 시작했다. 연이은 강타가 빠르게 오갔다. 턱뼈가 부서지는 끔찍한 소리가 울려 퍼졌고, 몸에는 땀이 비 오듯 쏟아졌다."

우리가 알고 있는 복싱의 초기 형태에 관한 지식은 복서가 아니라 장인, 시인, 철학자, 구경꾼들에게서 비롯됐다. 기원전 1500년경, 고대 미노스 문명인들의 고고학 유적지인 하기아 트리아다Hagia Triada에서 발굴된 일명 '복서 화병Boxer vase'을 보면, 대결에서 승리한 복서 한 명이 쓰러진 상대 선수 앞에 서 있는 모습이 묘사되어 있다. 두 선수 모두 머리에 꼭 맞는 헬멧을 쓰고 있는데 이는 가죽으로 만들었을 확률이 높고, 그들의 손에는 마찬가지로 가죽끈을 감고 있다.

고대 그리스 철학자 겸 작가 필로스트라투스는 복싱이 기원전 10세기경 스파르타 사람들에 의해 "발견"된 것이라고 주장했다. 목적은 전쟁에서 적군과 직접 몸으로 겨루어 싸울 때를 대비하여 힘과 기술을 기르는 데 있었으며, 이는 건강을 위한 운동과는 차원이 다른 차원이었다. 플라톤은 전쟁이 없는 평화로운 시기에도 이 훈련 방식을 지지했다. 그는 《법률》에서, "만일 우리가 복서나 비슷한 경기에 나가는 선수들을 양성해야 할 책임이 있다면, 사전 훈련이나 연습 없이 이들을 바로 경기에 내보내겠는가?"라고 묻는다. 절대 그렇게 하지 못할 것이다. "실제 싸움에서 사용할 수 있는 모든 방법을 훈련하고 연습해야 하며, 최대한 실전과 비슷하게 해야 한다."

우리는 스파링을 위한 헤드기어와 그로인 가드(낭심보호대 혹은 샅보호대라고도 함—옮긴이)를 보급받았다. 부드럽고 두꺼운 플라스틱으로 만들어진 그로인 가드는 큼지막한 생김새가 우스꽝스러운 미쉐린맨(브랜드 미쉐린의 마스코트—옮긴이) 전용 국부 보호대 같았다. 각자 마우스 가드와 글러브를 챙겼다. 하지만 이 보호 장비들을 완전히 믿어서는 안 된다. 내가 훈련 캠프에 가입 신청서를 낼 때 진지하게 고려하지 못한 부분은, 내가 누군가를 때린다는 것은 그 누군가도 나를 때릴 수 있다는 사실이었다. 먼저 때리지 않으면 주먹이 날아올 것이고, 피하지 않으면 아픔이 따라올 것이다. 나중에 알고 보니, 나는 누구보다도 훌륭한 '퍽' 소리 제조기였다.

매우 고맙게도 이런 타이틀을 거머쥘 수 있었던 건 모두 파란 눈과 길쭉한 근육질 팔을 가진 키 큰 빨간 머리 훈련병 덕분이었다. 퍽, 퍽, 퍽. 그가 나의 이마에 두 번, 옆구리에 한 번 펀치를 날렸고 연속해서 퍽! 소리가 울려 퍼졌다. 그 순간, 나는 그가 나에게 사과할 거라 기대했다. 그가 동작을 멈추고 내게 괜찮은지 물어봐 줄 거라고 생각했다. 그러나 그는 사과하지 않았다. 아무 말도 하지 않았고, 웃지도 않았다. 그저 나를 향해

한 번 더 퍽! 소리가 나도록 팔을 날릴 뿐이었다. 이번에는 머리였다. 충격이 경추에서 느껴졌다. 이건 사람을 겁에 질리게 하는 것이 아니라—겁을 먹으려면 상황을 이해하기 위한 시간이 필요하다—위협하는 감각에 가까웠다. 그리고 바로 이 감각으로 인해 아드레날린이 혈류를 타고 솟구치기 시작했다.

그는 정확히 배운 대로 움직이고 있었다. "그로인 가드, 헤드기어, 핸드랩, 글러브까지 전부 착용하세요." 이날 아침 폴이 가장 먼저 지시한 내용이었다. "그러고 나서 짝을 지어 스파링을 해보세요." 그의 지시를 따르지 않고 있는 사람은 나였다. 나는 폴이 보여준 시범 그대로 빨간 머리의 주먹을 야구공을 잡듯 막아냈어야 했다. 하지만 빨간 머리의 글러브가 내 눈앞으로 날아들 때마다 나는 너무 놀라서 아무것도 하지 못했다. 펀치의 기세에 눌린 것이다!

자신을 방어하는 행위, 그러니까 주먹을 막는 일은 자연스럽고 본능적으로 나오는 행동 아닌가? 반문할 사람도 있을 것이다. 그렇긴 하지만 이미 검증된, 다른 좋은 방법이 또 있다. 바로 달아나는 것, 그 현장을 벗어나는 것이다. 나는 말 그대로 싸움에서 도망가지 않고 버티는 일이 무척 버거운 일이라는 걸 몸소 배우는 중이었다. "좋아요, 이제 짝을 바꾸세요!" 폴이 소리친다. 이제 내 상대는 빨간 머리가 아니다. 나는 이 사람이 누구인지 모른다. 수업 시간에 본 적이 있었던가? 큰 헤드기어에 가로막혀 그의 얼굴을 알아보기가 어렵다. 그래도 아시아인인 상대의 키가 나와 비슷한 덕분에 주먹을 잡아내기가 비교적 쉽다. 내 위에서 잡아먹을 듯 달려들지 않기 때문이다. 하지만 여전히 갈피를 잡기가 어려워서 차라리 이 상황을 주도해 보기로 했다. "하나씩 천천히 해보죠." 내가 그에게 말한다. "저한테 펀치를 날려보세요. 그럼 제가 막아볼게요."

우리는 말하자면 모든 동작을 슬로 모션으로 하고 있었다. 꽤 효과적이었다. 나는 리듬을 찾고 어떤 동작을 해야 하는지 깨우치기 시작했다. 심지어 이 문장을 쓰고 있는 중에도 나는 내 문제가 무엇인지 알 수 있다. 나는 무엇을 해야 하는지 기억하려고 애썼으며, 펀치를 막는 방법을 떠올리려고 노력했다. 하지만 복싱에서 기억을 떠올릴 시간은 없다. 떠올리는 그 짧은 순간에 허점이 드러나고, 그때 상대에게 주먹을 허용하게 된다. 기억하는 것이 아니라 그냥 '알아야' 한다. 나의 근육이, 팔이, 몸이 그냥 움직이도록 만드는 것이다. 나를 지키고, 나를 믿고, 주먹을 날려야 한다. 그 또한 내가 이 캠프에서 배워야 할 교훈일지도 모른다. 기억 안에 머무르지 말고 순간 속에 존재할 것. 슬로 모션으로 싸울 수 없듯이 삶 역시 슬로 모션으로 살아낼 수 없다. 우리를 완전히 무너뜨릴 만큼 강한 주먹은, 예기치 못한 장소에서 날아들기 때문이다.

4월 6일, 일요일

옷장 안에 있던 야구 방망이가 자꾸 생각난다. 현관 바로 오른쪽 모퉁이에 보이는 옷장에 스티브가 넣어두었던, 까만색 야구 방망이 말이다. 스티브에게 그것은 야구 방망이보다 곤봉에 가까웠고, 프레드 플린트스톤(미국의 애니메이션 시트콤 〈고인돌 가족 플린트스톤〉의 주인공—옮긴이)이 들고 다닐 듯한, 원초적인 무기였다. 스티브는 그 방망이를 오랫동안 가지고 있었다. 동거를 시작했을 때, 대학교 졸업 후 시카고에서 살면서 이 야구 방망이를 마련했다고 그가 말해준 기억이 난다. 스티브는 어느 늦은 밤, 집으로 걸어가던 중에 강도를 만났다. 체격이 건장한 그는 그 일로 다치지는 않았지만, 꽤 충격을 받았다. 그 이후로 그는 예기치 못한 상황에 대비해 무기를 가지고 있어야 겠다고 생각했다. 가령 낯선 사람이 집 앞을 어슬렁거리거나, 대피용 비상사다리에 숨어 있는 도둑을 발견하는 일이 생길 수 있으니까. 스티브가 실제로 그 야구 방망이를 쓸 일은 일어나지 않았다. 하지만 자신의 아파트에 그게 있다는 사실만으로도, 항상 그 장소에 있어 조명을 켜거나 안경을 쓰지 않고 야구 방망이를 쥐고 바로 휘두를 수 있다는 사실만으로도 그는 마음에 위안을 얻었다. 더 큰 의미에서, 내게는 스티브가 그의 야구 방망이 같은 존재였다. 스티브는 항상 그곳에 있었다. 우리 아파트에, 내 옆자리에, 수화기 너머에, 그가 있었다. 그러던 어느 날부터 그가 그곳에 없었다. 모든 곳에서 자취를 감췄다. 공기 중의 수증기처럼 사라져버렸다. 우리의 중고 서점이 사라진 것처럼.

어느 날 아침, 나는 마침내 샌안드레아스 단층(미국 캘리포니아주에 있는 변환 단층—옮긴이)이 무너진 것 같은 강렬한 몸부림에 눈을 떴다. 스티브가 틀림없이 악몽을 꾸고 있을 거란 생각이 가장 먼저 들었다. 스티브를 깨우려 했으나 그는 일어나지 않았다. 119에 전화를 하고, 심폐소생술을 하고 있으니 응급구조사들이 도착했다. 그들은 계속해서 우리가 마약을 한 것은 아닌지 물었다. 생뚱맞고, 터무니없는 질문이었다. HIV 보유자인 스티브는 누구보다 건전하게 생활하고 있었으며, 심지어 맥주 한 잔도 입에 대질 않았다. 그들은 스티브를 응급실로 데려갔다. 하지만 이미 희망이 없었다. 심장마비였다. 이해가 되지 않았다. 스티브는 겨우 마흔 세 살이었고, 어느 모로 보나 완벽하고 건강한 몸을 가지고 있었다. 전날 밤까지 어떤 징후도, 전조도 없었다. 우리는 체육관에서 함께 운동했고, 저녁을 만들어 먹었고, TV를 보다가, 침대에서 책을 읽었다. 그 모든 일상이 어떤 종말을 맞이할 것인지 전혀 모르는 채로 말이다. 물론 그는 당연히 다음 날 아침 눈을 뜨고, 해야 할 일들을 해내며 하루를 보내리라 생각하며 잠들었을 것이다. 그가 책상 위에 해야 할 일 목록을 남겼기 때문에 나는 이 사실을 알고 있다. 전구 소켓 확인하기, 배터리 사기, 끈 구매하기…. 나는 이것들이 어디에 필요한 것인지 정확히 알고 있었다. 거실, 자동차 플래시라이트, 의자 수선용.

이후 몇 주 동안 나는 목록에 써 있던 모든 항목을 하나하나 모두 처리하고 '해결됨'을 의미하는 체크 표시를 했다. 그다음에는 자리에 앉아 나를 위한 목록을, 오랫동안 하고 싶다고 생각했지만 아직 이뤄내지 못했던 것들의 목록을 작성했다. 그리고 가장 하기 쉬운 것부터 실천했다. 먼저 파리에 갔다. 카메라를 샀고, 다녔던 이곳저곳을 사진으로 기록했다. 몸에 문신을 새겼다. 그다음, 또 그다음, 그다음의 다음 것을 했다. 목록에 적은 많은 것을 해낼 때까지 펜의 잉크는 마르지 않았다. 마침내 1년하고도 6개월이 지난 뒤, 나는 나 자신에게 낸 것 중 가장 어려운 과제에 도전하기로 마음먹었다. 바로 '복싱 배우기'였다.

4월 7일, 월요일

복싱 훈련 캠프에서의 하루는 언제나 최소 30분간 맨몸 운동으로부터 시작한다. 줄넘기, 팔굽혀펴기, 윗몸일으키기, 팔벌려뛰기, 제자리 뛰기를 하고 가끔은 여기에 야외 달리기도 곁들인다. 오늘은 해가 뜨기 전에 체육관 밖으로 나와 언덕 위까지 전력 질주를 했다. 며칠 전 아침에는 글렌 공원에서 트윈피크 정상까지 이어진, 약 5km의 오르막길을 추위와 안개를 뚫고, 앞으로 평생 이 짓을 다시는 하지 않기를 간절히 바라며 달리기도 했다. 먼 옛날 고대 로마 역사가 베게티우스Vegetius는 달리기가 전쟁을 대비하는 최고의 훈련이라고 주장했는데, 달리기가 어떻게 누군가를 죽이고 싶은 마음을 갖게 하는지 그제야 알 수 있을 것 같았다.

지난 화요일, 우리는 시빅 센터까지 다 함께 달렸다. 광장 전체를 빙 돌며 1시간 정도를 뛰고, 잔디 위에서 전력 질주와 복싱 연습, 스파링을 했다. 체력 소모가 엄청났지만 밖에 있다는 사실에 기분이 좋았다. 차가운 공기와 해 뜨기 전의 어슴푸레한 하늘을 맞으며 시청 앞에 서 있으니 로키 꿈나무들이 모여 있는 느낌이었다. 나는 훈련을 곧잘 따라갔다. 나의 전력 질주 실력이 켄의 코칭 본능을 일깨우고 말았으니, 훌륭히 해내고 있다고 말할 수는 없지만 말이다. "빌리, 팔을 흔들어야죠! 팔을 안 쓰고 있잖아요! 미친 듯이 흔들어요!" 나는 모든 결승선을 통과하며 몇 바퀴씩 뛰고, 영원히 계속될 것만 같은 스쾃과 팔벌려뛰기, 윗몸일으키기를 다른 사람처럼 토하거나 포기하지 않고 끝까지 해낼 수 있었다.

하지만 복싱장으로 돌아와서는 여전히 고전을 면치 못했다. 방어할 때 움찔거리거나 주먹이 날아오기도 전에 방어 태세를 취하는 바보 같은 행동을 했다. 늘 그렇듯 생각을 너무 많이 하는 것이 문제였다. '좋아, 이제 어느 손으로 막으면 좋을까, 오른쪽? 왼쪽?' 그 순간에는 훈련 중 배운 것들을 몽땅 잊었고, 이런 내 모습은 결국 폴의 주의를 끌고 말았다. 그는 바로 내게 다가와서 무엇이 잘못되었는지를 알려주고, 어떻게 해야 옳은지를 보여주면서도, 점점 실망감을 감추지 못한다. 사실 폴은 모두에게 실망하고 있었다.

오늘 연습 중간에는 폴이 핸드랩을 제외한 모든 장비를 벗으라고 말했다. 우리는 거울을 마주 보고 가장 기본적인 공격 동작인 원투 펀치 연습에 몰두했다. 원투 펀치는 모든 복싱 동작에서 기본이 되는 움직임이다. 방법은 다음과 같다. 몸이 앞으로 나가면서 왼손으로 잽을 날린다. 이때 오른발은 떼지 않고, 이어서 오른손으로 잽을 날릴 때 발을 회전시킨다. 정말 쉽지 않나? 누구라도 그렇게 생각할 것이다. 실제로도 그렇다. 나도 잘 아는데, 문제는 몸과 마음이 따로 논다. 왼손으로 잽을 날릴 때 몸은 앞으로 나가는 걸 까먹는다. 반대로 오른손으로 잽을 할 때도—"맙소사, 빌리! 오른발을 땅바닥에서 떼지 말고 돌리라니까요!"—마찬가지다. 이렇게 무척 까칠해진 폴의 모습을 보니 왠지 미안하다. "대체 몇 번을 더 말해줘야 해요?" 그게 문제다. 말하는 것은 행동이 되지 않고, 도움도 되지 않고, 내 몸이 올바른 동작을 하도록 곧장 변화시키지 않는다.

4월 11일, 금요일

배우는 속도가 느려진 건 나이가 들어서일까, 기억력이 나빠져서일까, 아니면 또 다른 다양한 문제 때문일까? 따지고 보면 근육 기억은 근육에서 만들어지는 것이 아니라 어린 시절 기어가기·걷기·오르기와 같은 운동 능력을 익혔던 것과 동일한 단계를 따라 뇌를 통해 생성된다. 이는 운전 등을 할 때 동원되는 "절차 기억"도 마찬가지다. 훈련을 하고, 스파링을 하고, 거울 앞에서 전체적인 폼을 신경 쓰면서 같은 동작과 자세를 반복, 또 반복하고, 날마다 아침 일찍 일어나서 체육관으로 향하는 것도 결국 근육 기억을 만들기 위한 과정이다. 심지어 체육관을 쿵쿵 울리는 음악에도 역할이 있다. 음악은 기억 형성과 연관된 뇌 부위와 동일한 부분을 활성화시키기 때문에 특정 노래를 듣고 또 듣는 것은 어떤 동작이 몸에 익도록 도움을 준다. 역할을 맡은 수많은 요소 중에서 무엇이 가장 먼저인지를 생각해 본다. 반복만이 살 길인가? 동작을 따라 하는 것이 먼저인가? 아니면 옳은 동작을 했을 때 느끼는 순수한 만족감이 신경화학 물질을 굳게 만들면서 기억을 형성하는 것일까?

폴은 복싱이 미적분 같다고 말했다. "불현듯 깨닫기 전에는 와닿지 않을 거예요. 깨달을 때 비로소 이해하게 되는 거죠." 잠깐. 폴은 그 반대로 이야기했던 것 같다. "이해하기 전까지는 와닿지 않을 거예요. 그러다 불현듯 깨닫게 되는 거죠." 그래, 바로 이거다. 참선 수행자들의 선문답과 비슷하다. 이해하기 전까지는 와닿지 않을 것이다. 그러다 '불현듯 깨닫게' 된다.

오늘은 꼬박 1시간 동안 섀도 복싱을 하고, 기초 훈련과 맨

몸 운동을 했다. 나는 앞쪽에 서 있었고, 켄이 하는 모든 동작을 그의 속도에 맞춰 해내고 있다는 느낌을 받았다. 한 세트를 하는 내내 그의 발을 보고 있었기 때문에 내 발이 정확히 같은 박자에, 음악의 속도에 맞춰 움직였다는 걸 알 수 있었다. 내 몸이 복싱 동작들을 습득하기 시작했다. 연결 동작, 스텝, 팔벌려뛰기를 전부 날렵하고 정확하게 할 수 있게 되었다.

4월 17일, 목요일

5주가 지나고 캠프 종료까지 일주일이 남았다. 그동안 나는 확실히 성장했다. 줄넘기를 오래 할 수 있게, 주먹을 얼마간 막아낼 수 있게, 상대에게 내 주먹을 맞출 수도 있게, 기초 훈련과 연결 동작을 해낼 수 있게, 펀치백을 두들길 수 있게, 달리기와 맨몸 운동을 끝까지 따라갈 수 있게 됐다. 이뿐이랴, 직접 핸드랩을 감을 줄도 안다! 그렇기는 하지만, 훈련은 여전히 첫 주 때만큼 힘이 든다. 인생과 마찬가지로, 그냥 어렵게 느껴지는 일이 달라졌을 뿐이다. 이제 걸린 판돈이 더 커졌다. 훈련 캠프가 거의 끝나가는 시점이라 더 빨리, 더 나아져야 한다는 압박감이 크다. 사람들은 더 이상 망설이지 않는다. 우리 사이에서 더 치열한 에너지가 흐른다. 피를 흘리는 사람도 생겼다. 주먹이 전보다 매워졌다. 이 부분이 포인트다. 주먹이 전보다 매워졌다.

어제 스파링 파트너와 연습을 하던 중, 도대체 내가 지금 무엇을 하고 있는지 진지하게 질문할 수밖에 없는 두려운 순간을 경험했다. 그가 여러 번 내게 주먹을 날렸는데, 그 힘이 얼마나 셌던지 머리가 멍해졌다. 자세가 흐트러진 나를 보며 그가 부추겼다. "어서요! 자, 덤벼 봐요! 실력 좀 봅시다!" 내가 그에게 다가갔다. 그는 또다시 내 눈 사이를 가격했다. 이번에는 바닥으로 넘어졌다. 다시 일어섰다. 살짝 열받기 시작했다. 얼굴에 촉감이 느껴질 정도로 오른쪽 글러브를 딱 붙였다. 그가 잽을 날리기 시작했고, 나는 주먹을 피해 몸을 아래로 내려 그의 주변으로 원을 그리듯 움직였다. 그렇게 계속 움직이다 보니 마침내 라운드 종료를 알리는 벨이 울렸다. 내가 다시 일어선 후 그는 나를 한 번도 때리지 못했다. 약간의 분노. 아마 내게 필요한 건 이것이었을지도 모른다.

더불어 그날 아침 폴이 한 말을 마음에 새겼다. "자연스러운 것이 아닙니다. 복싱은 자연스러운 게 아니에요." 그가 거울 앞에서 왔다 갔다 하면서 말했다. "여러분의 본능이 원하는 것은 가슴을 앞으로 내밀고," 폴이 직접 시범을 보였다. "고개를 높이 쳐드는 거죠!" 그의 꼴이 퍽 웃겼다. 잔뜩 뽐을 내며 걷는 공작새 같았다. "하지만 복서는 말이죠," 여전히 왔다 갔다 하면서 그가 우리를 흘끗 쳐다봤다. 우리는 숨죽여 그를 바라봤다. "자신의 몸을 뒤틀고, 턱을 내리고, 머리를 숙이고, 팔꿈치를 넣고, 주먹을 이곳에 둡니다." 그는 턱에 주먹을 갖다 댔다. "복서는 거리의 사람이에요. 그는 결투에 대비합니다. 만일 잘못 까불면," 폴이 번개 같은 잽을 날렸다. "큰코다치게 되겠죠."

나는 내가 폴이 말하는 복서가 될 수 있으리라 생각하지 않았다. 그러려면 복싱 훈련 캠프를 6개월 더 다녀야 할지도 모른다. 하지만 상상은 해볼 수 있었다.

4월 21일, 월요일

훈련 캠프가 막바지를 향해 가면서 마지막 도전 과제를 마주해야 할 순간이 찾아왔다. 그것은 바로 누군가를 때리는 것, 즉 전력을 다해 때리는 것이었다. 나는 근육도, 기술도 가지고 있었지만 망설인다는 점이 문제였다. 그 사실을 아는 코치들은 아쉬움을 토로했다. "빌리, 모든 걸 쏟아내야 해요! 잽을 할 때는 팔을 완전히 쭉 뻗으세요. 주먹을 멀리까지 날려요!"

때리는 힘은 주먹에서 나오지 않는다. 이제는 나도 이 사실을 안다. 펀치의 힘은 등과 허리, 회전하는 몸통에서 나온다. 다시 말해 힘은 상체 전부에서 나오며 굽히지 않고 쭉 뻗은 팔을 통해 상대에게 날아간다. 이것이 핵심이다. 나도 섀도 복싱을 하거나 펀치백을 칠 때 이 동작을 올바르게 하면 그런 힘을 주먹에 담는 데 성공하기도 한다. 강하고, 날렵하고, 깔끔하게. 단순한 힘 이상의 무엇, 품위와 우아함이라 부를 수 있을 듯한 무엇을 담아 가능한 최대한 팔을 쭉 뻗는다. 이런 점에서 복서의 잽은 발레 무용수의 익스텐션 동작과 비슷하다. 하지만 그런 힘이 실린 주먹으로 누군가의 몸을 때리는 데는 기술 이상의 것이 필요하다. 그 일은 머리에서 시작된다. 할 수 있다, 하고 싶다, 해야 한다, 할 수밖에 없다는 생각을 가져야 한다.

오늘 아침에는 온몸에 문신이 있는, 마르고 호리호리한 상대와 링에 올랐다. 우리 둘 다 머리부터 발끝까지 보호 장비를 두르고 있었다. 이 문신남은 전에 나와 붙었던 빨간 머리만큼 키가 컸고, 많이는 아니더라도 약간의 복싱 경험이 있어 보였지만 눈빛이 매서운 편은 아니었다. 그가 곧장 내게 코치 노릇을 하기 시작했다. "이쪽으로, 더 가까이 오세요. 제가 막을 테니 공격하시고…" 나는 그의 몸통에 잽을 날렸다. 문신남이 뒤로 물러나더니 미소 지었다. "다시 해보세요." 그가 내게 말했다. "대신 좀 더 세게요. 방금 건 툭 건드리는 느낌이었어요." 스텝을 밟으면서 그에게 몇 번의 펀치를 더 날렸다. "좋아요. 더 세게요. 계속하세요." 그의 말 대로 나는 계속 때렸고, 조금씩 나아지기 시작했다. 몸통을 때리는 것이 얼굴이나 머리, 즉 뇌를 건드리지 않는다는 점에서 심리적으로 훨씬 나았다. 그러나 이제 그는 내게 온 힘을 다해 주먹을 날리라는 주문을 했다. "때리세요. 어서요. 그냥 때리세요." 나는 그의 이마 정중앙을 때렸다. "약해요. 더 세게요." 다시 때렸다. "좋은데 좀 더 세게 치세요. 제 얼굴을 보고 힘껏 때리세요. 할 수 있는 최대한 세게 제 얼굴을 때려보세요." 살면서 이런 말을 들을 기회가 얼마나 될까? "정말요?" 그가 고개를 끄덕였다. 이 자리에 목격자가 여러 명 있다는 사실을 확실히 해야 할 것만 같았다.

까짓거, 그럼 그러지 뭐. 나는 그의 오른쪽 측두엽을 목표로 삼고 글러브로 때렸다. 때리고, 때리고, 또 때렸다. 재미있는 사실은, 내가 그를 충분히 세게 때리지 못하고 있는 것 같다는 점이었다. 먼저 어떤 이유에서건, 나는 그를 100%로 때리지 못했다. 80% 정도는 될지 모르지만 아무튼 100%는 아니었다. 여전히 망설이는 버릇이 남아 있었다. 나는 그가 다치는 게 싫고, 코가 부러지고 뒤로 나자빠져 뇌진탕을 일으키게 되는 것이 싫었다. 동시에 그의 눈빛에서 어떤 광기가 느껴졌다. 그는 정말로 맞는 것을 좋아하는 듯했다. 나는 그가 만족할 정도로 세게 때리고 싶지 않았을지도 모른다. 벨이 울렸다. 새 스파링 파트너를 만날 차례다.

나는 갈색 머리에 여기저기 흰머리가 보이는 우람한 백인 남자와 짝이 되었다. 나는 문신남과의 스파링에서 가져온 리듬을 유지하고 싶었다. 쏜살같이 달려가 그의 몸통에 몇 번의 펀치를 날렸다. 거칠게 휘두르지는 않았지만 주먹을 내리꽂고 분출되는 아드레날린에 몸을 맡겼다. 사실 몸속의 신경 물질이나 이해력과는 아무런 상관이 없었을지도 모른다. 이는 머리나 가슴으로 이해하는 것이 아니라 자신감, 오로지 자신감 하나에 관한 문제였다. 두 손을 놓고 자전거를 탈 때처럼 지식이나 감정과 관계없이 그냥 아는 것. 질문도, 두 번의 생각도, 기억을 더듬는 일도, 애쓰는 일도 아닌 그저 하는 것. 이것이야말로 내가 추구해 왔던 것이다.

갑작스레 달아오르는 이 기분은, 섹스할 때의 흥분과 크게 다르지 않다. 육체의 힘을 느끼고, 하나의 몸이 다른 이의 몸을 지배하는 그 감각과도 같다. 내 파트너가 나를 최선을 다해 나와 싸우면서, 나를 막으려 안간힘을 쓰고 있다는 사실은 이 느낌을 더욱 고양시킨다. 그의 몸과 벌게진 그의 얼굴, 헤드기어 아래로 쏟아지는 땀을 보면 알 수 있었다. 그는 버티고 있었지만, 꽤 지쳐 보였다. 아니면 깜짝 놀랐던 걸까? 그가 뒤로 물러나더니 마우스 가드를 뱉어내곤 숨을 몰아쉬며 말했다. "끝내주게 잘하시네요." 제가 좀 그렇죠. 속으로 대답했다. "괜찮아요? 다시 해볼까요?" 나는 그렇게 말하며 그를 향해 돌진했다.

도서관의 책벌레

풍부한 지식을 지닌 신체가 좋은 신체다.

_콜린 맥긴, 《스포츠》, 2008년

‹De arte gymnastica›, Pirro Ligorio, 1573

비비안 누턴 박사와의 만남 이후, 나는 메리쿠리아레의 《체조술》을 조사한다는 새로운 미션을 품고 런던을 떠났다. 누턴 박사의 번역본이 영어권에서는 최초였지만, 다른 언어로의 첫 번역은 아니었다. 로마 올림픽이 있었던 1960년에 이탈리아어본이 완성되었고, 그로부터 약 40년 뒤에는 어느 현대 프랑스어 학자가 책 일부를 프랑스어로 번역한 《체조술》의 비평서를 출간했다. 바로 그 학자, 장 미셸 아가세Jean Michel Agasse는 그 이후 메리쿠리아레의 삶과 업적에 관한 수많은 학술 논문을 발표했으며, 그 논문들을 교정하고 영어로 번역해 누턴 박사의 번역이 실린 책에 기고했다. 누턴 박사와 아가세, 두 사람은 긴밀하게 공동 프로젝트를 진행했다. 누턴 박사와 대화하는 중에도 아가세의 이름이 종종 언급되곤 했다. 나는 두 사람의 접근 방법에 분명한 차이가 있다는 사실을 눈치챘다. "장 미셸은 저보다도 메리쿠리아레에 대해 더 잘 아는 사람입니다." 누턴 박사가 말했다. "메리쿠리아레를 연구하는 데 평생을 바친 사람이고요." 약간의 정적이 이어졌다. "그야말로 메리쿠리아레 덕후죠." 더 이상의 말은 필요 없었다. 나는 아가세를 만나야 했다.

누턴 박사의 소개 덕분에 나는 아가세에게 놀라울 정도로 빠른 이메일 답장을 받았다(아마도 제목에 '지롤라모 메리쿠리아레'가 써 있어서였는지도 모르겠다). 피레네산맥에 자리한 아주 작은 마을('성모 마리아의 도시인 루르드Lourdes 근처로, 가장 가까운 마을과의 거리가 80km인 곳'이라고 그가 설명했다)에 사는 그는, 향후 며칠간 파리에 머물 예정이라고 답했다. 당시 내 여행 방식은 내가 길거리 사진을 찍는 방법과 닮아 있었다. 모든 가능성을 열어두고 직감을 신뢰하는 것. 나는 파리행 티켓을 구입하고 생제르맹에 사는 친구의 아파트에서 잠시 신세를 지기로 했다. 약속 장소에 나가기 하루 전, 아가세에게 뤽상부르 공원 근처의 카페에서 만나는 게 어떠냐는 연락이 왔다. 그는 다음과 같이 덧붙였다. "정통 스파이물에서처럼 우리도 서로를 알아볼 방법을 정하는 게 어떨까요? 전 (거의) 대머리에 콧수염이 있고, 안경과 하얀색 재킷을 걸치고 있을 거예요. 이 정도면 충분하겠지요." 나는 그에게 페도라와 짙은 색안경을 쓰고 있겠다고 회신했다.

아가세는 야외 테이블에서 에스프레소를 마시고 있었다. 인사를 주고받고 서로를 조금씩 알아가기 위해 가벼운 대화를 나누기 시작했다. 나는 비비안 누턴 박사가 영국 사람 성향이 강한 만큼, 아가세 역시 너무나 전형적인 프랑스인이라는 사실을 바로 알아차렸다. 과장일 수도 있겠지만 무의식적으로 튀어나오는 몸짓과 행동, 외모, 독특한 억양은 물론, 두 사람의 이름마저 전형적으로 영국답고 프랑스다웠기 때문이다. 누턴 박사가 미스터 칩스Mr. Chips(영화 〈굿바이 미스터 칩스〉에 나오는 주인공의 이름—옮긴이) 그 자체라면, 장 미셸은 어딘가 음울하면서도 시적인 분위기를 풍기는 프랑수아 트뤼포François Truffaut 감독의 영화에서 걸어 나온 사람 같았다. 그는 옷에 진 주름마저 우아해 보이는 하얀색 재킷을 걸치고 있었다.

그는 피레네산맥에 있는 한 고등학교에서 수년간 라틴어를 가르쳤지만, 나이가 들수록 학생들을 다루는 것보다 고된 학부모를 상대하는 일에 피로를 느꼈다. 그러다 문득 박사 학위를 따야겠다는 생각을 했다고 한다. 현재 그의 나이가 60대 중반이니, 약 15년 전의 이야기다. 그러던 어느 날, 중세에 사용되었던 훨씬 정제된 형태의 라틴어이자 1500년경부터 학술지에 널리 쓰이기 시작했던 "근대 라틴어"를 다룬 작은 책 한 권을 통해 우연히 메리쿠리아레에 대해 알게 되었다. 그리고 이 우연은 그의 박사 논문 주제인 메리쿠리아레의 《체조술》로 이어졌다. "책을 펼쳐든 순간, '이것이 나의 일이 되겠구나'라고 생각했어요. 삽화가 정말 마음에 들었거든요." 장 미셸은 멋쩍은 표정으로 덧붙였다. "저랑 같으시네요." 내가 말했다. "제가 만화를 좋아하거든요. 그래서 꽂혔던 걸지도 몰라요." 아가세는 아트 스피걸먼Art Spiegelman, 크리스 웨어Chris Ware 및 여러 현대 만화가의 팬일 뿐 아니라 〈엑스맨〉, 〈슈퍼맨〉, 〈배트맨〉, 〈스파이더맨〉처럼 미국의 전통적인 대중문화로 자리 잡은 만화들도 즐겨봤다고 했다. 그는 이 만화들을 전부 읽었을 뿐 아니라 소장까지 했다. 생각해 보면 《체조술》의 삽화에 묘사된 인물들의 울퉁불퉁한 근육과 탄탄한 몸매는, 슈퍼 히어로 세계에 가져다 놔도 뒤떨어지지 않을 것이다.

내가 이전에 찾아본 바에 따르면, 메리쿠리아레에게 이러한 그림을 그려달라는 의뢰를 받았던 화가는 피로 리고리오Pirro

Ligorio라는 복잡한 인물이었다. 두 사람은 메리쿠리아레가 로마에 있는 파르네세 가문에 처음 합류하면서 만난 이후 10년간 알고 지낸 사이지만, 많은 점에서 서로 달랐다. 일단 성미 급한 나폴리 사람이었던 리고리오는 메리쿠리아레보다 20살이 더 많았다. 또한 (메리쿠리아레에겐 타고난 것이었지만) 로마 엘리트 문화와 주요 사회에서 살아남기 위한 필수 기술인 사회성과 사교술이 그에겐 부족했고, 결국 리고리오는 교황청의 눈 밖에 나고 말았다. 오랜 친구인 메리쿠리아레가 그에게 다시 연락한 1572년경, 그는 페라라 공작의 보호를 받고 있었다. 리고리오의 역동적인 그림이 《체조술》에 오래도록 활기를 더해주게 될 거라곤 두 사람 모두 예상하지 못했을 것이다.

나와 달리 장 미셸은 리고리오의 그림에서 바로 눈을 떼서 라틴어로 쓰인 메리쿠리아레의 글을 원문으로 읽을 수 있었다. 그는 이 문헌이 학술적으로나 개인적으로나 자신의 관심사와 일치하는 것들로 넘쳐난다는 것을 깨달았다. "저는 아주, 아주 오래전부터 우리 몸에 관심이 많았어요. 몸을 가지고 있다는 것은 무엇을 의미하는 걸까요?" 장 미셸은 자신의 부모님 두 분이 모두 의사였다고 했다. 어쩌면 이런 배경 때문에 그가 특별한 호기심을 물려받은 걸지도 모른다. 하지만 사람의 몸을 향한 소년의 관심은 의학적인 것이 아니었다. 그는 한때 내가 몰두했던 해부학을 공부하는 일, 즉 직접 시체를 분해하는 일은 상상조차 할 수 없었다. 그의 호기심은 철학적인 것에 가까웠다. 그는 인도에서 살면서 요가 마스터와 함께 요가와 명상 수련을 했다. 1970년대에는 미국으로 떠나 프라이멀 스크림 요법primal scream therapy을 배우고 인카운터그룹Encounter group에 참여했다. 그는 자신이 할 수 있는 모든 것에 도전했다. 시대적 영향과 그의 성장 배경이 복합적으로 영향을 준 것일 테다. "전 가톨릭 집안에서 자랐습니다. 어릴 때부터도 사람들이 우리 몸을 잊어버리고 산다고 생각했죠. 어딘가에 따로 떼어놓은 것처럼요. 어쩌면 그때부터 지금까지 저는 제 몸을 찾기 위해 애써온 것 같아요."

메리쿠리아레를 연구하는 일은 이러한 그의 호기심이 역사적 관점으로 전향된 결과였다. 중세는 영혼, 즉 한 사람의 영적인 삶을 중요하게 여긴 시대였다. 그리스인들이 이상화하고 열광적으로 숭배했던 육체는 죄를 담은 그릇으로 변모했고, 운동은 자기중심적이고 방종한 행위가 되었다. 하지만 이러한 흐름은 14세기 인본주의의 등장으로 바뀌었다고 장 미셸은 설명했다. "사람들은 가톨릭 교회의 어두운 시각에서 벗어나, 육체를 아름다운 대상으로 바라보기 시작했습니다. 자기 자신을 돌보는 일에 집중하는 개인 의식이 부활한 겁니다." 그렇다고 완전히 세속적인 관점은 아니었다. "그것은 사람과 신의 관계와 연결되어 있었죠." 이로써 운동을 향한 메리쿠리아레의 열정이 더 완벽하게 녹아들 환경이 마련된 것이다.

그렇다고 해도 메리쿠리아레가 신중히 움직여야 했을 거라고 장 미셸은 설명했다. 마르틴 루터Martin Luther가 제기한 개혁 문제를 논의하기 위해 1545년에 개최된 트렌트 공의회The Council of Trent가 결론을 내가던 시점에 메리쿠리아레의 집필 시작 시기가 맞물리면서, 그의 저서가 교회 당국의 검열을 거쳐야 했기 때문이다. 여기서 우리가 주목해야 할 점은, 메리쿠리아레의 논문에는 가톨릭 교리가 그다지 반영되어 있지 않다는 것이다. 이는 다른 무엇보다도 의학적 성격이 강한 문헌이라는 의미다. 메리쿠리아레는 운동, 위생, 신체와 관련된 주제를 다루기 위해 수많은 자료를 참고했지만, 그 자료에 《성경》은 포함되지 않았다.

파르네세 추기경과의 친분 덕분에 메리쿠리아레는 별문제 없이 바티칸 도서관에 출입할 수 있었을 것이다. 바티칸 도서관은 건설 초기 시절(지어진 지 약 100년이 채 되지 않았을 때)부터 현존하는 고대 그리스어와 라틴어, 히브리어 원고를 가장 많이 소장한 곳이었다. 또한 학자이자 아우구스티노회 신부였던 오노프리오 판비니오Onofrio Panvinio도 파르네세 가문 도서관의 사서로 일하면서 메리쿠리아레를 도와 자료를 조사하고, 필요한 글을 찾아다 주었다. (파르네세 가문의 도서관은 웅장한 팔라초 파르네세Palazzo Farnese 내부에 있었으며, 못지않게 큰 규모를 자랑하는 추기경의 관저 칸체렐리아Cancelleria에서 조금만 걸어가면 도착할 수 있었고, 메리쿠리아레도 이 관저에 거주했다.) 게다가 메리쿠리아레 자신도 열광적인 책 수집가였는데, 그는 이후 동료에게 "광적으로 서적을 수집하려는 자신의 성격" 때문에 힘들다고 고백했다.

은퇴 후 포를리에 돌아왔을 당시 메리쿠리아레는 약 1200여 권의 서적을 개인적으로 소장 중이었는데, 대부분은 의학 서적으로 모두 꼼꼼하고 세심하게 목록이 작성되어 있었다고 한다. 하지만 이 책들은 오래전 자취를 감추었으며, 자기도 오랫동안 이를 찾기 위해 노력했지만 결국 실패로 끝났다고 장 미셸은 말했다. "그 어디에서도 찾을 수 없더군요. 책에 어떤 표시나 인장처럼 메리쿠리아레의 소유임을 나타내는 무언가가 있을 법한데 말이에요. 'Hieronymous Mercurialis'라고, 그의 이름을 라틴어로 쓴 장서 표시 같은 것 말이에요." 장 미셸은 책들이 완전히 없어진 것 같다고 추측했다. 가령 북이탈리아에 쳐들어온 나폴레옹의 군대가 책들을 모두 가져다 버렸다든가 하는 가능성 말이다. 하지만 누가 알겠는가? "어쩌면 여전히 이름 모를 도서관 어딘가에 잠들어 있을지도 모르죠." 그가 희망을 담은 미소를 지어 보였다. "앞으로 우리가 풀어가야 할 수수께끼랍니다."

그가 극중 탐정의 대사처럼 들리기를 바라며 이 말을 한 것이라면, 성공이었다. 장 미셸은 시간이 날 때 추리 소설을 즐겨 쓰곤 했다. 그는 여유 시간을 운동하는 데 사용하지 않았다. 비비안 누턴 박사와 마찬가지로 《체조술》을 연구하는 일은 그의 운동 루틴에 아무런 영향을 주지 못했다. 가끔 스노 스키를 타고 여름이 되면 승마를 하긴 했지만, 스포츠광이 아닌 그에겐 이 정도로도 충분했다. "전 르 랫 드 비빌리오테크le rat de bibliotheque인 채로 있는 게 좋아요. 무슨 뜻이냐고요? 도서관 책벌레라고 표현할 수 있겠네요. 오래된 책을 손에 드는 일은 뭔가 감각적인 경험이라고 할 수 있어요. 이걸 처음 경험했던 건 바티칸 도서관에서였는데…." "메리쿠리아레처럼 말이죠." 내가 말했다. 장 미셸이 끄덕였다. "16세기에 쓰인 책을 한 장씩 넘기는데, 그 물성이 주는 특별한 감동이 있었어요. 페이지를 넘기며, 이것이 500년 전에 쓰인 책이란 걸 이해하고, 누군가가 손수 써서 남긴 기록이라는 사실을 온몸으로 느낄 수 있었죠. 그것은 증거의 산물이자, 다양한 이들의 삶을 담은 것입니다. 몸은 그대로 유지하면서 손에서 나온 기름, 땀을 이어온 것이죠."

~

장 미셸과 나는 카페를 나와 몇 블록을 함께 걸었다. 소르본 대학교 근처에서 헤어져 그는 철학과 정신분석 관련 서적을 전문으로 취급하는 작은 서점으로, 나는 내가 가장 좋아하는 오랑주리L'Orangerie 미술관으로 향했다. 이곳에서는 연결된 두 공간에 전시된 클로드 모네의 〈수련〉 연작을 볼 수 있는데, 8개의 캔버스가 전시실 전체를 빙 두른 원형 형태로 되어 있어서 '인상주의 수족관'의 한가운데에 서 있는 기분이 들기도 한다.

내가 이곳에 온 이유는 모네의 작품을 감상하기 위함도 있었지만, 메리쿠리아레의 뒤를 이은 이탈리아인 의사 줄리오 만치니Giulio Mancini가 권장했던, 적당한 수준의 운동을 하기 위해서이기도 했다. 1559년에 태어난 만치니는 의사로 일하는 동시에 카라바조의 그림을 주로 취급하는 약삭빠른 미술상으로 활약하면서 부업으로 미술품을 팔았다. 또한 그는 몸과 영혼, 정신의 휴양을 동시에 즐길 수 있는 '미술관'을 방문해야 한다고 주장했다. 만치니는 미술관이야말로 밀폐된 공간 속에서 가벼운 산책을 즐길 수 있는 최적의 장소라고 생각했는데, 이러한 발상이 완전히 새로운 것은 아니었다. 산책을 목적으로 설계된 포르티코가 공공 및 사유 공간에 등장하기 시작한 것은 고대 그리스 때부터였기 때문이다. 만치니와 동시대를 살았던 영국인 로버트 버턴Robert Burton은 1621년에 소위 '벽돌책'의 원조라 할 수 있는 《우울증의 해부》를 집필한 인물로, 예술을 탐구하는 일(뿐만 아니라 지도, 보석, 골동품 또는 모든 종류의 미적인 물품)을 슬픔을 해소하는 창구로 보아야 한다고 조언했다. 버튼의 말을 빌리자면, "이러한 종류의 운동, 즉 실내에서 마음의 오락을 즐기는 일만큼 쉽게 행할 수 있는 일은 없다. 따라서 모든 이가 이러한 유흥을 즐길 수 있어야 한다. 나태와 우울을 쫓기에 '연구'만큼 적절한 활동은 없다". 메리쿠리아레도 걷기를 이상적인 운동의 형태라 열렬히 주장했으며, 특히 녹음이 가득한 야외에서 걷는 것을 추천했다. 꽃들과 나뭇잎들을 바라보는 행위가 말 그대로 시력을 좋아지게 할 것이라 생각했기 때문이다. 하지만 로마에서 추기경들의 주치의로 일했던 만치니는 버튼과 메리쿠리아레의 처방을 통합했다. 이런 운동의 도구로 만치니는 풍경화를 선택했다. 관람자를 다른 장소로 순간이동 시켜주고, 현실을 초월할 수 있도록 하는 효과를 발휘하는 특성 때문이다. 아쉽게도 모네의 〈수련〉은 이 장르에 딱 맞아떨어지지는 않지만, 나는 만치니가 결국에는 〈수련〉을 받아들였다고 생각한다.

　나는 오랑주리 미술관의 원형 전시실을 따라 두 바퀴 정도를 느긋하게 걸었다. 그다음 규모가 더 크고 긴 직사각형의 전시실이 있는 아래층으로 내려갔다가 다시 위층으로 돌아갔다. 전시실마다 한두 번씩 들어가 앉아 있다가 돌아가려는 순간, 어쩌면 몇 년간 오랑주리를 다시 찾지 못할 수도 있겠다 싶어 세 번째로 돌아가 자리에 앉고 말았다. 이번에는 최대한 벽에 가깝게 붙어 걸으면서 그림을 보는 대신 캔버스와 프레임이 만나는 경계선들을 유심히 쳐다보았다. 나는 모네가 금색 프레임 바로 위에 닿아 있는 가장자리의 끝까지, 심지어 프레임 위까지도 채색했다는 사실에 감탄했다. 공간이란 공간에는 모두 색깔을 채워 넣으려 노력한 듯했다. 가까이에서 보면 지저분하게 느껴질지도 모른다. 완성 직전에 모네는 프레임을 깔끔하게 닦아내려 했을 수도 있다. 하지만 그는 그렇게 하지 않았고, 나는 그의 선택을 보며 이것이 진정으로 그림을 그리는 방법이라고 생각했다. 가장자리까지 손을 뻗는 것, 우리 삶처럼 말이다. 꼭 필요하다면 마음껏 엉망진창으로 만들면 된다. 아무것도 없는 상태로 내버려 두지만 않으면 된다.

미술관을 나와 파리의 거리를 걷기 시작했다. 걷고, 또 걸었다. 해가 저물어갈 무렵 피로가 미친 듯이 몰려와 나는 마레 지구의 어느 바로 발걸음을 옮겼다. 우연인지 인연인지, 미술 전시회 개막을 이유로 바에서 공짜 술을 제공하고 있었다(두 가지 유흥을 합친 것을 보며 나는 마음속으로 찬성표를 던졌다). 바는 사람들로 발 디딜 틈이 없었다. 젊은 시절의 데이비드 보위와 놀랄 정도로 닮은 바텐더가 파리에서 무엇을 하는 중이냐고 물었고, 나는 설명해 보려고 열심히 노력했다. 번역하느라, 혹은 소음 때문에 몇 가지 내용이 생략된 듯했다. 바텐더가 내가 엑소시즘의 역사에 관한 책을 쓰고 있다고 확신하게 되었기 때문이다. "그렇다면 린다 블레어(영화 〈엑소시스트〉에 출연한 주연 배우—옮긴이)와 친구를 하시는 편이 좋겠는데요?" 그가 하프 파인트(약 237*ml*—옮긴이)짜리 맥주 한 잔을 나에게 내밀며 천연덕스럽게 대답했다.

결투

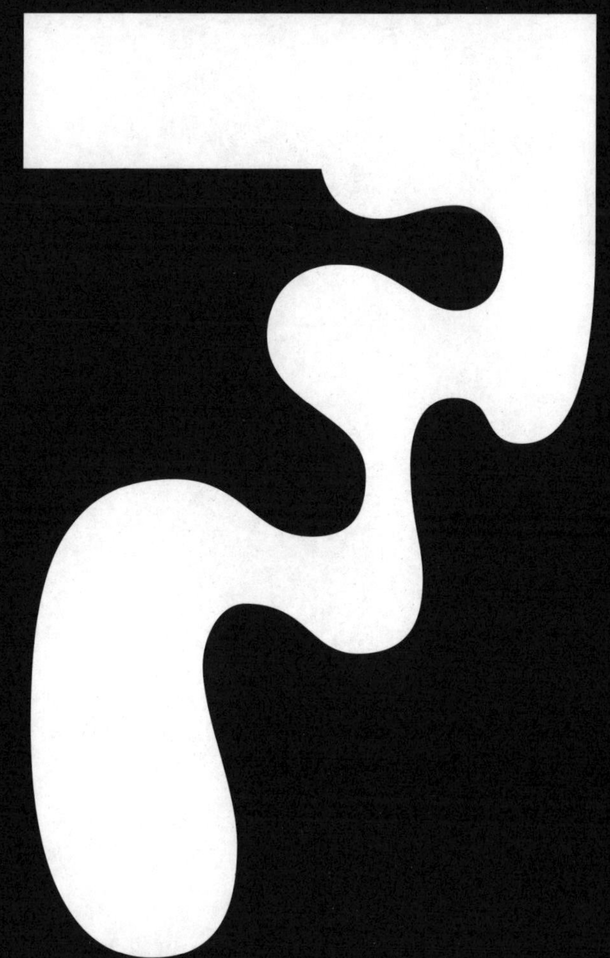

우리가 반복적으로 하는 행동이 바로 우리 자신이다.
따라서 탁월함이란 행동이 아닌 습관에서 비롯된다.

_아리스토텔레스, 기원전 384~322년

The ‹Occupations for Women› series of trading cards, Goodwin & Company, 1887

어떤 운동은 메리쿠리아레 시절에 존재하지 않아 추천 대상에 포함되지 못했다. 그 예로는 에어로빅, 필라테스, 러닝머신에서 달리기 등이 있다. 그가 레슬링이나 복싱 같은 운동을 권장하지 않았던 데에는 나름의 합리적인 이유가 있었다. 건강에 잠재적 이익보다 위험을 줄 확률이 훨씬 더 높았기 때문이다. 하지만 메리쿠리아레가 추천할 수도, 심지어 상세히 기술할 수도 없었던 운동이 하나 있다. 몹시 극단적인 성격으로 인해 트렌트 공회의에게 부적격 판정을 받았던 운동, 바로 펜싱이다.

도시 국가가 탄생하고 최초의 표기 체계가 등장하기 시작했던 기원전 약 3200년경, 즉 청동기 시대부터 서구에서는 칼을 활용한 훈련과 전투가 발전하기 시작했다. 박물관에 가면 훈련과 전투 용도로 사용된 고대 무기들을 볼 수 있는데, 그들은 그저 먼지만 뒤집어쓴 채 생명력도 핏기도 없이 놓여 있는 물체에 지나지 않아 보인다. 그것들은 검과 창, 도끼, 방패가 거의 살아 숨 쉬는 조연처럼 출연하는 호메로스의 역동적인 허구의 세계에 등장할 때 오히려 현실적으로 다가온다. 문자로 기록된 시기는 기원전 8세기 중반이지만, 그보다 5세기 전인 트로이 전쟁을 배경으로 하는《일리아스》속에서는 특히 더 그러하다. 스파르타의 왕 메넬라오스의 아내 헬레네를 유혹하여 죽음으로 얼룩진 거대한 전쟁을 일으키고 말았던 잘생긴 망나니 파리스는, 남의 아내를 갖기 위해 그리스인 중에서 '가장 뛰어나고 용감한' 자는 나와보라며 결투를 신청한다. 궁극의 '트로피 와이프'로 묘사된 헬레네는 승자의 전리품이 되는 동시에 전쟁을 끝내줄 인물로 등장한다. 그러나 그 도전에 응하고자 앞으로 나선 사람은 다름 아닌 아내를 빼앗긴 장본인 메넬라오스 왕 자신이었다. 파리스는 창백해진 얼굴로 군중 속으로 후퇴하지만, 결투 신청을 거둬들이기에는 이미 때가 늦은 뒤였다.

양 진영의 군대가 뒤로 물러나 상황을 지켜보는 가운데, "파리스는 자신의 빛나는 갑옷을 빠르게 갖춰 입었다. 먼저 다리 아래쪽에 청동으로 만든 정강이받이를 대고 은색 걸쇠를 이용해 발목에 단단히 고정했다. 그다음, 가슴에 그의 형제 리카온의 것이지만 그의 몸에도 꼭 맞는, 정교하게 세공된 가슴판을 덧댔다. 어깨에 은장식을 새겨 넣은 검을 걸치고 큰 방패를 챙겨 들었다. 마지막으로 공포심을 자극하는 말갈기가 달린 청동 투구를 쓰고, 자신의 손에 맞는 튼튼한 창을 집어 들었다. 메넬라오스도 파리스와 같이 전투를 준비했"다.

제비뽑기로 선제공격의 기회를 얻은 파리스는 전력을 다해 메넬라오스를 공격한다. 파리스의 일격을 피한 메넬라오스가 창을 던지지만 아깝게 빗나가고, 다시 앞으로 돌격해 "은장식이 새겨진 장대한 검"으로 파리스의 청동 헬멧을 내려친다. 승리는 거의 메넬라오스의 것처럼 보인다. 하지만 속단하기엔 이르다. 결투를 지켜보던 그리스의 신들은 조금 다른 계획이 있었기 때문이다. 제우스가 검을 산산조각 내고, 아프로디테가 날아들어 파리스를 데려가 헬레네의 침대에 눕힌다. 두 사람의 대결은 이제 막 달아오르기 시작했을 뿐이다.

《일리아스》에 이어, 신화적인 이야기가 아닌 실제 검투에 대해 다룬 초기 작품이자 로마의 역사가 베게티우스가 쓴《군사학 논고*De re militari*》(영어 제목은 On the Military, Epitoma rei militaris로도 알려져 있다)가 출간됐다. 이 책은 로마의 군사 훈련과 전략을 다룬 4권짜리 저작물로, 4세기 후반에 필사본이 나왔고 인쇄본은 1천 년이 지나서야 세상에 등장했다. 베게티우스(전체 이름은 푸블리우스 플라비우스 베게티우스 레나투스Publius Flavius Vegetius Renatus다)는 군사 훈련계의 메리쿠리아레와 같은 인물로, 고전 자료들을 먼저 다루면서도 자기 시대에 실제로 행해졌던, 즉 그가 직접 참여했던 군사 훈련에 관해서 기술하고 있다. 그는 기둥을 사용한 검술 연습과는 다른, 전투에 대비해서 군인과 대련하는 것을 묘사했다. 그의 말에 따르면 로마 사람들은 베기보다 찌르기를 선호했는데, 베는 동작은 갑옷과 뼈로 인해 목적을 이루지 못할 가능성이 있지만 찌르는 동작은 주요 장기를 직접적으로 관통하여 적군을 확실하게 죽일 수 있기 때문이다. 이 전략은 이후 르네상스 시대에 이탈리아 및 프랑스 검술 학교의 핵심 전법이 되었다.

이탈리아의 작가 발데사르 카스틸리오네Baldesar Castiglione가 보기에 검술 지식은, 기사뿐 아니라 귀족 남성에게도 이상적인 신사가 되기 위해 꼭 필요한, 중요한 덕목이었다. 그는 1528년에 완성한 저서《궁정론*The Book of the Courtier*》에서 이렇게 말했다. "나는 우리 궁정의 조신들이 모두 튼튼하고 균형 잡힌 신체를 갖추어야 한다고 생각한다. 근력과 민첩성, 유연성을 갖추고 전사답게 모든 신체 운동을 잘 해낼 수 있기를 바란다. 그들의 첫 번째 의무는 모든 종류의 무기를 전문적으로 다루는 것이라고 생각한다…. 특히 신사들 사이에서 흔히 사용되는 이러한 무기들에 대해 잘 알고 있어야 한다. 전쟁뿐만이 아니다. 가령 한 귀족과 다른 귀족 사이에 의견 차이로 다툼이 생길 수 있다. 그 다툼이 결투로 이어지면, 손에 쉽게 넣을 수 있는 무기를 사용하게 된다. 따라서 안전을 위해서라도, 무기에 대해 알고 있는 것은 중요하다."

여기까지만 들으면 결투의 모든 과정이 무척 신사적이며 관념적으로 느껴진다. 하지만 잊지 말아야 한다. 결투의 목적은 단순히 이기기 위해서가 아니라 상대를 죽이기 위해서라는 걸. 명예의 문제에 그치지 않는 결투들이 15세기 후반에 급증하기 시작하면서 트리엔트 공의회는 이와 관련해 아주 엄중한 처벌법을 제정했다. 공회의는 "결투는 영혼의 상처와 육체의 잔혹한 죽음을 동시에 불러일으키기 위해 악마가 만들어낸 혐오스러운 관습이다. 이는 마땅히 그리스도가 피 흘린 이 땅 위에서 완전히 뿌리 뽑혀야 할 것이다"라고 판결을 내렸다. 공의회에 따르면, 결투에 참여한 사람들은 자동으로 파문될 뿐 아니라 만일 사망할 경우, 기독교식 장례를 치를 수 없었다.

이러한 판결의 여파로 검술은 하나의 예술, 즉 검을 가지고 하는 무도의 기술로 진화했으며, 수백 년의 시간을 거쳐 군사 훈련에서 소수만 참여할 수 있는 운동 경기이자 현대 올림픽 종목의 일부로 변화했을 뿐 아니라, 고등학교와 대학교의 스포츠 경기 프로그램으로 거듭났다. 사람들은 펜싱을 전신 운동,

특히 팔과 다리 근육의 사용을 강조하는 좋은 운동으로 여겼다. 하지만 펜싱은 복싱·레슬링·유도처럼 대결을 기반으로 하는 활동과 달리 검으로 '건드려서' 점수를 따야 하기에 신중하면서도 빠른 판단력이 필요하다. 펜싱은 '몸으로 하는 체스'라는 별명에 걸맞게 신체 운동만큼이나 지성을 강조하는 운동이다.

16~17세기 북유럽에서 검을 사용한 결투는 인기 있는 오락거리였으며, 남성 한정이었지만 전사보다는 탐미주의자에 가까운 활동이었다. 이 단계의 펜싱의 예술은 인쇄본의 역사와 교차하는 부분이 있다. 출판 역사상 가장 화려하고 호화로운 삽화를 넣어 완성한 책 중 하나가 바로 1630년에 출간된 독특한 검술 안내서다. 프랑스어로 쓰인 이 책의 제목은 《검술학*Academie de l'Espee*》으로, 마치 《삼총사》에서 바로 튀어나온 것 같은 화려한 이름을 가진 검술 마스터 제라르 티보 단버스Gerard Thibault d'Anvers가 저술했다(책에 쓰인 언어와 화려한 이름 덕분에 프랑스 사람으로 오해를 받곤 하는데, 사실 그는 네덜란드 사람이다. 안버스는 앤트워프Antwerp의 프랑스식 표기다). 그는 기약 없이 제작 중이던 자신의 역작이 완성되기 전에 세상을 떠났다. 이제는 전설로 여겨지는 이 책은 무척 화려하고 비쌀 뿐 아니라 부피가 상당히 커서 대량으로 출판할 수 없었기에 사본조차 쉽게 구할 수 없다. 나는 파리의 어느 도서관에 이 책이 있다는 소식을 듣고, 아가세를 만난 다음 날 책을 찾기 위한 여정을 시작했다.

~

이곳을 '도서관'이라고 부르는 것보다는, 복수를 뜻하는

'들'을 붙여 '도서관들'이라고 해야 더 정확할 듯하다. 거대한 규모의 모더니즘 풍 두 고층 건물이 넓은 광장 옆에 나란히 서 있는 것을 보고, 나는 이 광장이 결투 장소로 완벽할 것 같다고 생각했다. 두 건물의 모습은 쌍둥이처럼 똑같았는데, 차이를 알려주는 표지판 같은 건 보이지 않았다. 어디부터 방문해야 할지 알 수 없어서 둘 중 아무 곳을 골라 안으로 들어갔다. 입구는 아래를 향해 길게 이어진, 나른한 속도의 벨트식 무빙워크 끝에 자리해 있었다. 보안검사를 통과한 다음 나는 3층에 있는 역사 코너로 향했다. 경비원이 굳게 닫힌 문 앞을 지키고 앉아 있었다. 그녀는 내게 매우 단호한 어조의 프랑스어로 무언가를 이야기했다. 무척 중요한 이야기를 하고 있다는 걸 직감으로 알아챌 수 있었지만, 몇 분에 걸쳐 여러 번의 손짓과 발짓이 오간 뒤에야 나는 그녀가 이곳에 출입하려면 도서관 카드가 필요하다고 말하고 있음을 깨달았다. 지당한 말이었다. 하지만 카드를 발급받으려면 다른 건물로 가야 했다. "에스트." 그가 대여섯 번 반복했다. 내가 그의 목소리를 듣지 못할까 걱정이라도 되었는지 횟수가 거듭될수록 목소리가 조금씩 커졌다. "에스트, 에스트, 에스트, 에스트!" "에스트. 네. 동쪽으로 가라는 거죠. 알아들었어요." 나는 고층 건물 밖으로 나와 무빙워크 위를 걸어 올라간 다음 드넓은 광장을 지나 다른 건물로 들어갔다.

보안 검사를 통과한 후 안내데스크로 향했다. 앉아 있던 여자 직원에게 펜싱 서적 정보가 담긴 도서관의 온라인 도서 목록을 인쇄한 종이를 내밀었다. 종이를 천천히 살펴보던 그는 시큰둥하고 차가운 표정으로 내게 말했다. "왜죠?" 이 한마디가 전부였다. 그러고는 내 대답을 듣는 것보다 훨씬 더 중요한 일이 있다는 듯 컴퓨터에 무언가를 입력하기 시작했다. 나는 그에게 운동에 관한 자료를 조사하고 있다고 설명했다. 그리고 내가 관심 있는 책과 관련해 궁금한 점을 물었다. 그가 타이핑을 멈췄다. 다시 한번 차가운 시선이 쏟아졌다. 영어를 이해하지 못해 쳐다본 것이 아니었다. 그건 확실했다. 오히려 그 눈빛은 이 사람이 무슨 말을 하는 건지 모르겠다, 혹은 관심 없다는 쪽에 가까웠다. 운동이요? 펜싱이라고요? 별 관심 없다는 듯, 그는 내게 서점 근처에 있는 연구실로 가라고 말했다. 그가 동쪽 어딘가를 가리켰다. 고맙다고 인사를 한 뒤 몸을 돌렸다. "행운을 빌어요." 그의 엄숙한 말투가 귓가에 울렸다.

서점 근처에 있다는 자료실이 보이지 않아 그 주변을 계속 돌아다녔다. 최소 반 블록 정도 길이는 되어 보이는 텅 빈 복도를 걷고, 또 걸으면서 곧 연구실이 나타날 것 같다는 생각과 출발지로 돌아가기엔 너무 늦은 것 같다는 생각을 동시에 했다. 모퉁이를 돌고도 계속 걸었다. 피로가 걷잡을 수 없이 몰려들었다. 그 순간 아리스토텔레스의 책, 혹은 아리스토텔레스가 썼다고 알려진 책이 머릿속에 떠올랐다. "평지에서 오래도록 걷는 일이 고르지 못한 땅 위를 걷는 일보다 더 피곤하지만, 짧게 걷는 게 덜 피곤한 이유는 무엇일까?" 그는 자신의 저서 《문제론*Problems*》에서 이처럼 질문했다. "오래도록 지속되는 격렬한 움직임이 피로를 주기 때문일까? 여정이 얼마나 길어질지 모르고 걸으면 알고 걸을 때보다 왜 더 길게 느껴질까? 얼마나 오래 걸어야 하는지 안다는 것은 정확한 수치를 아는 것이고, 무한한 것이 유한한 것보다 언제나 더 크기 때문일까?"

내가 이 문제에 대해 고찰해 볼 수 있는 시간은 충분하고도 남았다. 복도는 끝이 없어 보였다. 다시 돌아가는 것도 소용없어 보였기에, 나는 실존적 무의미성이 살짝 느껴지는 현재의 행동으로부터 시선을 돌려 걷는 행위 자체에 집중했다. "자신의 건강을 신경 쓰는 사람이 그 무엇보다 열정적으로 실천해야 할 운동이 한 가지 있다면," 메리쿠리아레가 말했다. "그것은 걷기다. 여기에는 의심의 여지가 없다." 하지만 그의 말에 따르면, 걷기의 원리를 "진정으로 이해하는 사람은 소수에 속한"다.

걷기를 매우 간단한 운동이라고 생각하는 사람이 있을지도 모르겠다. 하지만 생각보다 그렇지 않다는 사실을, 걷는 능력을 되찾아야 하는 사람이라면 잘 알 것이다. 우리는 모든 보행 주기, 즉 땅을 딛은 한쪽 발이 다시 바닥을 밟는 매우 짧은 순간에 약 20개에 달하는 하반신의 주요 근육들을 사용한다. 그때 단순히 앞으로 보행하는 것 이상의 많은 일이 펼쳐진다. 물리치료사가 내게 이렇게 설명한 적이 있다. "걷기를, 넘어질 뻔한 상황에서 끊임없이 벗어나는 활동이라 생각해 보세요." 골반·다리·발 근육들은 우리를 움직이게 하는 일만큼이나 넘어지지 않게 하는 데에도 큰 에너지를 쓴다. 이 과정에서 가장 중요한 역할을 맡는 것이 다리 뒤쪽에 있는 길고 튼튼한 근육인 햄스트링이다. 햄스트링은 발뒤꿈치가 땅바닥을 치는 순간 골반 관절에서 일어나는 '움직임을 붙잡을' 때 활동의 절정에 이른다. 그런 다음 허벅지라고도 부르는, 4개의 근육으로 이루어진 대퇴 사두근이 무릎 관절에 실리는 몸의 무게를 조절하기 위해 수축하기 시작한다.

약 25분 뒤, 나는 내게 '행운'을 빌어주던 여성이 있는 곳으로 향하고 있음을 깨달았다. 나도 모르는 사이 건물 한 바퀴를 빙 둘러 걸은 것이다. 창피했다. 가르쳐 준 방향대로 찾아가지 못했다는 사실에 그의 얼굴을 쳐다보기가 어려워 그냥 지나쳐 가려 했다. 그러나 사서들은 이 특유의 움직임을 읽어내는데 굉장히 능해서, 그들의 시선을 피해 간다는 것은 매우 어려운 일이다. 고개를 들자 그가 모니터 너머로 날 쳐다보고 있었다. 눈이 마주쳤다. 귓가에 그의 딱딱한 말투가 들려오는 것만 같았다. "왜 돌아온 거죠? 왜 알려준 대로 못 찾아간 거죠?"

나는 고개를 숙인 채 계속 걷다가 친절해 보이는 한 경비원을 발견했다. 그에게 종이를 보여주고 나의 문제에 관해 설명했다. 그는 자신의 자리를 벗어나 나를 연구실까지 데려다주었다. 연구실은 정말로 서점 근처에 있었다. '근처'라는 단어의 의미가 '뒤쪽'도 될 수 있다면 말이다. 연구실에는 어떤 팻말도 붙어 있지 않았다. 경비원은 프랑스어로 내가 데스크에 앉은 여성과 무엇을 해야 하는지 설명해 주었다. 고맙다는 인사를 하고 그를 배웅한 뒤, 깔끔한 회색 무늬 원피스를 입은 백발의 나이 든 여성 앞에 앉았다. 나는 미소 띤 얼굴로 물었다. "빠흘레 부 엉글레Parlez-vous anglaise(영어 할 줄 아시나요)?"

그녀는 불쌍하다는 듯 나를 쳐다보곤 아무 말도 하지 않았다. 내가 가져온 종이를 아주 신중하게 살펴보더니 밀물처럼 프랑스어를 쏟아냈다. 내 기억 속에는 그녀가 책상 위로 몸을 굽혀 얼굴을 내게 가까이한 채 말하던 장면이 남아 있다. 진짜 그렇게 하지 않았지만—그럴 수조차 없었다—그녀의 말은 그런 기억을 심어줄 정도의 압박감을 주었다.

나는 충격과 죄책감에 사로잡혀 그녀를 바라봤다. "데졸레, 데졸레 트레스Desole, desole tres(미안, 정말 미안해요)!" 할 수만 있다면, 프랑스어를 못하는 것에 대하여 프랑스 국민 전체에게 사과해야 할 것만 같았다. 그녀가 신청 양식을 연극 소품처럼 집어 들고는 다시 프랑스어로 연설을 하기 시작했다. 종이를 건네받았다. 읽을 수는 없었지만 내 이름과 주소 같은 정보들을 묻고 있음을 알 수 있었다. 내가 종이를 다시 돌려주면서 모든 절차가 끝났다. 또다시 텅 빈 시선이 찾아왔다. 그리고 마침내, 짧고 굵은 영어 한마디가 들려왔다. "왜죠?" 그러게, 왜일까? 이제는 나 자신에게 묻기 시작했다. 나는 지금까지 펜싱에 별다른 관심이 없었다. 펜싱이 기본적으로 칼, 다시 말해 무기를 쓴다는 점 때문에 호감이 가지 않았다. 같은 이유로, 나는 사격이나 양궁에도 관심이 없다. 만일 싸워야 한다면, 차라리 내 몸을 쓰는 쪽을 선택할 것이다. 하지만 이 희귀 서적을 찾는 일은 내게 거부할 수 없는 도전 과제가 되어버렸다. 나는 이 책을 반드시 보아야 했다. "전 작가예요." 내가 대답했다. "자료 조사. 책. 운동의 역사." 최선을 다해 사람 좋은 웃음을 지으며 말했다. 백발의 여성은 안내데스크 직원과 마찬가지로 말 없이 개운치 않다는 표정만 지어 보였다. "스포츠?" 내가 덧붙였다. 두 언어의 공통된 단어로 설명해야 좋을 것 같았다.

그녀는 됐다는 듯 손을 휘젓더니 키보드를 두들기기 시작했다. 이곳에 와서 처음으로 살짝 긴장이 풀렸다. 의자에 등을 기대고 주변을 둘러봤다. 그녀가 영어를 알아듣지 못한다는 사실을 잊은 채, 생각나는 대로 말을 꺼냈다. "믿기지 않을 정도로 멋진 도서관이네요, 아주 멋져요. 대단해요!" 그녀가 하던 일을 멈추고 나를 힐끗 쳐다봤다가, 이내 정면으로 바라보았다. 표정이 아까보다는 조금 부드러워진 것 같았다. "그쪽에게는 뉴욕 도서관이 있잖아요." 그녀가 완벽한 영어로 대답했다. 내가 깜짝 놀라 대답했다. "네, 맞아요! 사실은…" 가방에서 NYPL(뉴욕 공립도서관New York Public Library의 약자—옮긴이)이라고 쓰인 야구 모자를 꺼내 머리에 눌러썼다. 그녀가 모자와 내 어색한 미소를 보더니, 웃으며 고개를 끄덕였다. "좋아요!" 그녀는 내게 오른쪽 위의 작은 카메라를 보라는 몸짓을 했다. 환하게 웃고 있는 내 얼굴 사진을 찍은 그녀가 몇 분 뒤 완성된 도서관 카드를 내밀었다. 그다음 요금을 내고 옷을 보관하는 등 이제부터 해야 할 일에 대해 상세히 설명해 주었다. 정중하게 감사를 표한 뒤 안내 절차를 따르기 위해 밖으로 나와 안내데스크의 그녀에게 돌아갔다. 그녀는 '또 왔네?'라는 눈초리로 나를 훑어봤다.

나는 아무 말도 하지 않았다. 그저 빨간색 프랑스 국립도서관 카드를 그의 책상 위에 올려놓았다. 나의 승리였다. 그녀가 카드를 집어 들고 요리조리 살피더니 사진을 보고, 나를 보고, 사진을 보다가, 또다시 나를 쳐다봤다. 나는 사진 속 미소를 그대로 재현한 채 가만히 기다렸다. "좋아요." 마침내 그녀가 선언했다. 그녀는 지도를 꺼내 들더니 내가 가야 할 길을 알려주기 시작했다. 피로가 가시고, 활력이 샘솟았다. 그녀가 하는 모든 말을 새겨들으며, 앞으로 찾아가야 할 다소 복잡한 길을 그리는 손가락을 눈으로 좇았다. 드디어 설명이 끝났다. "행운을 빌어요." 아까와 같은 단호한 말투로 그녀가 중얼거렸다.

안내데스크에서 출발해 회전식 문을 지나 런던 지하철에 있는 것만큼 길게 이어진 에스컬레이터를 타고 아래로 내려갔다. 또 다른 복도를 지나 내가 지금까지 마주했던 그 어떤 공간보다 규모가 큰, 오로지 알파벳 'T' 하나만 적힌(혹시 신전temple의 T가 아닐까?) 커다란 안내판이 달린 공간에 도착했다. 나는 사서 넷이 앉아 있는 연단 위로 조심스레 걸어갔다. 모두 어떤 의식을 준비 중인 사제들처럼 무언가에 골몰한 모습이었다. 나는 그들을 빠르게 훑어보았다. 동그란 금색 목걸이 장식이 보일 정도로 하얀색 셔츠의 단추를 풀어 젖힌 채 머리에 젤을 바른 한 남자가 보였다. 분명 게이였다. 나는 곧장 그에게 다가가 펜싱 서적 목록이 나와 있는 종이를 내밀었다. "아, 그래요. 달링, 이쪽으로 오세요." 그가 부드러운 말투로 말했다. 책상 밖으로 돌아 나온 그가 "희귀 도서 구역La Reserve des livres rares"이 새겨진 철문 쪽으로 나를 안내했다. "여기로 들어가서 엘리베이터를 타고 L3에서 내리세요." 그가 말을 반복했다. "L3이에요. 엘-트와L-trois. 트와Trois." "우이, 트와Oui, trois. 네, 3층이요." 그의 말을 반복하며 이해했음을 알려주기 위해 손가락 3개를 들어 보이며 대답했다. "메르시. 메르시 보쿠." 첫 번째 문을 밀어 열기 전 잠시 멈춰 섰다. 갑자기 무언가에 압도된 기분이 들면서 혼란에 휩싸였다. 나는 그를 쳐다보며 진심으로 물었다. "만약 길을 잃으면 어쩌죠? 나오는 길을 찾지 못하면요?" 그가 매우 당황한 표정을 지었다. "저희가 찾으러 오면 되죠." 그의 말이 곧장 와

닿지 않았다. "브왈라Voila(자)!" 그의 몸짓이 이렇게 말하는 것만 같았다. "어서요, 서둘러요, 시간이 흐르고 있다고요!" 나는 밀어서 첫 번째 문을, 당겨서 두 번째 문을 연 다음, 마침내 L3로 가는 엘리베이터에 탑승했다. "엘-트와." 작은 숨을 뱉으며 속삭였다. "엘-트와, 엘-트와, 엘-트와…"

엘리베이터 문이 열리자 텅 빈 복도와 함께 또 다른 문이 나타났다. 문은 잠겨 있었다. 그것도 잠시, 딸깍 소리가 나더니 자동으로 문이 열리면서 무척 고요하고 안락한 분위기의 열람실이 눈앞에 펼쳐졌다. 심호흡을 했다. 거의 다 온 것이다. 온몸으로 이 사실을 느낄 수 있었다. 이 희귀 장서 1권을 보기 위해 거대한 도서관 곳곳을 이리저리 배회하느라 거의 하루를 다 써버렸지만, 덕분에 스스로 있는지도 몰랐던 대련 기술을 연마할 수 있었다. 이제는 구깃구깃해진 종이를 꺼내 한 사서에게 내밀었다. 그가 유심히 읽어보더니 양식을 작성해 달라고 했다. 전부 다 써서 그에게 돌려주자 "22번이에요"라는 대답이 돌아왔다. 덩달아 열쇠를 주면서 소지품(메모지, 연필, 노트북)을 책상 아래에 있는 사물함에 보관해 달라고 설명했다. "30분 정도 시간이 있으시네요." 그가 속삭였다. 그때 시간은 오후 5시 정각이었고, 이곳의 운영 시간은 5시 반까지였다.

미국 삼나무로 만든 것 같은 매우 화려한 테이블로 가서 숫자 22가 적힌 곳에 앉았다. 이 아름다운 테이블에는 다른 방문객도 앉아 있었고, 모두 붉은 벨벳 독서대 위에 펼쳐진 고서적들을 탐구하고 있었다. 호화로운 수도원에 온 기분이었다. 오노프리오 판비니오라면 이곳에서 편안하게 금물과 은물을 덧입힌 서적들을 읽고 있을 것만 같은 풍경이었다. 자리에 앉은 지 2분이 채 되기도 전에, 갑자기 바스락거리는 소리가 들렸다. 새가 날갯짓을 하거나 사슴이 휙 지나간 것 같은, 정적을 깨는 소리였다. 오른쪽으로 곁눈질을 하니, 나를 향해 다가오는 형체가 보였다. 키가 2m는 될 법한, 체격이 아주 크고 긴 갈색 머리와 덥수룩한 수염을 가진 남자였다. 그는 사서들과 함께 있던 사람이 아니었다. 그는 단정하고 어두운 색깔의 옷을 입고 있었다. 중세에서 곧장 현대로 걸어 나온, 갑옷을 입지 않은 기사 같기도 했다. 그는 가로, 세로가 거의 1m에 이르고 두께가 한 뼘은 되어 보이는 책을 내게 가지고 오고 있었다. 나는 이것이 그의 유일한 업무인지 궁금해졌다. 거구의 남자에게만 이렇게 큰 책을 들고 올 자격이 주어지는 것일까.

그는 내가 누구인지 알아보기라도 한 것처럼 나를 뚫어지게 응시하며 곧장 내가 있는 쪽으로 걸어왔다. 그다음 붉은 벨벳 독서대 위에 아주 조심스럽게 책을 올려놓았다. 그가 벽돌 책의 중간 페이지를 펼치고, 뒤쪽으로 물러선 뒤, 허리를 숙여 인사를 하는 듯한 미세한 제스처를 취했다. 그는 아무 말도 하지 않았다. 내가 "메르시"라고 속삭이자, 그가 뒤로 사라졌다. 이렇게 감격스러울 수가! 그 모든 시간과 인내와 역경을 뚫고 온 덕분에 나는 보고 싶었던 책을 차지하는 데 성공했다. 나는 사서들을 쳐다봤다. 누군가가 나에게 "축하해요, 해냈군요. 당신을 시험하고 있었어요"라고 말하며 은밀히 미소 짓는 것만 같았다. 하지만 그들은 모두 자기 일을 하느라 바빠 보였다. 아마 이 책은 내가 도서관에 처음 들어섰던 순간부터 나를 위해 준비되었을지도 모른다.

나는 잠시 이 모든 여정을 온전히 흡수하는 시간을 가졌다. 마침내 책을 만나, 목표한 바를 이루었다는 묘한 성취감을 느꼈지만, 자축의 마음은 금세 겸손으로 이어졌다. 이 장소에, 이 도시에, 이 도서관에, 이 공간과 책상에서, 400년의 세월을 거친 특별한 책을 만날 수 있다는 것이 얼마나 감사한 일인가. 모든 과정과 기분을 고스란히 들이마셨다. 그다음에는 코를 킁킁거렸다. 책 쪽으로 몸을 기울였지만 아무런 냄새도 나지 않았다. 곰팡이 냄새가 전혀 나지 않는다는 것은 책이 아주 잘 관리되고 있다는 신호였다. 그 모든 보안 절차와 섬세한 관리는 내 앞길을 막는 장애물이었지만, 쉽게 볼 수 없는 고서적들을 지키기 위해서 충분히 그럴 만했다.

긴장감으로 인해 손에서 땀이 나기 시작했다. 바지 위로 손바닥을 훔친 뒤 테이블에 놓인 하얀색 면장갑을 끼고 한 장씩 넘겨보기 시작했다. 이제 나에게는 단 25분이 남아 있었다. 나는 온 신경을 집중하고, 33쪽의 스프레드(2면에 걸친 하나의 그림 또는 페이지를 말하는 단위—옮긴이)와 가장자리까지 꼼꼼하게 모조리 눈으로 훑었다. 책은 싸우는 "방법"에 관해 상세히 저술했는데, 특히 길고 가늘고 날카로운, 16~17세기에 주로 사용했던, 양쪽 날이 살아 있는 검인 레이피어rapier 사용법에 집중했다. 아주 호화로운 판화인 삽화도 있었다. 각 스프레드에 고대 그리스·로마·중세·르네상스 시대의 의복을 입은 펜싱 선수들이 그려져 있어 시대별 복장의 역사를 다룬 책처럼 보이기도 했다.

이 책에서 가장 중요한 것은 검법을 매우 진지하게 다룬다는 점이다. 요점은 상대를 죽이는 것이지, 아름다움에 있지 않았으니 말이다. 빠진 것이 하나 있다면 칼에 찔린 시체 그림이었다. 결투 과정 전체를 묘사하면서도 그 순서가 매우 상세하게 그려져 있어, 마치 댄스 영화 속 장면들을 각각의 프레임에 맞춰 하나씩 나누어 그린 듯했다. 저자는 상상 속의 원근(이것을 "미스터리 서클"이라고 불렀다)을 이용하여 기하학이 적용된 펜싱 스텝 이론에 대해 자세히 설명했지만, 이 부분은 직관적으로 이해되지 않았다. 하지만 정말 아름답고 예술적인 책을 만들어냈다는 것은 부정할 수 없었다. 저자가 생전 자신의 《검술학》 인쇄본을 보지 못했다니, 참으로 안타깝다.

5시 30분이 되자 나는 조심스럽게 책을 덮고 테이블 뒤로 나와 사서에게 책을 다 봤다고 알렸다. 소지품을 챙겨 왔던 길로 발걸음을 옮겼다. 도서관을 나가기 전에 짧게 두 곳에 들렀다. T 섹션의 게이 사서에게 손을 흔들고 허공에 키스를 날린 다음, 나가는 길에 안내데스크에 멈춰 섰다. "행운을 빌어요." 나는 진심을 담아 데스크의 직원에게 말했다. 그는 고개를 끄덕이곤 조용히 자기 할 일을 했다. 밖에서는 비가 거세게 쏟아지고 있었다. 나는 마치 레이피어로 가볍게 찌르기를 하듯 우산을 펼친 뒤 긴 광장을 천천히 가로질러 지하철역으로 걸어갔다.

달리기는 최고의 운동이다

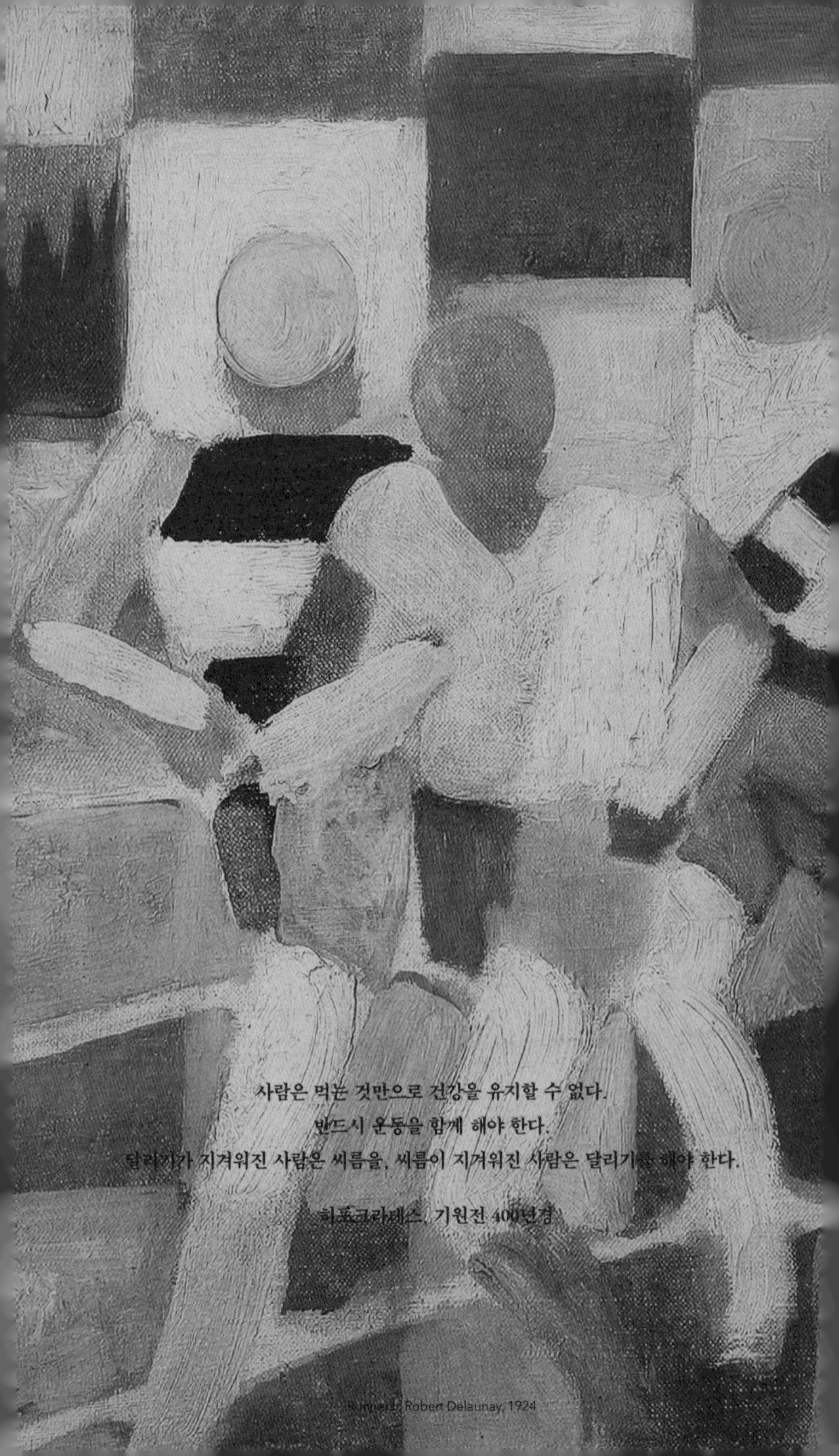

사람은 먹는 것만으로 건강을 유지할 수 없다.
반드시 운동을 함께 해야 한다.
달리기가 지겨워진 사람은 씨름을, 씨름이 지겨워진 사람은 달리기를 해야 한다.

히포크라테스, 기원전 400년경

Runners, Robert Delaunay, 1924

뉴욕으로 돌아온 후, 나는 달리기를 할 때마다 내가 가장 좋아하는 메리쿠리아레의 말을 떠올리곤 했다. 그는 이렇게 말했다. '달리기는 최고의 운동이다.' 지당한 말이다. 나는 이 말을 주문처럼 되뇌었다. 달리기는 최고의 운동이다. 집 앞 신호등이 초록색으로 바뀌길 기다리면서 머릿속으로 한 번. 달리기는 최고의 운동이다. 자동차들과 목줄을 한 강아지들과 인도로 달리는 자전거들을 피하면서 한 번. 달리기는 최고의 운동이다. 허드슨 야드를 지나 맨해튼의 웨스트사이드로 이어지는 깔끔한 포장 보도 위를 밟으며 또 한 번 주문을 외운다.

메리쿠리아레가 달리기를 최고의 운동이라 생각한 이유는, 그가 책에서 주도면밀하게 펼쳐 온 운동의 정의에 부합해서도 있지만, 직립보행이 가능한 사람이라면 누구나 할 수 있는 운동이라서다. 남자든 여자든 어린아이든 누구나 달리기를 할 수 있다. 체육관에 갈 필요도 없다. 장비도, 대련 상대도 필요 없다. (혹자는 멕시코 원주민인 타라후마라Tarahumara 부족의 오랜 관습을 예로 들며 달릴 땐 신발도 필요 없다고 주장한다. 이 주장에 동의하지 않는 발바닥을 가진 사람도 있겠지만.) 오로지 건강한 폐와 적당히 튼튼한 두 다리만 있으면 된다. 나는 달릴 때, 폐와 다리가 이 동작을 자동으로 해내고 있다는 사실을 절실히 의식한다. 내가 좋아하는 이 일을 하기 위해, 이들이 기꺼이 움직이도록 독려하는 상황을 즐기기도 한다. 마치 운전할 때처럼 말이다. 오른쪽으로 방향을 틀어 항구 끝까지 달리기로 했다. 뒤로 뛰다가, 다시 앞으로 뛰다가, 또다시 출발 지점으로 방향을 틀었다. 나는 달릴 때 절대 아래쪽을 보지 않는다. 내 두 발은 1.6km에 달하는 거리를 뛰기 위해 적어도 1천 번 이상, 아니 그 2배쯤 땅바닥을 밟고, 내 체중의 3배가 되는 하중을 흡수한다. 조금 더 속도를 올린다. 나보다 천천히 달리고 있는 또 다른 러너가 보인다. 조심스럽게 그를 앞지른다. 빠른 듯한 느낌이 들면 기분이 좋다. 내가 장거리 달리기를 하는 방식이다. 그런데 일부 진화 생물학자의 주장에 따르면, 이 방식이 애당초 우리가 어떻게 달리게 되었는지를 설명할 수 있다고 한다.

약 4백만 년 전, 인류의 조상이 처음으로 똑바로 서고 걸을 수 있게 되었을 때만 해도 당연히 이런 결과, 즉 두 다리만 가지고 다양한 속도로 멀고 짧은 거리를 이동할 수 있는 놀라운 능력을 지닐 것이라고 단정할 수 없었다. 일부 파충류·조류·다수의 포유류가 이족보행을 하지만, 타조 같은 극소수의 동물을 제외하면 인간처럼 달릴 수 없기 때문이다. 인류의 가까운 친척인 영장류(침팬지, 긴팔원숭이, 개코원숭이)는 두 발만으로 제한된 거리를 이동할 수 있지만(다쳤거나, 혹은 앞다리로 무언가를 들고 있어서 그럴 수도 있지만) 그 거리가 마라톤 수준에 미치지 못하는 데다, 이동 속도를 빠르게 내지도 못한다. 그렇다면 인간의 이 특별한 능력은 어떻게 설명할 수 있을까?

지금까지 인간이 이족보행으로 도약하게 된 계기를 설명하기 위해 다양한 가설이 제시되었다(여기서 도약은 상대적인 의미로, 우리는 지금 수천 년에 걸친 변화를 이야기하고 있다). 일부 생물학자들은 인간의 거주지가 깊은 정글에서 사바나의 허허벌판으로 옮겨지면서, 직립이 가능한 존재만이 뚜렷한 생존 능력을 얻게 되었다고 주장한다. 인류는 이제 시야를 통해 탐색이 가능하고, 채집 시 더 높은 곳까지 손을 뻗을 수 있으며, 음식을 들고 걸을 수 있고, 초원 위를 더 빠르게 움직일 수 있어 공격에 덜 노출될 수 있다. 학자들은 이족보행에 방어 전략도 숨어 있다고 말한다. 두 발로 서서, 자신의 모습과 소리를 노출해 포식자가 가까이 다가오지 못하게 만든다는 것이다. 또한 여성을 위한 특별한 이점도 작용한다. 똑바로 선 자세는 척추 밑부분에 가중되는 힘을 덜어주어 임산부가 태아의 무게를 조금 더 쉽게 견딜 수 있도록 돕는다. 이러한 여러 이론이 상호 배타적이지는 않으며, 수많은 선택적 요소가 모여 이족보행의 발달을 이끌었을 것으로 추정된다. 물론 진화가 거기서 그쳤을 수도 있다. 만일 초기 인류가 걷는 것만으로 생존할 수 있었다면, 더 이상의 진화는 없었을 것이다. 자연은 늘 어떤 결과가 나올지 지켜보는 쪽을 택한다. 에너지를 더 써야 하는 방법은 마지막 수단이 된다. 달리기 능력이 진화한 것은 의심할 여지 없이 죽느냐 사느냐의 문제이지, 일용할 양식을 차지한 뒤 걷는 지루함을 달래기 위해 보너스처럼 획득한 능력이 아니었을 것이다. 달리기는 극적인 식습관의 변화가 촉매가 되었을 확률이 높다.

기후와 주변 환경이 점차 변화하면서, 초기 인류는 육식으로 채소 위주의 식단을 보충해야 했다. 게다가 당시엔 동물을 빠르게 죽일 효율적인 무기가 없었기에 오늘날 추적 사냥이라고 불리는 방식에 익숙해져야 했다. 추적 사냥이란 말 그대로 고유의 달리기 능력을 활용해 끈질기게 쫓아다니다가 사냥감이 지치거나 더위에 쓰러지도록 만들어 저녁거리로 삼는 방식이다. 이 사냥법에는 시간이 며칠 소요될 수 있다. 야생 동물보다 더 잘 달리기 위해 초기 인류는 해부학적으로 많은 부분에서 동물보다 뛰어나야 했고, 마침내 그 목표를 이루었다. 이 변화는 맨 위쪽에서부터 일어났다. 일단 머리를 흔들지 않고도 꼿꼿한 상태로 달릴 수 있게 되고, 여기에 더해 매우 빠른 속도로 움직이는 동시에 효율적으로 호흡하는 능력을 갖추었다. 그다음 몸통을 안정적으로 받쳐주는 대둔근, 균형을 잡도록 도와주는 짧은 발가락들, 긴 팔다리와 민첩한 발목, 걸을 때 충격을 흡수하는 용수철 역할을 하는 아킬레스건까지 장착하게 되었다. 하지만 눈에 띄는 진화적 적응도 아니고, 감히 말하건대 중요성을 제대로 인정받지 못하는 또 하나의 변화가 있었으니, 바로 땀이다.

많은 사람이 땀 흘리는 일을 귀찮거나 창피하다고 생각한다. 방지해야 하고, 닦아야 하고, 사과해야 하고, 데오도런트로 감추어야 하고, 결국에는 치료해야 하는 것으로 여긴다. 나는 종종 사람들이 땀의 주된 목적을 이해하지 못한다고 느낀다. 사람들은 남자든 여자든 사우나에서 '땀으로 독소를(혹은 전날 밤 마신 술을)' 배출하고 싶다든가, 열심히 운동해서 좋은 땀을 흘려 '몸속을 깨끗하게 하고', 에어로빅이나 핫요가로 디톡스를 하고 싶다고 말한다. 그러나 이것은 잘못된 생각이다. 우리 몸에는 디톡스 역할을 해주는 기관이 따로 있다. 독소와 노폐물을 빼내는 일이 주된 임무인, 간과 신장이다. 땀을 통해 세포 속에 있는 아주 미세한 양의 노폐물을 배설하지만, 이는 부수적인 일이다. 땀샘은 주로 체온 조절과 관련된 일을 한다. 우리는 심부 체온이 높아졌을 때 땀을 흘린다. 모공을 통해 나온 땀방울은 증발 냉각의 매개체로 기발하면서, 효과적인 즉석 에어컨 역할을 한다. 따라서 땀을 흘리는 일에 독소 배출 같은 건강상 이점이 있을 것이라 주장하는 사람들은 요지를 잘못 파악한 것이다. 땀 흘리는 일의 진정한 이점은 우리를 죽지 않도록 해주는 것이다.

현재까지의 연구에 따르면 이족보행과 땀샘의 발달 사이에는 직접적인 관계가 없다. 그보다 몸에 땀이 나는 것은 뜨거운 사막 기후에서 생존하기 위한 진화 결과일 확률이 높다. 이러한 이유로 보행이 가능했던 (루시Lucy 같은) 초기 인류는 자신의 몸을 감싸고 있던 덥수룩한 털들을 벗어야만 했다. 오해하지 말자. 털이 많으면 좋은 점이 많다(이건 개인적으로도 경험한 사실이다). 털은 햇빛과 비, 추위를 막아주는 장벽이자 가시와 덤불로부터 신체를 보호하는 방패가 된다. 그러나 장거리 달리기에서도, 장기적 관점에서도 원시의 사냥꾼들에게는 털이 적은 편이 움직임에 훨씬 더 유리하다. 그렇게 인간의 몸을 뒤덮은 체모들은 이차성징으로 받아들여지는 일부 신체 부위(형형색색을 자랑하는 조류의 깃털과 마찬가지인, 머리카락과 음모를 제외한 곳)에서 점차 없어졌다. 이후 맨살이 가장 이상적이라는 사실이 밝혀졌지만, 여기에도 단점은 있었다. 털이 없어 뜨거워진 피부를 식혀줄 존재가 필요했던 것이다.

그렇게 주요 땀샘인 아포크린샘apocrine gland과 에크린샘eccrine gland이 발달하게 되었다(둘 다 분비를 뜻하는 그리스어 세크레티온secretion에서 기원했다). 아포크린샘은 피부 깊숙한 곳, 모낭 근처에 위치해 털줄기를 감싸는 점성 유체를 분비한다. 또한 아포크린샘은 겨드랑이처럼 두꺼운 털이 자라나는 곳에 가장 많이 분포해 있는데, 이 부위에서 쿰쿰하면서도 섹시한 느낌의 냄새가 나는 것은 아포크린샘에서 나온 분비물 때문이 아니라 박테리아 때문이다. 에크린샘은 아포크린샘에 비해 크기는 작지만 그 수는 훨씬 많다. 사람의 인체에는 약 4백만~6백만 개에 달하는 에크린샘이 존재하며 각각의 모공을 통해 피부 밖으로 땀을 배출한다. 에크린샘은 체온을 조절하는 핵심 요원으로 축축하면서도 살짝 소금기가 느껴지는 액체를 분비한다. 신체에서 가장 민감한 피부를 가진 부위인 입술·외이도·생식기 표면(귀두와 클리토리스)을 제외한 피부 전반에 자리하며, 손바닥과 발바닥, 앞이마에 가장 많이 분포되어 있다.

해부학적 측면에서 에크린샘은 매우 단순하게 생겼다. 마치 수경 재배로 자라는 작은 꽃의 줄기를 거꾸로 뒤집어 놓은 듯 길쭉한 관의 모양을 하고 있다. 그러나 땀을 분비하는 메커니즘은 상당히 복잡하다. 피부 속에 존재하는 열을 감지하는 기관이 중요한 모니터 역할을 하는데, 사실 땀을 흘리는 일은 피부보다도 신경 기능과 더욱 관련이 높다. 주로 체온 조절을 담당하는, 시상하부라고 불리는 뇌의 영역과 연결되어 있기 때문이다.

땀샘은 태아 때 형성된다. 이때 수백 만개의 달하는 땀샘이 모두 생성되며 완전한 상태로 태어나기 때문에 발한은 태어나자마자 바로까지는 아니더라도 며칠 내에 일어난다. 유아에게서 즉시 관찰할 수 있는 것은 정서적 발한emotional sweating으로, 이는 고통·두려움·분노·공황·긴장감을 비롯한 어떤 강력한 감정 때문에 땀을 흘리는 증상을 뜻한다. 황홀감도 포함될 수 있을 것이다. 체온 조절을 위한 발한이 몸 전체에서 일어나지만, 정서적 발한이 일어나는 곳은 앞이마·겨드랑이·발바닥·손바닥으로 한정된다. 체온 조절성 발한과 같은 땀샘이 작동하더라도, 상황이 다르다. 체온 조절성 발한처럼 정서적 발한도 초기 인류에서부터 진화했고, '투쟁 혹은 도피' 반응으로부터 비롯되었을 확률이 높다. 사실 축축한 손바닥과 발바닥은 사람이 달릴 때, 어딘가에 오를 때 혹은 무언가를 던질 때 도움을 주며 운동선수들은 이 사실을 직감적으로 안다. 그래서 야구선수가 배트를 휘두르거나 공을 던지기 전에 손에 침을 뱉는 것이다. 이마에서 땀이 뚝뚝 떨어지는 것은, 신체가 보내는 SOS라고 주장하는 이론도 있다. 자신과 같은 종족이 내가 도움이 필요한 상태라는 사실을 즉각 알아챌 수 있도록, 바로 눈높이에서 솟구치는 땀방울을 통해 침묵의 외침을 전하는 것이다. 같은 맥락에서 묘한 냄새를 풍기는 축축한 겨드랑이도, 시각·후각을 통해 정서 상태를 알려주려는 의도로 진화했을 확률이 높다. 이때 풍기는 것은 두려움 혹은 욕망의 냄새다.

찰스 다윈이 관찰한 바에 따르면 정서적 발한은 인간, 동물 모두에게 똑같이 나타나는 증상이다. 그는 다음과 같이 적었다. "인간은 극심한 고통을 경험하면 얼굴에 땀을 흘리곤 한다. 한 수의사는 종종 말의 배에서 배어나온 땀이 허벅지 안쪽으로 흘러내리는 걸 본 적이 있다고 했다. 소의 몸에서도 같은 증상이 관찰되었다. 모두 고통을 느끼고 있을 때였다." 암컷 하마도 이와 비슷하게 새끼를 낳을 때 "붉은색 땀으로 온몸이 뒤덮이는 증상을 보였다"고 다윈은 기록했다. "따라서 이 경우 극도의 두려움이 동반되었다고 볼 수 있다. 앞서 언급한 수의사는 같은 원인으로 말이 땀을 흘리는 것을 목격하기도 했다…. 사람에게서는 매우 흔히 볼 수 있는 증상이다." 아마 원시 조상들에게는 드물지 않은 일이었겠지만(자연재해 또는 적으로부터 도망쳐야 하는 경우), 살기 위해 뛰어야 하는 상황이라면 우리 몸은 체온 유지와 감정 분출 목적의 발한을 모두 작동시켜, 갓 태어난 새끼 하마처럼 매끈하게 쫄딱 젖은 모습이지 않을까.

화석 기록엔 인간의 이족보행 진화에 관한 많은 정보가 담겨 있지만, 이 역시 한계가 있다. 작은 뼛조각들은 초기 인류가 달릴 수 있었고 또 실제로 달렸다는 사실을 알려주지만(뛰어야 살 수 있어서였겠지만), 그들이 가끔이나마 뛰고 싶어서 뛴 적도 있었는가에 대해서는 여전히 밝혀진 바가 없다. 현대식 표현을 써보자면, 루시와 그의 동료들은 운동이나 오락의 목적으로 뛰어다닌 적이 있을까?

결국 우리가 할 수 있는 건 추측뿐이다. 달리기를 좋아하지 않는 사람은 선사시대의 남자, 여자 혹은 어린이가 그저 뛰고 싶다는 이유만으로 달렸을 리 없다고 말할지 모르겠다. 하지만 내 의견은 다르다. 나는 내가 달릴 때, 걸을 때와 완전히 다른 방식으로 자연을 인식한다는 것을 깨달았다. 달리기란 무척 특별하고 즐거운 경험이다. 나는 달릴 때 바람 그 자체와, 달리기를 할 때 마주 불어오는 바람(그것이 지닌 힘)과, 내 뒤에서 부는 바람을 의식한다. 또 완벽한 구의 모양을 그린 태양과 그것의 열기, 내 몸을 감싸는 햇빛의 포근함, 한 발씩 앞서가는 그림자의 존재를 온전히 느낀다. 땅과 흙의 촉감이, 미세한 지형의 변화가 즉각적으로 발바닥을 통해 전해진다. 평소에는 잘 하지 않는, 팔을 세차게 앞뒤로 흔드는 동작을 나도 모르게 하고 있다. 점차 땀이 배어 나오는 것이 느껴진다. 이때 다른 액체의 움직임도 생생히 전해진다. 콧물이 흐르고, 혈액이 온몸을 휩쓸고, 눈에는 눈물이, 입가에는 침이 고이기 시작한다.

우리가 달릴 때, 시간은 평소와 다르게 흘러간다. 나는 이곳에서 저곳으로 빠르게 갈 수 있고, 그 '빠름'을 내 몸에 재현하고 경험하면서 계속 그렇게 달릴 수 있다. 나는 내가 지쳤다고 느낄 때까지, 충분히 달렸다고 생각될 때까지 달리다가, 거기서 조금 더 달릴 것이다. 그러다 보면, 내 몸이 충분한 만족과 기쁨의 물결 속에 잠기는 지점에 이르게 된다. 이는 우연한 현상이 아니다. 매우 힘들지만 건강 전반에 도움을 줬다는 것에 대해 뇌가 보상을 내리고, 이 행위를 다시 할 수 있도록 동기를 부여하는 것이다. 지속적인 활동은 일종의 신경 안정 효과를 가지고 있는 신경화학물질인 엔도르핀을 분출시킨다. 여기에 더해 우리 몸은 근육 세포 재생을 돕는 인간 성장 인자human growth factor에 더해 최근 연구에서 뉴런 생성과 뉴런의 접합부인 시냅스와 연관이 있다고 밝혀진 특정 단백질을 분비한다. 초기 인류에게는 달리기, 높은 곳에 오르기, 근육 만들기 같은 운동 활동이 정신 능력과 뇌의 크기를 늘리는 데 핵심적인 역할을 했을 가능성도 있다. 신체 활동은 인지 능력을 키우기 위한 추동력이었지, 그 반대가 아니라는 의미다. 다시 말하면, 우리의 조상이 달리기를 선택하지 않았다면 나는 지금 이 자리에 앉아 달리기의 본질에 대해 생각하고 쓰고 있지 않았을 것이다.

정확히 언제부터 달리기가 생존 전략 이상의 활동, 또는 생존 전략이 아닌 활동이 되었는지는 확실하지 않다. 달리기에 대한 옛 기록은 첫 올림픽이 열리기 훨씬 전인 기원전 1500년의 이집트 벽화에서도 일부 찾아볼 수 있다. 성별에 상관없이 당시 파라오들은 자신의 신적인 권능을 재생하고, 젊고 힘센 차기 후계자들에게 자신의 굳건함을 보여주기 위해 일련의 활동에 참여했다. '달리기 의식'은 주빌리 셀레브레이션Jubilee Celebration이라 부르는 기념식의 주요 행사였으며, 상징적 기능을 위한 하나의 장치였다. 출발선과 결승선이 명백하게 표시되어 있었다는 점에서 육상 경기의 범주에 속한 듯 보이지만, 예외가 하나 있었다. 바로 경쟁 상대, 즉 라이벌 없이 파라오 혼자 달렸다는 점이다. 이 경기의 요지는 신들에게 좋은 인상을 남겨 새로운 힘을 얻는 것이었기 때문이다. 사실 이 달리기 의식에는 스포츠라 부를 수 있을 만한 여지가 다분하다. 하나의 행사로 자리 잡힌 뒤 이 의식은 3년마다 반복되었고, 이 행사를 위해 사카라Saqqara에 육상 트랙이 건설되었다. 이집트뿐 아니라 그리스 문화에서도 매우 중요한 운동 경기의 시초로 자리매김했다.

벽화와 상형문자에 등장하는 이집트 달리기 선수들은 모두 반바지나 로인클로스를 입고 있다. 그러나 그리스인들은 달랐다. 기록을 보면 알 수 있다. 우리는 그리스의 남자 선수들이 맨몸으로 경기에 참여했다는 사실을 이례적 행동이 아닌 역사적 사실로 받아들이게 되었다. 그리스의 화병과 항아리에는 벌거벗은 남성이 달리고, 씨름하고, 권투하는 모습이 있다. 성기를 내놓은 채 서로를 인정사정없이 후려치는 판크라티온 경기(레슬링·복싱·발차기가 결합한 시합)의 풍경이다. 그 그림들을 보면 연약한 신체 부위들이 전혀 연약해 보이지 않고, 오히려 땅에 구르고, 부딪히고, 밀치고, 때려도 될 정도로 튼튼하게 느껴진다. 벌거벗으면 모든 구속으로부터 자유로워져서 더 많이 들어 올리고, 더 세게 때리고, 더 빠르게 달리는 게 가능하다. 어쩌면 어떤 상처든지 그 자체로 가치가 있었을 수도, 혹은 순전히 육체의 아름다움을 위해 옷을 입지 않았을 수도 있다. 하지만 이 모든 생각은 한 가지 의문으로 귀결된다. 정말로 도움이 되었을까? 도움이 될 수 있을까? 실제로 국부보호대 없이 달리기 경주를 하는 게 가능할까? 정확히 어떤 원리가 작용하는 걸까? 문제에 대한 해답을 찾는 것은 내 몫이었다.

애인 올리버는 넓은 땅에 자리한 시골집을 가지고 있었다. 가장 가까운 이웃집까지의 거리는 약 800m였다. 진입로만 해도 400m 정도였으니 나의 의문점을 시험하기에 아주 완벽한 조건이었다. 어느 날, 나는 올리버가 낮잠을 잘 때까지 기다렸다. 새와 나무 이외의 관객은 원하지 않았기 때문이다. 나는 먼저 러닝 쇼츠와 속옷, 티셔츠, 양말을 신고 도로의 끝자락까지 뛰어갔다가 출발점으로 돌아왔다. 완벽하게 평범한 차림으로 달리는 것, 이것이 비교 실험을 위해 내가 만든 통제 변수였다. 이번에는 반바지, 속옷, 셔츠를 벗어 던졌다. 맨발로 달려서 얻을 수 있는 장점이 있다지만 신발은 벗지 않았다. 그리고 달리기 시작했다.

아래쪽에서 밀치고 부딪치는 느낌. 위아래로 움직이는 느낌, 그리고 확실히, 흠, 뭐라고 해야 할까. 튀는 느낌이 들었다. 맞다, 튀는 느낌이 가장 적절한 표현 같다. 그러나 몇 초 지나지 않아 고환이, 뒤를 이어 음낭이 쪼그라들었다. 잔뜩 수축한 소중한 공 2개가 아랫배 안쪽에서 진공 포장되는 기분이었다. 페니스는 평소와 비교할 수 없을 정도로 작아진 상태였다. 신경체계로부터 '신속히 소중이들을 감싸주라'는 전보를 받은 것 같았다. 나는 자연이 선사한 국부보호대를 입고 있었다. 도로 끝까지 달린 뒤 몸을 돌렸다. 햇볕이 내 몸 전체와 몸 안까지 따뜻하게 데워주었다. 두 손을 스트리질 삼아, 손으로 피부 위를 훑어 몸에서 난 땀을 쓸어 모았다.

조깅은 시험을 통과했다. 하지만 전력 질주를 하면 어떻게 될까? 나는 살짝 달랑이는 듯한 느낌에 별로 구애받지 않고 다시 진입로 끝자락까지 100m 정도를 전력으로 달렸다. 특히 기억할 만한 건 없었고, 오히려 웃긴 사실이 하나 있다면 그때 나의 생식기는 종을 닮아 있었다는 것이었다. 비비안 누턴이 울린 교회의 큰 종이 아닌, 아주 조그만 종. 그것 말고 내가 존재 깊은 곳에서부터 느낀 것은 활력과 야생성과 강력한 힘이었다. 그것은 사냥꾼보다 사냥감의 느낌에 더 가까웠다. 한 단어로 표현하자면 동물이 된 기분이랄까. 나는 뒤로 돌아 최대한 빠르게 진입로를 되짚어 달려갔다.

배설물과 데오도런트

밋치: 땀 흘리는 제 모습이 부끄러워요. 셔츠가 몸에 달라붙잖아요.
블랑쉬: 땀은 건강을 상징해요. 땀을 흘리지 않으면 우리는 5분 안에 죽고 말 거예요.

_테네시 윌리엄스, 〈욕망이라는 이름의 전차〉, 1947년

‹Flower Children›, Marion T. Ross, 1910

가끔 궁금하다. 메리쿠리아레를 가장 놀라게 할 만한 일은 무엇일까? 세상을 떠난 지 400년이 넘은 자신의 작품을 나 같은 사람들이 여전히 연구하고 있다는 사실일까? 아니면 그 반대로 그의 작품을 높게 평가하는 학자들이 소수 있기는 하지만, 자신이 완전히 잊힌 무명 취급을 받고 있다는 사실일까? 메리쿠리아레는 당대의 갈레누스로 인정받지 못했고, 알 수 없는 미래 세계에 갇혀 사람들의 기억에서 잊힌 존재가 되었다는 점에서 영국 작가 맥스 비어봄Max Beerbohm이 쓴 소설《에녹 솜스*Enoch Soams*》속 동명의 주인공과 더 닮았다.

그가 글을 쓰는 데 사용했으며 무척이나 사랑했던 언어가 이제는 사실상 소멸했고, 따라서 사람들 대부분이 그가 쓴 글을 손에 넣을 수도, 읽을 수도 없게 된 상황을 보고 가장 놀라지 않을까? 아니면 미국이라는 나라의 캔자스주에 있는 캔자스시티에서 한 나이 든 여성이 자신의 글 몇 편을 자진해서 영어로 번역했으며, 이 번역본들이 디지털 시대에 완벽한 고물로 취급받고 있는 작은 휴대용 타자기로 타이핑되었다는 사실에 오히려 기뻐할까? 약 40년간 원고가 빛을 보지 못했다는 사실에 격분할까, 아니면 캔자스의 어느 도서관 기록보관소 한쪽에 안전하게 보관되어 나 같은 사람이 그 원고를 보기 위해 여기까지 왔다는 사실에 기뻐할까? 다른 건 몰라도 48시간 안에 뉴욕에서 캔자스를 왕복할 수 있다는 사실에 메리쿠리아레가 입을 다물지 못할 거란 것은 확신할 수 있다. (사람이 날아서 움직일 수 있다는 사실. 잠시 생각해 보면 이 사실이 정말 대단하다는 걸 느낀다.)

내가 캔자스에 올 수 있었던 것은 전부 의학 도서관 사서인 알린 셰이너 씨 덕분이었다. 자료 조사를 위해 도서관을 방문한 어느 날, 셰이너 씨는 내게 희귀 장서실이 보수 공사 중이라고 설명하며 도서관에서 단 한 번도 가본 적 없는 새로운 장소로 나를 안내해 주었다. 그곳은 무척 평범한 직사각형의 공간으로, 긴 책상 하나가 놓여 있었는데 마치 빈 연회장에 남겨진 식탁 같다고 생각했다. 나는 셰이너 씨가 사전에 부탁한 책을 가져다줄 때까지 자리에 앉아 기다렸다. 책상 반대편에 앉아 있는 또 다른 이용객 말고는 방에 아무도 없었다. 그는 이마에 잔뜩 주름을 만든 채 굉장히 심각한 표정을 하고 있었다. 무언가를 깊이 탐구하기 위해 골몰하는 얼굴. 내가 좋아하는 표정이었다.

지루해진 나는 뒤쪽에 있는 책장들을 살폈다. 목적 없이 이런 식으로 책장을 훑어보는 일은 낚시와 비슷하다. 갑자기 칙칙한 푸른색 책등에 금색으로 새겨진 제목, 《어느 16세기 의사 *Sixteenth Century Physician*》이 내 시선을 낚아챘다. 세 단어뿐이었지만 내 관심을 끌기엔 충분했다. '의사를 단수로 썼네.' 이렇게 생각한 기억이 난다. '특이하군.' 손을 뻗어 책을 꺼낸 나는 부제를 포함한 전체 제목을 보고 놀라움에 휩싸였다. 책 제목은 《어느 16세기 의사와 그의 치료법: 메르쿠리알리스가 본 피부 질병들

Sixteenth Century Physician and His Methods: Mercurialis on Diseases of the Skin》이었다.

메르쿠리알리스라고? 내가 아는 그 메리쿠리아레?

1986년, 미주리주 캔자스시티에 있는 소규모 독립 출판사에서 출간한 이 책은 그때까지 내 정보망에서 완전히 벗어나 있었다. 고인이 된 저자 리차드 L. 수턴 박사Richard L. Sutton는 피부과 의사이자 캔자스 의과 대학의 피부학 교수였다. 그는 서문에서 자신이 1960년대 메리쿠리아레에게 매료되었으며, 피부병을 다룬 메리쿠리아레의 1572년 저서 《피부 질환*De morbis cutaneis*》을 번역하기로 마음먹었다고 밝히고 있다. 《피부 질환》은 피부학과 관련된 최초의 의학 저서로, 수턴은 이탈리아 출신 의사인 메리쿠리아레가 발견한 내용을 역사적 맥락에서 해석하려 했다. 수턴 박사는 라틴어를 모르는 사람이었지만 굴하지 않았다. 그는 라틴어에 정통한 한 영국 성공회 성직자와 공립학교에서 평생 라틴어를 가르쳐온, 안타깝게도 책이 출간되기 1년 전 고인이 된 90세의 은퇴 교사 '미스 아이린 블라세'에게 도움을 청했다. 수턴은 메리쿠리아레의 원저가 피부병과 배설물을 각각 다룬, 완전히 다른 두 논문으로 되어 있지만 자신은 피부병에 관한 내용만 다루었다고 설명했다.

이 책에 대해 들어본 적은 있었지만 제대로 알고 있는 것은 아니었다. 라틴어를 모르기도 했고, 주의 깊게 볼 생각도 없었기에 나는 메리쿠리아레가 배설물에 관해 쓴 논문은 말 그대로 배설물, 대변과 대장에 관한 것이며 운동의 역사와 관련은 없을 것이라 생각했다. 그러나 사실은 달랐다. 수턴에 따르면 메리쿠리아레의 배설물 논문은 사람의 몸에서 배설되는 모든 물질, 즉 대변, 소변, 가래, 점액, 눈물, 땀과 관련된 내용을 다루고 있었다. 그렇다. 땀도 포함됐다. 당시를 지배하고 있던 이론이 4체액설이란 사실을 떠올리면, 모든 것이 완벽하게 맞아떨어졌다.

가슴이 두근거리기 시작했다. 어떻게 하면 《배설물》의 영어 번역본을 구할 수 있을까? 메리쿠리아레는 땀에 대해 뭐라고 이야기했을까? 수턴이 쓴 서문을 다시 살폈다. '훌륭한 눈'을 가지고 있는 '작고 귀여운 아가씨' 미스 블라세가 함께 《배설물》의 '초벌' 번역본을 완성했으며 이것을 캔자스주립대학교 메디컬 센터에 있는 클렌데닝 히스토리 오브 메디신 라이브러리Clendening History of Medicine Library의 기록 보관소에 맡겨 두었다고 적혀 있었다. 블라세의 번역본은 한 번도 세상 밖으로 나온 적이 없었다. 나는 이 부분을 읽으며 수턴이 나를 위해 남긴 편지 같다고 생각했다. 그런 생각에 잠겨 있는 사이 셰이너 씨는 내가 부탁한 책들을 가져다주었다. 나는 수턴의 책을 들고 셰이너 씨가 있는 도서실 끝 쪽으로 걸어갔다. "잠시 실례해도 될까요?" 내가 그녀에게 속삭였다. "물론이죠."

나는 가끔 전하고 싶은 생각을 논리적인 말로 풀어놓지 못해 애를 먹곤 한다. 처음부터 순서대로 설명해야 하는데 결론부터 시작해버리는 것이다. 이번에도 그랬다. 셰이너 씨는 내가 말을 듣고 무슨 말인지 전혀 모르겠다는 표정을 지었다. 수턴의 책 속 한 문단을 가리키며 셰이너 씨에게 읽어보라고 건네주었다. 글을 다 읽은 셰이너 씨가 웃으며 말했다. "던 맥키니스 씨가 기록 보관소장으로 있는 클렌데닝 도서관이군요. 멋진 곳이죠." "이분을 아시나요?" 그녀가 재미있다는 표정을 지었다. "희귀 장서 사서들의 세계가 얼마나 좁은데요. 제가 한번 연락해 볼게요." 셰이너 씨가 차분한 눈빛으로 나를 보며 말했다. '너무 기대하지는 마세요. 기다려 봅시다'라고 말하는 것 같았다. 그녀가 이메일을 쓰기 시작했고, 나는 책상으로 돌아와 앉았다.

그로부터 1시간 30분을 더 도서관에 머물렀지만 집중할 수가 없었다. 결국 오후 4시 반쯤 자리에서 일어났는데, 그즈음 셰이너 씨 또한 책더미들 사이로 사라져버렸다고 그의 동료가 알려주었다. 그에게 인사할 기회를 놓치고 집에 돌아오니 셰이너 씨에게서 좋은 소식이 담긴 이메일 한 통이 도착해 있었다. 제목은 "《배설물》 속 땀에 대하여"였다.

~

정말 기가 막힌 타이밍이었다. 수턴 박사는 고인이 되기 2년 전인 1988년에 자신의 모든 자료를 도서관에 기증했지만, 이 자료들은 내가 캔자스시티를 방문하기 직전에 '퇴출 결정'이 내려져 공식적으로 도서관 장서 목록에 제외된 상태였다. "이 자료들을 보고 싶다고 한 사람은 지금까지 한 명도 없었어요. 30년이 넘도록 말이죠." 던 맥키니스가 내게 말했다. 그녀는 이 자료들을 파쇄해 소중한 공간을 확보할 예정이었기 때문에 셰이너 씨의 연락을 받고 책 이름을 어렵지 않게 떠올릴 수 있었다고 한다. "저 때문에 상황이 복잡해진 건 아니었으면 좋겠어요." 내가 말했다. "전혀요." 던이 웃어보였다. "누군가에게 유용한 자료가 될 수 있어 기쁜걸요." 그녀는 커다란 보관용 박스 10개가 실려 있는 도서관 카트를 가리켰다. "지금까지 당신이 찾아주기를 기다리고 있었을지도 몰라요."

나는 카트를 밀어 책상으로 가져갔다. 수턴은 몇 권의 피부학 관련 의학 교과서와 셀 수 없이 많은 학술 논문을 쓴 사람이었다. 엄청난 양을 자랑하는 눈앞의 자료들을 보니 살짝 겁이 나기도 했다. 하지만 다행히도 깔끔하게 라벨링된 파일 덕분에 《어느 16세기 의사》와 관련된 자료들을 어렵지 않게 찾을 수 있었다. 나는 미스 블라세가 타자기로 작업한 《배설물》의 번역고 원본과 수턴 박사와 번역가가 주고받은 서신 꾸러미를 발견했다.

두 사람의 서신에 따르면 아이린 블라세의 번역본은 1966년에 완성되었지만, 최종 원고의 모습과는 거리가 멀어 보였다. 번역가가 그어둔 밑줄과 질문, 대체할 만한 표현, 교정 내용이 〈땀에 관하여*De sudoribus*〉(라틴어로 땀이라는 뜻)라는 제목이 붙은 30장가량의 원고를 빼곡히 채우고 있었다. 그럼에도 땀과 발한에 대한 메리쿠리아레의 생각과 발견(강의를 통해 이야기한 것 전부를 의과대학 학생이 받아적은 글이었다)의 정수는 분명하게 알 수 있었다. 그중에서도 가장 확실한 것은(당시 인체 연구에 관해 알려진 바가 거의 없다는 사실을 떠올리면 크게 놀랍지도 않지만), 때때로 메리쿠리아레가 얼마나 터무니없는 말을 했는가 하는 사실이었다. 《체조술》에서 살펴봤듯, 그의 연구는 전반적으로 히포크라테스, 갈레누스, 플라톤, 아비케나Avicenna, 디오클레스Diocles, 테오프라스투스Theophrastus 등의 고대 의학과 철학에 의존하고 있었다. 그리고 이 고대 사상가들은 4체액설과, 눈에 보이지 않지만 신체를 활성화하는 것(스피리투스spiritus, 영혼), 신체에서 기체로 빠져나가는 것(미아스마스miasmas, 독기)이 있다고 믿었다. 무엇보다 그들은 인체 해부를 금기했던 오랜 관습으로 인해 오늘날 명백하게 알 수 있는 것들을 깨닫지 못했다. 메리쿠리아레도 그의 선배들이 했던 실수를 자주 반복했다. 예를 들어 그는 "땀이란 간(그들은 간에서 혈액이 만들어진다고 생각했다)을 통해 변화된 마실 수 있는 소량의 물질로, 자연스럽게 혈액을 타고 정맥을 흐른 뒤, 숨겨진 호흡을 통해 정맥 밖으로 배출된다"고 설명했다. 내 생각에 '숨겨진 호흡'이라는 표현은 설명할 수 없는 내용을 설명하기 위해 만들어진 것이며, 사람들이 이 메커니즘을 스스로 상상할 수 있도록 시각적 암시를 제공하려는 것 같다. 당시에는 땀샘의 존재를 알지 못했기 때문이다. 정확히 땀이 어떻게 수많은 '구멍', 즉 모공을 통해 피부 밖으로 배출되는지 그 과정을 자세하게 설명하지 못했다.

그러나 〈땀에 관하여〉에 담긴 메리쿠리아레의 글이 주는 전반적인 인상은 관찰한 내용이 얼마나 우스꽝스러운지가 아니라, '사람의 몸이란 얼마나 신비롭고 마법처럼 놀라운가'에 가깝다. 솔직히 말해서 메리쿠리아레도 맞는 말을 몇 가지 했다. 땀이라는 '물질'에 대해 그는 이렇게 설명했다. "어떤 땀은 농도가 짙지만, 어떤 것은 옅은 것으로 알려져 있다. 이 두 가지의 차이점(혹은 '특성' 또는 '속성'. 미스 블라세는 가장 적합한 영어 단어를 찾기 위해 여백에 이 단어들을 적어 두었다)은 촉각과 시각으로 모두 구분이 가능하다."(아포크린샘에서 나온 땀과 에크린샘에서 나온 땀 사이의 차이를 언급한 것이다.) 미각적으로도 서로 다른 땀이 존재한다. 땀은 쓰거나 짜거나 톡 쏘는 맛을 가지고 있다고 알려져 있다. 내가 땀의 맛에 대해 언급하는 것을 이상하게 생각하는 사람은 없을 것이다. 갈레누스는 그의 저서 《증상의 원인들*De symptomatum causis*》에서 "때때로 땀은 사람의 얼굴 위로 비 오듯 쏟아지며, 필연적으로 입을 통해 들어가서 아픈 이들은 이를 맛보기도 한다"고 설명하고 있다.

메리쿠리아레는 사람이 왜 땀을 흘리는지에 대해 수많은 이유를 제시했지만(체액 균형·소화·질병 등), 체온 조절에 관해서는 한 번도 언급하지 않았다. "어떤 땀은 달리기를 할 때, 또 다른 땀은 (거니는 정도의) 걷기를 할 때, 혹은 레슬링 장소에서(팔레스트라), 또는 운동할 때 발산된다"고 언급하는 정도에 그쳤다. 이어서 그는 땀이 움직임을 통해 만들어진다고 설명하면서 그 이유를 "혈관이 스피리투스로 가득 차기 때문이다. 스피리투스는 사방으로 움직이다가 정맥의 입구를 열고, 이곳을 통해 땀을 밖으로 밀어낸다"고 말했다.

《배설물》에는 이러한 격한 움직임과 발한이 겨드랑이에서 풍기는 지독한 냄새뿐 아니라 갈증·체중 감량 등으로도 이어진다는 사실을 언급하지 않는다. 하지만 그로부터 6년 뒤 완성한 책에는 땀에 대한 상세한 설명이 들어 있었다. 이 모든 사실은 우리의 집요한 번역자, 아이린 블라세가 아니었다면 전혀 알 수 없었을 것이다. 나는 이 놀라운 사실을 보관용 박스 속 이름표 없는 파일 폴더에서 발견했다. 폴더 안에는 어니언스킨지에 작성된, 각종 표시가 가득한 타이프 원고가 들어 있었다. 그것은 블라세가 완성한 또 다른 번역본으로 제일 알려지지 않은, 겉보기에는 별난 내용을 담고 있을 것 같은 메리쿠리아레의 1585년 작《육체를 아름답게 꾸미는 일에 대하여*De decoratione liber*》에서 화장술(에 대한 메리쿠리아레의 의견이 담겨 있다)을 옮겨둔 번역고였다. 나는 잠시 멈춰 지금까지 내가 발견한 내용을 머릿속으로 종합했다. 그의 또 다른 공개 강의 내용을 기록하여 완성한 이 책은 메리쿠리아레의 전작全作을 설명하는 목록에선 거의 언급되지 않았고(진지한 학문이라는 관점에서는 그렇게 중대한 평가를 받지 못해서였을 수 있다), 그런 책을 내가 캔자스시티를 방문하는 동안 만나게 될 것이라고는 전혀 기대하지 않았다. 그런데 바로 이곳에, 미스 블라세의 언어로 번역된 200페이지짜리 원고가 떡하니 나타난 것이다.

〈땀에 관하여〉와 마찬가지로,《육체를 아름답게 꾸미는 일에 대하여》는 원고 한 장도 영어로 출간된 적이 없다. 더불어 블라세가 메리쿠리아레의 원문 사본을 찾아 나서고, 그것을 번역하기 위해 온갖 노력을 들인 이유도 명확하지 않다. 수턴 박사가《피부 질환》 때처럼 그녀에게 번역 의뢰를 했던 걸까? 그랬을지도 모르지만 증거는 찾을 수 없었다. 수턴 박사는 블라세에게 페이지당 5달러라는 공정한 번역비를 지급했지만, 블라세가 쓴 서신을 보면 그녀에게 번역비는 크게 중요한 부분이 아닌 듯했다. 수턴 박사의 출간 작업에 공을 세웠다는 사실이 세간에 알려지기를 바라지도 않은 것도 마찬가지였다.

"아시다시피, 번역은 제게 즐거움을 주는 시간이랍니다." 미스 블라세는 수턴 박사에게 쓴 자필 편지에서 이렇게 말했다. "목적이 있는 삶은 그렇지 않은 삶보다 훨씬 더 유쾌하죠." 블라세의 한쪽 눈은 실명 상태였고 그의 훌륭한 눈에는 백내장이 있었다. 게다가 정형외과 질환으로 고생하는 상황이었지만, 이 중 어느 것도 블라세의 의지를 꺾지는 못했다. 블라세는 말 그대로 글을 옮기는 일 자체를 즐겼다. "제가 번역을 할 수 있는가, 없는가는 언어학적 지식보다 실행 방법의 문제입니다. 전 책상에 앉아 편히 일하지 못하고, 안락의자를 뒤로 젖히고 앉아 무릎에 타자기를 올린 채 작업을 하죠." 미스 블라세의 모습을 상상해 보았다. 몇 시간, 며칠, 몇 주 동안 한자리에 앉아 한쪽에는 메리쿠리아레의 글을 두고, '손에는 사전'을 든 채 타자기를 두드리며. 400년 전 세계에서 들려오는 '박학다식한' 의사의 이야기를 듣기 위해 귀를 쫑긋 세운 그녀의 모습을.

~

"자, 이제 시작해 보자."《육체를 아름답게 꾸미는 일에 대하여》에서 메리쿠리아레는 이렇게 말문을 열었다. "아름다움을 추구하는 사람이라면 미를 유지하는 일에만 관심을 쏟을 것이 아니라, 추잡한 것을 없애기 위해 노력해야 한다. 아름다움은 자신을 추잡하게 만드는 것이 무엇인지를 알고, 이를 뿌리 뽑을 때 완성되기 때문이다." 이미《피부 질환》에서 종기, 여드름·이·감염을 비롯한 기타 피부 관련 질병과 결함 등에 대해 다루었기 때문에 메리쿠리아레는 이 책에서는 외모와 체격과 체형, 또한 가장 심각한 문제인 '과도하게 큰 몸집'에 대해 이야기할 예정이라고 설명한다. 그는 '과도하게 큰 몸집'을 다양하게 표현하면서 다음과 같이 이야기했다. "우리는 이를 비대, 비만,

뚱뚱함이라고 표현한다…. 이런 몸 상태, 즉 이런 결함은 아름다움과 움직임을 해치는 매우 조잡하고 상스러운 것이다. '너무 뚱뚱한' 사람은 '거대한 감옥 안에 갇힌 것처럼' 제대로 걷지 못한다. 여러 원인이 있지만 도수가 높고 진한 포도주를 과도하게 음용하고 계란, 과자, 빵, 소스처럼 '농후한' 음식을 많이 먹기 때문이다."

치료법에 대해 메리쿠리아레는 히포크라테스의 말을 그대로 인용했다. "비만에서 벗어나기를 원하는 사람이라면… 반드시 한가함을 포기하고, 열과 성을 다하여 운동해야 한다…. 그 노력의 증거로 숨을 헐떡이는 상태가 될 때까지 말이다." 요약하자면, 메리쿠리아레는 체중 감량을 위해 고강도 유산소 운동을 권장한 것이다. 그러나 그는 거기서 그치지 않고 또 하나의 중요한 충고를 한다. "특히 성교는 지방과 살을 빼주는 행위다. 이 사실은 성적 욕구가 강한 모든 동물이 날씬하고 앙상한 몸매를 갖고 있다는 점에서 여실히 드러난다. 지방과 살을 이루는 물질이 성교 중에 소비되기 때문이다." 나는 메리쿠리아레가 이 문제를 직설적으로 설명한 점이 마음에 들었다. 그가 어떤 사람인지를 보여주는 부분 같다고도 생각했다. 이 명망 있고 종교적인 의사도 섹스 앞에선 부뚜막에 앉은 고양이인 척하지 않았던 것이다.

메리쿠리아레는 땀을 흘리는 이 모든 신체적 행위가 '유쾌하지 못한 냄새'를 풍기게 된다고 설명했다. 그는 특별히 '악취가 나는 발'을 지칭하는 단어는 라틴어에도 그리스어에도 없지만, 과도하게 흘린 땀으로 인해 "겨드랑이에서 나는 악취"에 대한 단어는 존재한다고 지적한다. 미스 블라세는 이것을 염소 냄새goatiness라고 표현했다(염소를 뜻하는 라틴어 카프라capra 또는 카페르caper에서 비롯됨). 메리쿠리아레는, "고대 로마인들 사이에서 가장 수치스러운 일은 바로 염소 냄새를 풍기는 일이었으며" 이 냄새는 너무 끔찍해서 "도저히 견딜 수 없을 정도"였다고 덧붙였다. 하지만 포를리의 의사 메리쿠리아레는 집에서 데오도런트를 만드는 몇 가지 방법도 함께 제시한다. "만일 겨드랑이에서 사람들의 콧속을 어지럽힐 정도의 강한 악취가 난다면 두 가지 방법을 시도해 볼 수 있다. 먼저 장미수, 시트론 꽃으로 만든 즙, 향기로운 포도주 또는 알로에 나무즙으로 겨드랑이를 깨끗하게 씻는다. (…) 만일 이 방법이 통하지 않으면 그다음으로는 겨드랑이에서 나는 냄새를 좀 더 완화시킬 수 있는 향기를 가진 물질을 사용해 볼 수 있을 것이다. 고대 로마인들은… 겨드랑이 아래에 때때로 아모뭄(카다멈), 몰약, 계피를 끼고 다니기도 했다." 용연향(향유고래의 장에서 배출되는 회색의 향료 물질—옮긴이)도 좋은 선택이다. 메리쿠리아레는 자신은 다른 향료에 알로에를 섞으니 겨드랑이 냄새가 전부 사라졌다며 경험담을 공유하기도 한다.

조심스레 겨드랑이 쪽을 향해 코를 킁킁거렸다. 갑자기 내가 쓰고 있는 질레트의 쿨 웨이브 데오도런트가 굉장히 세속적으로 느껴졌다. 다음에는 향기가 나는 포도주와 시트론 나무의 꽃으로 만든 즙을 준비해서 데오도런트 대신 써봐야겠다.

1

수영의 깊이

나는 물속에 뛰어들었고, 그에게 따라오라고 말했지.
그러자 그도 뒤따라 들어오더군. 거친 물살이 집어삼킬 듯 다가왔고,
우리는 튼튼한 근육으로 바다를 헤쳐나갔네.

_윌리엄 셰익스피어, 《줄리어스 시저》, 1599년

‹Naked Men in Swimming Pool›, Edvard Munch, 1923

학자 중에는 운동의 전도자인 지롤라모 메리쿠리아레가 자신이 설파한 것을 실천했는지, 즉 자신의 건강을 위해 운동했는지를 궁금해하는 사람들이 있다. 메리쿠리아레는《체조술》전체를 통틀어 운동을 직접 했는지에 대해 단 한 번도 언급하지 않는다. 하지만 나는 행간에 단서가 들어 있다고 생각한다. 그가 수영에 관해 적은 한 설명을 예로 들어보자. 그것은 수영을 직접 해본 사람만이 할 수 있는 말이다. "수영에 필요한 동작을 하다 보면, 이 움직임에 몸 전체가 영향을 받고 동원된다는 것을 알 수 있다." 그는 수영과 달리기를 비교하는 것은 '부적절하지 않다'고 주장했던 아리스토텔레스의 말을 인용해 설명을 이어간다. 맞는 말이다. 수영하는 동안 사용되는 몸의 기관을 세어보면 거의 모든 신체 부위가 동원된다는 사실을 확인할 수 있다. 우리는 헤엄치기 위해 눈·입·코·폐·심장·어깨·가슴·팔·손·목·등·복근·엉덩이·다리·발을 사용한다.

"수영하면 날씬해지고, 폐활량이 좋아지고, 탄탄해지고, 체온이 높아지며, 군살을 빼주는 동시에 쉽게 다치지 않는 몸이 되도록 도와준다"고 메리쿠리아레는 지적했다. 여기에 더해 그는 수영이 다른 운동보다도 '더 큰 즐거움'을 준다고 생각했다.

"물의 움직임이 (…) 부드러운 넘실거림을 만들어 내면서 그 자체로 독특한 쾌감을 선사하기 때문이다." 진정한 수영 애호가가 아니고서야 할 수 없는 말이 아닌가. 나는 독특한 쾌감이라는 표현이 좋다. 솔직히 말해서 육감적이기까지 한 수영의 특성과, 물과 사람 사이에서 생겨나는 특유의 관계(관계라는 말이 적합한지는 모르겠지만)를 그 두 단어의 조합으로 잘 드러냈다. 여러 운동 중에서도 수영 선수는 수영하는 환경 자체에서 독특한 경험과 고유의 만족감을 선물받는다.

하지만 물의 다정한 얼굴은 날씨에 따라 빠르게 달라지곤 한다. 수영을 하는 곳이 호수, 강, 바다, 연못 혹은 수영장이든 물은 불과 마찬가지로 위험 요소와 예측 불가능한 성질을 항상 가지고 있기에, 수영은 다른 운동과 완전히 별도의 범주로 만들 수 있다. 달리기와 역도, 등반, 사이클링, 무술, 구기 종목, 요가 같은 운동에 위험 요소가 없다는 말은 아니다. 이러한 운동의 경우 과다 운동(근육 접질림, 힘줄 파열)과 잘못된 장비 사용 또는 지나치게 열정적인 상대방으로 인해(복서의 멍든 눈) 부상을 입을 확률이 높다. 가령 조깅하다가 급사하는 경우, 소위 운동 중 사망은 심방세동 같은, 겉으로 잘 드러나지 않는 기저 질환이 주로 발생한다. 하지만 수영에서는 수영하는 방법을 알고 있는가에 따라 생사가 갈린다. 물속에서는 수영하는 사람이 얼마나 힘이 센지에 상관없이 물에 빠져 죽거나, 집어삼킬 듯한 급류에 떠밀려 바다 한가운데로 휩쓸리거나, 혹은 거친 파도에 눌려 헤어나오지 못하는 위험한 일이 생길 수 있다. 부모가 자녀에게 자전거 타는 법을 가르칠 때에는 그것이 주는 자유로운 기분과 독립심, 순전한 즐거움을 이야기하지만, 수영을 가르칠 때는 모든 것에 앞서 기본적인 안전 조치부터 설명한다. 그것은 부모의 의무다. 수천 년 전과 마찬가지로 말이다.

수영과 관련된 가장 오래된 기록은 약 1만 년 전으로, 신석기 시대 동굴 벽화에서 찾아볼 수 있다. 이집트 남서쪽, 리비아와의 국경 근처에서 수영하는 수영 선수의 모습을 단계적으로 묘사한 듯한 그림 문자가 발견되었다. 내 눈에 그림 속 선수의 움직임은 평영과 닮아 있다. 이 그림이 그려졌을 당시의 기후는 지금보다 훨씬 온화했고, 지금 사막밖에 없는 곳에 호수와 강이 많았다. 고고학자들은 이 그림이 수영 방법을 아는가에 따라 생사가 결정되던 시기의 일상을 담은 것이라고 추정했다. 당시 인류는 물 건너에 있는 육지에 다다르기 위해 헤엄을 쳤으며, 그 이유는 아마도 먹을 것을 구하거나 전쟁 중인 타 부족에게서 도망치기 위해, 혹은 더 안전한 곳으로 이주하기 위해서였을 것이다. 또한 그들은 단순히 먹고살기 위해, 즉 물고기를 잡기 위해 물속으로 뛰어들기도 했을 것이다.

고대 그리스인들에게는 성별과 나이에 상관없이 모든 사람이 수영할 줄 알아야 한다는 의식이 강하게 자리잡힌 듯하다. 대부분 바다 근처에서 살았으니 충분히 이해는 된다. 플라톤이 《법률》에서 말한 바와 같이, 수영을 할 줄 모른다는 것은 글을 읽을 줄 모르는 수준의 무지함을 뜻했다. 소크라테스는 조금 더 분명하게 수영은 "사람을 죽음에서 건져낸다"고 강조했다. 부모는 자녀에게 수영을 가르쳤고, 아마도 자녀들은 서로를 가르치며 헤엄치는 법을 익혔을 것이다. 유대교에서도 수백 년에 걸쳐 동일한 의무가 대물림되었다. 《탈무드》에 따르면 부모는 자식에게 꼭 필요한 세 가지를 반드시 가르쳐야 했는데, 이는 바로 율법, 장사하는 법, 수영하는 법이었다.

사람들 대부분이 나일강 근처 또는 강가의 운하 주변에 거주하던 고대 이집트에도 비슷한 시각이 존재했다. 수영 능력은 어부나 선원들에게는 생사가 달린 문제였으며, 상류층에게는 제대로 된 교육을 받았음을 나타내는 상징과도 같았다. 그러나 그리스와 이집트 모두 수영을 운동 경기나 관람 종목으로 채택하지는 않았다. (수영은 1896년 현대 올림픽이 출현하기 전까지 정식 올림픽 경기가 아니었다.) 물론 고대 문헌이나 상형문자 기록에 수영이 제외된 정확한 이유가 나와 있지는 않다. 우리가 걷기나 자동차 경주가 왜 올림픽 종목이 아닌지를 합리적으로 설명하는데 어려움을 느끼는 것과 비슷하다. 내 생각에 당시 수영은 운동이라기보다는 실용 기술이나 수단으로 받아들여진 듯하다. 역사가 크리스틴 누턴Christine Nutton이 '알파벳처럼 운동의 기초가 되는 기술'이라고 묘사할 만큼 수영은 거의 모든 사람이 할 줄 아는 활동이었고, 남성만 할 수 있는 배타적 운동 영역 밖에 존재했을 것이다. 게다가 수영은 고대 그리스 또는 로마인들의 권투나 판크라티온처럼 상당한 볼거리를 자랑하는 이벤트가 되기 힘들었다. 속도와 힘을 보여주는 단거리 달리기나 필드 경기와 달리, 헤엄치는 모습은 구경꾼들에게 별다른 감흥을 주지 못했다. 순위를 다투는 경기 종목으로 자리하지는 못했지만, 수영은 전신 운동으로서의 가치를 확실하게 인정받았다. 고대 역사가 파우사니아스Pausanias와 작가 필로스트라투스는 모두 올림픽 복싱 챔피언 4관왕 티산드로스Tisandrus가 체육관에서의 훈련을 장거리 수영으로 보완했던 사실을 언급하고 있다. 특히 필로스트라투스는 "그는 두 팔로 바다를 가로질러 먼 곳까지 헤엄치며 몸과 팔을 단련했다"고 말했다.

오늘날 지원자가 갖추어야 할 필수 조건으로 수영을 제시하는 군대가 많다. 대표 사례는 누구나 상상할 수 있는 미국 해군 특공대U.S. Navy SEAL일 것이다. 하지만 고대에서는 이 기준을 더 포괄적으로 적용했다. 베게티우스는 군사 훈련에 관해 쓴 자신의 논문 《군사론》에서 이렇게 말하고 있다. "여름에는 모든 청년 군사들이 예외 없이 수영을 배워야 한다. 다리 위로 강을 건너갈 수 없을 때가 있어서 그렇기도 하지만, 도망을 가거나 적을 추적하기 위해 어쩔 수 없이 헤엄을 쳐서 물을 건너야 할 때가 있기 때문이다. 갑자기 눈이 녹거나 비가 쏟아지면 물이 둑 위로 흘러넘치는데, 이때 수영을 못하면 적에게 공격을 받은 것만큼 위험한 상황에 처한 것이라고 볼 수 있다. (…) 이러한 수난은 보병대에게도 찾아올 수 있으며, 심지어 말과 군대를 돌보는 하인들도 수영법을 익혀야 한다. 군사들과 비슷한 상황을 마주할 수 있기 때문이다."

베게티우스의 저작은 르네상스 시대에 이탈리아어와 프랑스어, 독일어로 번역되었으며 19세기까지도 군사 훈련과 귀족 교육에 영향을 끼쳤다. 발다사레 카스틸리오네는 《궁정론》에서 자신의 주장을 뒷받침하기 위해 베게티우스의 말을 인용하면서, 수영이 얼마나 중요한지를 강조했다. 하지만 베게티우스와 카스틸리오네 모두 수영하는 방법을 설명하지는 않았다. 실제적인 수영 교본이 출현한 것은 16세기 이후다.

《콜림베테스*Colymbetes*》는 수영 방법을 언급한 최초의 저작으로, 스위스 인문학자 니콜라스 빈만Nicolas Wyman이 라틴어로 집필했다. 매우 격식을 갖추어 수영을 찬양하는 내용이 실려 있는데, 메리쿠리아레의 《체조술》 보다 30년 먼저 완성되었다. 빈만은 물에 빠진 사람을 붙들고 남은 팔 하나로 수영하는 기술인 구조술을 설명한다. 이로부터 50년이 지난 1587년, 영국인 에버라드 딕비Everard Digby가 《수영의 기술*De arte natandi*》에서 이 주제를 자세히 다루었다. 딕비는 의사도 운동선수도 아니었지만 케임브리지 세인트존스 칼리지에 있던 동료 학자이자 시인 겸 교수였던 로저 아샴Roger Ascham의 연구에 영감을 받았다. 아샴이 1545년에 활쏘기에 대해 쓴 논문 《활 애호가*Toxophilus*》는 교본 형식으로, 롱 보우(긴 활)를 다루는 방법을 단계별로 설명하는 최초의 책이다. 문학적인 요소를 갖추려는 노력이 담긴 데다 라틴어가 아닌 일반 영어로 완성됐다는 점에서 눈여겨볼 만하다. 아샴이 서두의 말에서 언급한 것처럼, "영국 작가들의 생각은 다른 것 같지만, 라틴어·프랑스어·이탈리아어처럼 낯선 언어를 사용하는 것은 모든 것을 이해하기 어렵고 복잡하게 만들 뿐"이다. 이 책은 아샴에게 평생 매해 연금을 지급하기로 한 헨리왕 7세에게 헌정되었다.

반면 딕비는 아샴의 저서를 모델 삼아 하나의 운동에 초점을 맞춘 책을 만들었지만, 고급 라틴어를 사용해 모든 것을 "이해하기 어렵고 복잡하며" 접근하기 힘들게 만들었다. 약 10년 뒤 시인 크리스토퍼 미들턴이 딕비의 《수영의 기술》을 영어로 번역했고, 이 번역본은 셀 수 없을 만큼 재인쇄되었을 뿐 아니라 프랑스어로도 번역되어 이후 300년간 서양에서 수영의 표준 교과서로 읽혔다. 모든 지점을 고려했을 때 그의 책은 꽤 괜찮은 작품이라 볼 수 있다. 수영을 구조 기술 이상의 것, 즉 연구할 만한 가치가 있는 하나의 예술이자 과학으로 만들어 주었으니 말이다. 책에는 평영, 개헤엄, 발헤엄을 하는 방법이 포함되어 있었다. (현대식 자유형 영법은 19세기까지 완전히 다듬어지지 않은 상태였다.)

사실 딕비는 오히려 너무 자세히 설명하고, 상상력도 너무 많이 발휘한 느낌이 든다. 가령, 그는 '발톱깎기와 배영'이라는, 터무니없고 이름부터 위험하게 들리는 수영법을 추천한다. 그는 가상의 학생을 출연시켜 설명한다. "(미들턴의 번역을 따르면) 물 위에 등을 대고 수영하면서, 왼쪽 발을 들어올려 오른쪽 무릎 위에 놓는다. 몸은 계속 똑바로 유지한다. 그다음 오른쪽 손에 칼을 준비한다. 이렇게 하면 발톱 하나를 깎을 때까지 다리가 쉽게 내려가지 않게 할 수 있다." 아마도 이걸 읽은 사람이라면 딕비가 실제로 이 동작을 해봤는지, 수영을 해본 적은 있는지 의심하지 않을까.

~

나는 스포캔의 집에서 한 블록 거리에 있는 공원에 대규모 공공 수영장을 다니며 수영을 배웠는데(모두 그런 것처럼 적십자에서 제공하는 강습을 받았다), 사실 내게 진짜로 수영하는 방법을 알려준 사람은 전 웨스트포인트 사관학교 수영팀 주장이었던 나의 아버지였다. 고등학교 때부터 수영 선수로 활약했던 아버지는 물을 사랑하지 않은 적이 없었다. 아버지는 그의 열정을 고스란히 누나들과 나에게 물려줬다. 우리는 스테이션 왜건(좌석 뒤쪽에 큰 짐을 실을 수 있는 공간이 있는 승용차—옮긴이)에 짐을 챙겨 그랜드 캐니언이나 러시모어산, 후버댐으로 여름 로드 트립을 떠나는 가족은 아니었지만, 주말이면 북부 아이다호에 있는 근처 호수로 보트를 타러 가곤 했다. 가끔은 내 친한 친구인 크리스도 함께였다.

아버지는 낚시도 하지 않고, 요트도 타지 않았다. 너무 느리고 지루했기 때문이다. 아버지는 속도감이 있는 걸 좋아하셨다. 우리는 선체 바깥쪽에 에빈루드 엔진이 있는 4.5m 길이의 모터보트를 가지고 있었고, 아버지는 이걸 물에 띄우고 전속력으로 몰아 물 위를 가로질러 날아다니곤 했다(때때로 이것은 시련이었다). 아버지가 호수 중간쯤에서 엔진을 끄고, 수상 스키와 견인용 밧줄을 꺼내면 우리는 돌아가면서 스키를 탔다. 누나들과 나는 어릴 적부터 수상스키 타는 법을 알고 있었다. 아니, 우리가 원했든 원치 않았든 알아야 했다고 하는 것이 맞겠다. 모두가 고등학생이 되었을 때쯤, 우리는 아버지의 감독하에 짝을 이루어 스키 타기에서 회전 기술 구사하기로 주종목을 바꿨다.

매 여름이면 우리 가족은 스포캔에서 1시간 반 정도 떨어져 있는 프리스트호의 오두막집을 빌려 몇 주씩 머물렀다. 프리스트호는 수심이 깊고 길이가 24km에 달하는 거대한 호수로, 부모님이 나고 자란 미네소타에서 흔히 볼 수 있는 작은 호수들보다 훨씬 컸다. 여름은 탄산음료 사업을 하는 사람에게 1년 중 가장 바쁜 시기라, 아버지는 일주일 내내 공장에서 일하다가 주말이 되어서야 오두막으로 오시곤 했다. 매일 아침 눈을 뜨면 아버지는 곧장 정박장으로 나가 망설임 없이 물속으로 뛰어들었다. 아버지가 물 위로 올라오기까지는 무척 오랜 시간이 걸렸는데, 수심이 가장 깊은 곳을 표시해 놓은 부표를 훨씬 지날 때까지 수면으로 올라오지 않곤 했다. 아버지는 등을 뒤로하고 누워 앞니 사이로 물을 뿜어냈다. "하루의 시작이 상쾌하군!" 활기찬 접영으로 정박장으로 돌아온 아버지는 늘 이렇게 말씀하시곤 했다.

나는 1년에 한 번씩 고등학교 때부터 알고 지내던 친구들과 어릴 때처럼 프리스트 호수의 오두막으로 주말여행을 떠나곤 한다. 나의 파트너인 스티브가 2006년에 세상을 떠난 이듬해부터 우리는 이 여행을 하나의 전통처럼 이어오고 있다. 해가 갈수록 빈번해지는 추모식이나 장례식에서 만나는 것 말고, 함께할 자리를 마련하기 위해 시작한 모임이었다.

우리는 정박장에 모여 맥주를 마시고, 웃고, 떠들고, 수영하고, 이야기를 나누다 해가 지기 시작하면 칵테일 셰이커로 마가리타를 만들고 만찬을 준비한다. 밤에는 다시 부두로 나와 별을 보면서 삶에 관한 이야기를 나누고, 평소보다 한두 잔쯤 더 술잔을 기울인다. 잠깐만 걸으면 바로 오두막에 갈 수 있으니 크게 문제될 일도 아니다. 그리고 아침이 되면 스카치와 코카콜라를 사랑했던 남자였던 나의 아버지가 40년 전에 그랬듯, 똑같이 호수로 곧장 달려가 짧고 굵게 아침 수영을 즐긴다. 물살을 가르는 일만큼 머리를 맑게 하고, 심장을 미친듯이 뛰게 하고, 혈액을 순환시키고, 내가 살아 있다는 기분을 느끼게 해주는 것은 없다. 내가 물에서 나올 때쯤이면 무리 중 하나가 커다란 커피포트를 든 채 나온다. 그렇게 하루가 다시 시작된다.

프리스트 호수에서 보내는 매해 여름 주말을 제외한 나머지 51주 동안, 나는 수영을 자주 하지 않았다. 사실 나는 대학교 이후로 수영을 좀처럼 하지 않았다. 수영장이 있는 체육관에 다녀본 적이 없었다. 아마도 나는 내가 어릴 적 얼마나 수영을 좋아했었는지, 수영을 하는 것이 얼마나 자연스러운 일이었는지 거의 잊었던 것 같다. 하지만 올리버의 응원에 힘입어 2012년에 다시 수영을 배우기로 결심하면서, 내 생각이 틀렸다는 사실을 깨달았다.

내가 새로 회원 등록을 한 곳은 25m짜리 수영장이 있는 체육관이었다. 51세의 나이에 다시 물속으로 들어가 수영장 트랙을 왕복하려고 노력하는 일은 사람을 겸손하게 만들었다. 처음에는 너무 숨이 차서 쉬지 않고 트랙을 두 번 왕복하는 것 이상은 할 수 없었다. 내가 '건강하지 않아서'가 아니라, 수영 자체가 천국의 계단 기구를 오르는 것이나 러닝머신 위를 뛰는 것과는 차원이 다른 유산소 운동이어서다. 수영은 힘이 세고 근육질 몸매를 가지고 있다고 해서 다가 아니다. 팔다리의 유연성이 핵심이기에 오히려 그런 체질은 방해 요소가 될 수 있다. 수영은 전신을 많이 사용해야 하는 운동이며 숨 쉬는 일을 뭍에서 하는 것보다 훨씬 지치고 힘들게 만든다.

하지만 나는 꾸준히 출석했고 올리버와도 일주일에 두 번씩 수영장을 가기 시작했다. 왼쪽 어깨가 좋지 않아서 무리 없이 배영이나 접영을 하기는 어려웠다. 어쩌면 불공평하게 들릴지도 모르지만, 내게 평영은 언제나 B급 수영법(평형의 팔 동작이 알파벳 B를 그린다는 중의도 있다—옮긴이)에 속했다. 나는 자유형을 제대로 배우고 싶었다. 그래서 유튜브 영상을 보고, 최신 수영 안내서인 테리 래플린Terry Laughlin의 《완전한 몰입*Total immersion*》에서 도움이 될 만한 요령들을 공부했다. 예를 들어, 말 그대로 물속으로 머리를 계속 눌러서 아래로 숙이고(이렇게 하면 다리가 가라앉지 않는다), 얼굴만 돌려서 숨을 쉬는 게 아니라 몸 전체를 회전시키라는 조언 같은 것 말이다.

하지만 그 무엇보다 중요한 건 수영장에 자주 가는 것이었다. 수영은 기술이고, 학습을 통해 (내 나이에는 재학습을 통해) 익혀야 하는 복합적인 운동 기술이었다. 그리고 그 학습의 과정에서 연습 단계를 건너뛸 수는 없었다. 그런 면에서 수영은 복싱과도 비슷했다. 지루한 노력의 시간을 통과해야만 몸에 완전히 기술이 붙는 숙련 단계에 이를 수 있다는 점에서 말이다.

당연한 말이지만 연습에는 실수하는 일, 그 실수를 발견하는 일, 실수를 고치려 노력하는 일과 조정하는 일까지 포함된다. 나는 연습은 운동과 구별되어야 하는 단계임을 깨달았다. 물론 연습하는 동안 '운동 효과를 보고' 있지만 말이다. 연습할 때는 사고를 해야 한다. 완전히 몰입해 있을 때 최상의 만족감을 맛볼 수 있는 운동에는 사고가 포함되지 않는다. 내가 무엇을 하고 있는지에 관한 생각을 멈추고 발차기와 팔 젓기, 양쪽 호흡을 그냥 하는 순간, 운동의 참기쁨이 시작된다.

메리쿠리아레는 수영을 달리기에 비유했지만, 나는 여기

에 한계가 있다고 생각한다. 달리기는 수영처럼 상체를 많이 쓰는 운동이 아니다. 오히려 자유형 같은 영법은 클라이밍과 닮은 부분이 더 많다. 물 표면을 가르며 나아가는 수평적 클라이밍 말이다. 자유형을 '크롤법'(crawl은 '기어가다'라는 뜻—옮긴이)이라 부르는 이유를 알 것도 같다. 수영하는 사람은 암벽의 한 부분을 잡듯이 물을 한 움큼 움켜쥐고, 몸쪽으로 끌어당기며 앞으로 나아간다. 나는 건물을 타고 잽싸게 올라가는 스파이더맨이 된 내 모습을 상상했다. 물은 근육의 움직임에 저항하는 요소로 작용한다. 몸통은 골반과 엉덩이의 힘으로 빠르게 회전하면서, 바위를 뚫고 들어가는 거대한 산업용 드릴처럼 물을 휘몰아치며 앞으로 나아간다.

수영을 하면 할수록 나는 내 몸을 수영장 끝에서 끝으로 몇 초 안에 이동하게 해주는 교통수단처럼 사용하게 되었다. 이런 점에서는 수영이 달리기(혹은 비행)와 비슷하긴 하다. 수영 속도를 높이고 싶어서 수영용 오리발도 구입했다. 나는 50m당 수영 시간을 기록한 다음 단 1초라도 줄이기 위해 애쓰곤 했다. 친구들과의 연례 행사를 위해 프리스트 호수를 다시 방문했을 때쯤 나는 더 자신감 있는 수영 선수가 되어 있었다. 이제는 빠르게 몸을 담갔다 나오는 대신 물안경과 오리발을 착용하고, 호수변을 따라 오두막 네다섯 채를 지나면 나오는 정박장까지 800m 정도를 헤엄친 뒤 돌아왔다. 나는 하루에도 몇 번씩 수영을 했다.

여행 마지막 날, 친구들 절반이 집으로 돌아간 뒤 남은 사람들끼리 즉흥적으로 보트를 타고 어퍼 프리스트Upper Priest 호수에 다녀오는 무모한 여행을 떠나기로 했다. 어퍼 프리스트 호수는 캐나다 국경에서 몇 마일 떨어진 북부 아이다호Idaho의 외딴 지역이자, 살아 있는 자연 풍경을 만끽할 수 있는 곳이었다. 우리는 거기서 하이킹과 피크닉을 했다. 보트를 타고 돌아오는데 너무 오래 걸린 나머지 도착 시간이 오후 3시 40분이었다. 숙소 앞 정박장에 배를 댄 후 누군가 몇 시냐고 물어봤었기에 정확한 시간을 기억하고 있다. 그리고 아마 그 사람이 나였을 것이다.

친구의 아내인 섀넌이 자기 시계를 보더니 말했다. "3시 40분." 우리 모두 고개를 끄덕였다. 다들 3시 40분이 되었으니, 오두막에서 나와 스포캔으로 차를 타고 돌아가기 전까지 무엇을 할 수 있고, 무엇을 해야 하는지를 머릿속으로 계산했다. 정말 멋지고 행복한 시간이었지만 계획했던 것보다 늦게 돌아온 상황이었다. 이제는 짐을 싸고, 침구를 정리하고, 오두막 전체를 청소하고, 차에 짐을 실어야 했다. 그중에서도 가장 먼저 해야 할 일이 있었다. 우리 모두 구름 한 점 없는 섭씨 34도의 날씨에 긴 보트 여행을 하느라 얼굴은 벌겋게 익고 목은 바싹 말라 있었다. 그리고 한 명도 빠짐없이 화장실에 가고 싶어 몸이 배배 꼬인 상태였다.

크리스가 배를 부두에 대자 멜라니와 나는 보트 밖으로 폴짝 뛰어내렸다. 우리는 배를 단단히 고정하고 짐을 챙겼다. 크리스는 오줌이 너무 급하다며 거의 뛰다시피 별장으로 향했다. 나도 크리스를 따라가고 싶다는 마음이 든 순간, 더 좋은 방법이 떠올랐다. '어차피 수영도 하고 싶으니 호수에 들어가서 슬쩍 실례를 해야겠다.' 섀넌과 멜라니는 이미 물속에 들어간 상태였다. 나는 잠시 정박장에 앉았다. 물안경이 없어서 가방에서 꺼내와야 할 것 같았다. "에이, 됐어." 혼자 중얼거린 다음 나는 물속으로 첨벙 뛰어들었고, 숨을 깊이 들이쉬고, 더 아래로 헤엄쳐 내려갔다.

내 두 다리는 힘이 세다. 앞으로 나아갈 때 내 몸은 유선을 그리고, 두 팔은 V자를 만들며 앞으로 뻗어나간다. 조금 더 속도가 붙자, 나는 물 안에서 두어 번의 완벽한 평영 동작을 했다. 나는 이 동작을 하는 걸 좋아했다. 호수 아래를 유영하는 가오리가 된 것처럼 미끄러지듯 전진하는 느낌이 들어서였다. 특히 다시 동작을 시작하기 전, 손을 완전히 몸 옆까지 당겨서 댈 때가 좋았다. 지금도 그 미끄러지는 듯한 좋은 느낌을 기억한다. 팔을 몸에 바짝 붙이고 내려가는 순간, "쾅!"하고 머리 쪽에서 크게 깨지는 소리가 울렸다. 순간 끔찍한 실수를 했다는 느낌이 들었다. 잘 연주되던 악기 소리가 갑자기 흉측하게 일그러지거나, 예고 없이 꺼져버린 컴퓨터 화면을 보며 멍해진 것처럼 말이다. 나는 물 위로 올라가 본능적으로 부두를 향해 몸을 돌리곤 큰소리로 혼잣말을 시작했다. "바위에 부딪혔어. 바위에 부딪혔어…!"

'친구들에게 알려야 해.' 머릿속에 드는 생각은 이것뿐이었다. 친구들에게, 내게 무슨 일이 있었는지 알려야 한다. 머리가 계속 울리고, 어쩌면 정신을 잃을 수도 있을 것 같다는 생각이 들었다. 나쁜 일이 벌어진 게 틀림없었다. 그 소리를 듣지 않았는가. 그 상황에서도 나는 가슴까지 오는 물속에서 정박장을 향해 매우 차분히 걷고 있었다. 얼굴에 피를 흘린 채로 다가오고 있는 나를 본 섀넌과 멜라니는 깜짝 놀라 제대로 말을 하지 못했다. 내가 정확히 얼마나 멀리까지 갔었는지는 모르겠다. 확실하지는 않지만, 수영장 길이인 25m쯤이었던 것 같다. 그러나 내가 부딪힌 호수 바닥의 거대한 바위를 호숫가에서는 도저히 보이지 않을 정도로 멀리 간 건 확실했다.

부두에 도착하자 스포캔 병원에서 의료진으로 일하고 있는 멜라니가 비치타월을 들고 내게 다가왔다. 멜라니는 수건을 내 머리 위에 대고는 상처 난 곳을 세게 누르고 있으라고 말했다. 둘 중 하나가 내가 흘린 피와 턱수염에 묻은 피에 대해 무어라고 말했고, 멜라니는 계속해서 상처를 누르고 있으라는 말을 반복했다. 나는 나에게 침착하게 호흡하라고 일렀다. 나는 한 손은 정박장 말뚝에, 나머지 한 손은 이마에 있었다. 그 자리에 몇 초 정도 서 있자, 멜라니가 "어떻게 물 밖으로 나오게 할지 생각해 볼게" 같은 이야기를 하는 것이 들렸다. 나는 대답하지 않고 머리에 대고있지 않은 손을 짚고 정박장 위로 올라갔다. 내가 일어서자 누군가 "앉아, 앉아"라고 말했다. 섀넌이 접이식 의자를 가져와 그 위에 나를 앉혔다.

머리가 멍했다. 뭔가 좋지 않은 일이 일어났다는 것을 알 수 있었다. 내가 사고를 냈다. '사고를 당했다'거나 '사고가 있었다'처럼 내게 잘못이 없는 그런 상황이 아니었다. '내가 사고를 냈다'는 표현이 머릿속을 스치자, 나는 이 사고가 내 부주의로 일어났다는 것을 깨달았다. 그 누구도 아닌 나, 바로 나, 내가 자초한 일이었다. 이 사고는 내 잘못으로 일어난 것이었다.

내가 물안경을 썼더라면, 수영할 때 눈을 뜨고 있었더라면, 화장실을 쓰기 위해 오두막으로 갔더라면, 그저 서두르지 않고 얌전히 굴었더라면.

그때, 크리스가 숙소에서 돌아왔다. 크리스와 멜라니가 상처를 살펴보겠다고 말했다. 섀넌이 다시 피 이야기를 꺼내면서 여러 번 "머리에 혈관이 많이 있잖아"라고 말했다. 하지만 나는 침착함을 유지하고 호흡하는 데 집중했다. 그들이 내게 춥지 않은지 물었다. "괜찮아." 물을 마시고 싶냐고 물었다. "응." 나는 멜라니가 말한 대로 상처를 계속 누르고 있었다. 눈앞으로 가까이 다가온 멜라니가 조심스레 수건을 들어올려 상처를 살폈다. 심각하고 걱정스러운 얼굴이었다. 멜라니가 고개를 끄덕였다. "괜찮을 거야." 말은 그랬지만 표정은 괜찮지 않아 보였다.

크리스가 잠시 후(였겠지만 매우 길게 느껴졌다) 나비 모양 반창고를 가지고 돌아왔다. (크리스의 아버지는 의사로, 오두막에는 모든 것을 갖춘 구급상자가 있었다.) 다들 무어라 이야기하고 있었지만 내 머릿속은 텅 빈 상태였다. 마침내 크리스가 반창고 포장을 뜯었고, 섀넌이 네오스포린(상처에 바르는 항생제 연고—옮긴이)을 뿌렸다. 멜라니가 타월을 걷어내자 크리스가 나비 반창고를 붙여 상처를 감쌌다. 그다음 타월을 다시 건네면서 상처를 계속 누르고 있으라고 말했다. 이때쯤 화장실이 정말 급해서 오줌을 어떻게 누는지조차 잊어버린 듯한 기분이 들었지만, 정박장에 앉아 있는 게 좋은 생각이 아닌 것 같아 일어서서 세 사람과 함께 오두막으로 걸어갔다. 스포캔에 돌아가면 의사에게 진찰을 받으러 갈 것이었다.

화장실에 들어간 다음 문을 잠그고 거울을 들여다봤다. 말라붙은 피딱지가 앞이마와 턱수염에 붙어 있었다. 두 개의 나비반창고 밑으로 길이가 내 엄지손가락, 그러니까 약 5cm 정도 되는 상처가 머리카락이 나기 시작한 곳 바로 아래에 나 있었다. 그 주변의 피부는 벗겨져 있었다. 얼굴에 물을 끼얹고, 수염을 깨끗이 닦은 다음 마침내 변기에 앉아 꽉 찬 방광을 비워낸 뒤, 그 자리에 한참을 가만히 앉아 있었다. 어느 날 나눴던 한 대화가 떠올랐다. 체육관에서 나보다 나이가 많은 한 사람과 이야기를 나눈 적이 있었다. 그는 이전에 보디빌더였고, 나는 회전근개가 파열되었다는 사실을 알게 된 이후라 낙담해 있는 상태였다. 그는 자신도 같은 일을 겪었다고 말하면서 물리치료를 하고 충분히 쉬면 괜찮을 거라고 말해주었다. "금방 회복될 거예요. 그마저도 당신이라는 인간의 역사에, 일부가 되어 줄 겁니다."

나는 그 말이 좋았다. 그런 맥락으로 상처를 바라보는 태도가 마음에 들었다. 그 사고, 바위에 머리를 부딪친 사고는 나를 죽일 수도, 내 몸을 마비시킬 수도, 골절을 입혔을 수도 있다. 주변에 아무도 없었다면 물에 빠져 죽었을지도 모른다. 이 사실을 생각하니 여전히 몸이 떨렸다. 바위에 부딪힌 순간의 기억(꽝! 하고 울리던 소리와 나의 뇌에서 일어난 흉측한 일그러짐의 느낌)이 오래도록 나와 함께할 거라 생각하니 약간 구역질이 났다. 이마에 생긴 흉터는 내 삶에 있었던 이 특별한 순간을 상징할 것이다. 시간이 지나면서 흉터가 옅어져 예전보다는 덜 보이지만, 익숙하지 않은 물속에서 수영하는 것이 위험하다는 사실에 대한 두려움은 남아 있다. 그날 이후로 나는 물안경 없이 절대로 수영을 하지 않는다.

기록 보관소의 수호자

〈A Bacchic procession〉, Pirro Ligorio, 1510~1583

아가세는 메리쿠리아레가 사람들과 주고받은 수많은 편지, 그의 신실한 제자들이 글로 받아적은 강의 원고들, 그가 쓴 책의 희귀 초판본들을 자신의 두 눈과 두 손으로 직접 읽고 살폈다. 라틴어 학자인 그는 모두 원어로 읽을 수 있었다. 하지만 이런 아가세에게도 도무지 찾을 수 없는 것이 하나 있었다. 우리가 파리에서 만났을 때 그는 현재 남아 있는《체조술》에 삽화로 사용된 피로 리고리오 그림의 원화를 직접 확인하지 못해 무척 아쉽다고 고백했다. 이 그림들은 이탈리아에서 가장 유서 깊고 부유한 보로메오Borromeo 일가의 개인 소장품이었다. 아가세는 접근권을 얻기 위해 수도 없이 시도했지만, 그의 수고는 번번이 물거품으로 돌아갔다.

보로메오가 대변인 또는 기록 보관소의 직원에게 연락을 시도했던 그때까지, 내 노력도 마찬가지로 별다른 성과를 내지 못하고 있었다. 짐작하기에 내 서툰 이탈리아어가 좋지 않은 결과에 한몫한 것 같아, 나는 다른 방법을 시도했다. 바로 이탈리아어 번역가를 고용해 정찰을 내보내기로 한 것이다. 지오반니라는 이름의 내 정찰병은 메리쿠리아레의 고향인 포를리 근처에 살고 있었다. 몇 번의 정보 수집 미션을 끝낸 후 그는 내게 이런 보고서를 보내왔다.

친애하는 헤이스 씨에게,

드디어 밀라노에 있는 롬바르디아 기록 및 유산 관리부Sovrintendenza Archivistica della Lombardia의 담당자와 연락을 주고받는 데 성공했어요. 제게 최초의 보로메오 기록 보관소가 어떻게 성하고 쇠했는지, 그곳의 자료들이 어떻게 수많은 기록 보관소로 흩어지게 되었는지 설명해 주더군요. 그 수많은 기록 보관소에는 아다 보로메오 기록 보관소Archivio Borromeo d'Adda, 아레세 리타 비스콘티 보로메오 기록 보관소Archivio Litta Visconti Borromeo Arese, 이솔라벨라 보로메오 기록보관소Archivio Borromeo d'Isola Bella가 있는데요. 앞의 두 군데는 당신의 요청과 맞는 부분이 없더군요. 마지막 장소는 자신이 도와줄 수 있는 일이 없을 것 같다고 유감을 표했는데, 롬바르디 기록 및 유산 관리부가 아니라 튜린에 있는 피에몬테 기록 및 유산 관리부Sovrintendenza Archivistica del Piemonte(Piedmont)에 속하기 때문이라고 해요. 연락할 담당자는 에실다 마누구에라Esilda Manuguerra 씨라고 합니다.

마누구에라 씨에게 지극정성으로 쓴 편지를 보냈지만 아무런 답장을 받지 못했다. 나는 포기하기 직전, 《체조술》를 출간한 이탈리아 출판사에게 다른 방법이 있는지 알려달라고 도움을 요청했고 답을 받았다. 이렇게 확실히 물어볼 수 있는 곳이 존재했는데, 왜 좀 더 빨리 떠올리지 못했을까! 며칠 지나지 않아 이솔라 벨라 보로메오 기록 보관소의 방문 허락이 떨어졌다는 답장과 함께, 정확히 11월의 어느 일요일 오전 11시에만 방문할 수 있다는 연락이 왔다. 당장 한 달도 남지 않은 상황이었다. 일정은 조정할 수 없다는 말도 적혀 있었다. 두 번 생각할 겨를도 없이, 나는 밀라노행 비행기를 예약했다.

런던과 파리를 방문한 지 1년 반 만에 나는 뉴욕에서 야간 비행기를 타고 날아가 밀라노 기차역 근처의 저렴한 호텔에 짐을 맡긴 뒤, 이탈리아와 스위스 국경지대의 마조레 호수에 위치한 작은 마을 스트레사Stresa로 가는 열차를 탔다. 그쪽에서 알려준 대로 기차역에서 내려 오른쪽으로 나간 다음, 다시 왼쪽으로 방향을 틀었다. 호수 쪽으로 이어져 있는 한적하고 구불구불한 길을 따라 쭉 걷자, 페리 탑승 티켓을 판매하는 작은 임시판매소가 나타났다. 성수기가 한참 지난 시기여서 다른 사람들의 모습이 잘 보이지 않았다. 그러나 몇 분 뒤, 모터보트 하나가 해변에 설치된 작은 이동식 정박장에 멈춰 섰다. 보트에는 이미 여섯 명의 승객이 탑승해 있었다. 나는 마치 나무판자 위를 걸어 바다로 빠지는 꿈을 꿀 때처럼 삐걱거리는 정박장을 잰걸음으로 건너 보트에 올라탔다. 물 위에 퍼진 아침 안개 때문에 어디로 가고 있는지 보이지 않았다. 보트는 마조레 호수에 있는 작은 섬 세 곳에서 멈췄고, 나를 제외한 승객들은 두 명씩 짝을 지어 모두 자리를 떠났다.

마침내 내 차례가 다가왔다. "다 왔습니다." 페리보트의 선장이 손을 흔들며 도착을 알렸다. 내가 껑충 뛰어내리자 보트가 커다란 엔진 소리를 내며 멀어졌다. 시간은 오전 10시 55분,

자욱했던 안개가 걷히면서, 나는 내가 어느 해안가에 서 있다는 것을 깨닫는 동시에 지금까지 이렇게 이름과 장소가 완벽하게 어울리는 곳에 있던 적은 없었을 거라고 생각했다. 이 섬의 이름은 라 이솔라 벨라La Isola Bella, 아름다운 섬이라는 뜻으로, 여행 엽서에서나 볼 법한 새하얀 눈으로 덮인 산과 짙고 푸른 호수를 뒤로 하고, 동화 속 마법의 성처럼 생긴 바로크 시대에 지어진 보로메오 궁전Palazzo Borromeo이 우뚝 솟아 있었다.

이탈리아어로 '말을 잇지 못하다'는 뭘까? 나는 이것을 나의 호스트에게 물어볼 첫 번째 질문으로 선택했다. 움푹 들어간 보조개가 멋스러운 그는 친절한 50대 초반의 남성으로, 정박장 근처에서 시차로 인해 어리바리하게 서 있던 나를 맞아주었다.

"센자 파롤레Senza parole라고 해요." 자기소개를 마친 그가 대답했다. 그의 이름은 알레산드로이지만 자신을 알렉스라 불러달라고 말했다. "그렇군요, 센자 파롤레, 센자 파롤레…." 알렉스의 제안으로 우리는 기록 보관소를 방문하기 전에 커피를 한 잔 마시기로 했다. 이솔라 벨라는 거대한 규모를 자랑하는 보로메오 궁전과 정원이 섬 대부분을 차지한 곳이지만, 누군가는 이 작은 섬을 터전 삼아 사계절을 살고 있었고, 영업 중인 상점과 카페도 몇 군데 있었다. 알렉스는 에스프레소와 어마어마하게 큰 초콜릿 케이크 한 조각을 나눠 먹을 용도로 주문했다. 알렉스가 대화를 나눌 수 있을 정도로 영어를 잘해서, 우리는 큰 어려움 없이 서로에 대해 알아갈 수 있었다.

모든 내용을 종합하는 데 시간이 좀 걸렸지만, 나는 마침내 어째서 보로메오 기록 보관소의 정확한 사무실 위치와 이메일 주소, 관리자의 연락처를 알 수 없었는지 이해할 수 있었다. 애초에 사무실이 없었던 것이다. 더불어 그곳에는 전임 기록 보관 담당자는 물론, 직원도 없었다. 유일한 연결고리는 오직 단 한 사람, 지금 내 맞은편에 앉아 초콜릿 케이크의 마지막 한 입을 털어넣고 있는, 보로메오 가문 옛 문서 보관실 담당자의 효심 깊은 아들뿐이었다. 알렉스는 1991년에 아버지가 갑자기 돌아가신 날 이후로, 아버지에게 물려받은 유산을 최선을 다해 지켜오고 있었다. 그는 평일에 약 145km 떨어져 있는 섬 밖의 마을에서 정규직 엔지니어로 일했고, 토요일은 아내와 아이들과 함께하는 날이기에 일요일에만 가끔 이솔라 벨라에 들어와 보관소를 관리하는 상황이었다. 보로메오 가문은 기록 보관소를 관리할 사람으로 알렉스 외의 누군가를 고용하고 싶지 않아 했고, 알렉스는 보로메오 일가와 연락을 거의 주고받고 있지 않았다. 보관소의 열쇠를 가지고 있는 사람은 알렉스뿐이었다.

커다랗고 고풍스러운 느낌이 나는 은백색의 백랍 열쇠가 정말로 멋스러웠다. 중세 감옥에 사용하기 위해 벼려진 열쇠처럼 보였다. 알렉스가 나를 궁전 내부로 안내했다. 웅장하고 우아하지만 텅 비어 있는 공간을 통과하자, 원형의 살롱이 나타났다. 14세기경에 만든 화려한 작품들로 장식된 홀 오브 태피스트리즈Hall of Tapestries로 이어진 곳이었다. 나는 그 공간에 더 머무르고 싶었지만, 알렉스의 부름에 발걸음을 옮겼다. 그가 살롱의 벽에 숨겨져 있다시피 한 길고 좁은 문에 커다란 은백색 열쇠를 꽂아 넣었다. 알렉스를 따라 문을 통과하자, 가파른 나선형 계단이 나왔다. 계단을 오르고 나니 수납장이라고 착각할 법한 작고 어두운 방이 나타났고, 우리는 그 안으로 들어갔다. 이곳에도 방문객이 따라야 할 의례가 있었다. 의학 아카데미 도서관의 희귀 장서실을 방문할 때마다 했던 것처럼 먼저 서명을 해야 했다. 출입 명부의 나이가 100년도 더 됐지만 말이다.

알렉스는 어니스트 헤밍웨이도 1918년 9월 보로메오 궁전을 방문하기 위해 이 명부에 이름을 남겼다면서, 내가 대단한 사람들과 어깨를 나란히 하게 됐다고 말했다. 알렉스는 출입 기록을 뒤져서 내게 헤밍웨이의 서명을 보여주었다. 믿기 어렵다고 생각 중이었는데, 알고 보니 위대한 문호가 되기 훨씬 전에 벌어진 일이었다. 그가 적십자의 구급차 운전기사로 이탈리아에 파견되었을 시기가, 이곳을 방문한 1918년 초와 맞물린다는 사실을 떠올렸다. 그가 18살이 되던 해였다. 그는 복무한 지 한 달만에 큰 부상을 입어 밀라노에 있는 재활 병원에서 약 6개월간 입원 생활을 했다. 헤밍웨이도 마조레 호수로 당일치기 여행을 왔었을 확률이 높다.

알렉스는 넓은 책상 위에 공간을 만들고 그곳에 커다란 마닐라 폴더를 닮은 큼지막한 화집을 올려놓았다. "자, 여기 있습니다." 그가 말했다. 그러고는 나에게 그 책을 살펴봐도 좋다는 손짓을 했다. "그 그림들인가요? 제가 찾던 그 그림들이요?" 나는 거의 500년은 된 리고리오의 귀중한 그림들이 벽에 액자로 장식되어 있을 거라고 생각했다. 알렉스가 소년처럼 씩 웃으며 말했다. "맞아요. 그 그림들이에요."

리고리오의 삽화 없이 메리쿠리아레의 《체조술》이 살아남거나 다양한 개정판과 번역본을 출간하는 성공 가도를 이어가는 것은 상상하기가 힘들다. 나 또한 삽화가 걸어놓은 마법이 아니었다면 이탈리아에 가지 않았을 것이다. 가령 셰이너 씨가 내게 삽화가 없는 1569년판을 가져다주었다면, 나는 도무지 이해할 수 없는 라틴어가 가득한 페이지들을 후루룩 넘겨 버리고 책을 덮은 후에는, 두 번 다시 쳐다보지 않았을 것이다. 그러나 나는 피로 리고리오가 세상에 알려진 것보다 훨씬 더 큰 역할을 했을지도 모른다고 생각하기 시작했다. 그의 그림은 1573년에 출판된 제2판에서 처음으로 모습을 드러냈지만, 나는 애초에 메리쿠리아레의 마음 밭에 집필의 씨앗(가장 중요한 씨앗이었을 수도 있을)을 심은 장본인이 리고리오였을 거란 예감이 들었다. 메리쿠리아레가 이 프로젝트를 시작한 것에 대한 확실한 이유는 끝끝내 밝혀지지 않았다. 라틴어와 그리스어를 안다는 것 외에는 별다른 동기가 없었다. 메리쿠리아레가 제공한 유일한 단서는 고대 로마 목욕탕과 체육관, 예를 들어 카라칼라 욕장Baths of Caracalla, 디오클레티아누스 욕장Baths of Diocletian 등의 유적지가 그에게 영감을 주었다는 것이다. 하지만 당시 이 욕장들은 오늘날처럼 완벽한 설명문이 갖춰져 있는 관광지가 아니었으며, 대부분은 메리쿠리아레가 로마에 머물던 때 발굴되지 않은 상태였다. 이 유적지들을 제대로 이해하기 위해서는 누군가가 잘 아는 사람이 보여줘야 했을 것이다. 그리고 리고리오보다 그 건물들과 역사에 대해 잘 알면서도, 그들이 지닌 의미에 열정적인 사람은 거의 없었다.

우리는 두 사람이 메리쿠리아레가 로마에 도착한 직후에 만났다는 사실을 알고 있다. 당시 리고리오는 교황 비오 4세Pope

Pius Ⅳ 밑에서 고대 기념물의 관리자 겸 바티칸 궁전의 건축가로 일하고 있었다. 메리쿠리아레와 달리 그는 화가·작가·건축가·고고학자·지도 제작자·골동품 전문가로 다방면에서 활동했던 진정한 르네상스적 교양인이었다. 그는 파르네세가의 사서 풀비오 오르시니Fulvio Orsini와 오노프리오 판비니오와 가까웠는데, 이 둘은 고대 로마의 지도를 복원하는 기념비적인 작업 과정에서 리고리오를 도와준 사람들이었다. 리고리오가 '좋아서 한 일'이라고 표현한 이 작품은 메리쿠리아레를 만나기 전 해에 완성되었다. 이는 역사가 하워드 번스Howard Burns가 말한 것처럼 "20년 이상의 깊이 있는 자료조사와 글쓰기가 한곳에 녹아 있으며, 리고리오가 이 프로젝트를 위해 준비해 온 아주 방대한 고서와 수천 개에 이르는 고대 건물·동전·비문·유물 그림 같은 자료 없이 이 결과물은 탄생할 수 없었을 것"이다. 그는 이미 소규모의 고대 로마 지도들뿐 아니라 디오클레티아누스 욕장Baths of Diocletian, 최초의 전차 경주 및 검투 경기 장소인 키르쿠스 막시무스Circus Maximus를 비롯한 여러 고대 유적지의 판화를 제작한 적이 있었다. 또한 다작 작가인 그는 선례 없는, 아주 독특한 '골동품 백과사전' 집필을 시작했으며, 이 프로젝트는 그가 세상을 떠날 때쯤 30권에 달하는 분량으로 늘어났다(오늘까지도 미완성 및 미출간된 상태다). 전문 의사의 관점은 아니라 할지라도, 스스로 고대 운동의 기술에 관한 책을 쓰는 게 리고리오에게 불가능한 일은 아니었을 것이다. 어쨌든 메리쿠리아레가 그런 책을 만드는 데 바칠 시간이 있었던 반면, 리고리오는 비오 4세 교황을 위한 여름 별궁인 벨베데레 궁전Belvedere Courtyard

을 재설계하고 로마에 교황이 머물 작은 궁전을 설계하는 등 셀 수 없이 많은 건축 작업을 진행하느라 너무도 바빴다. 아마도 그가 받았던 최고의 의뢰는, 건축가 미켈란젤로의 뒤를 이어 1564년 성 바오로 성당St. Peter's Basilica을 완공시키는 일이었을 것이다. 이 프로젝트는 리고리오가 위대한 미켈란젤로와의 경쟁에서 그를 따돌리고 따낸 것으로 알려져 있다. 하지만 머지않아 상황은 리고리오에게 좋지 않은 쪽으로 돌아가기 시작했다.

그 이유가 명확히 알려지지는 않았지만, 그는 절도 혐의(명백히 누명이었다)로 감옥에 수감되었다. (잘 알려진 그의 라이벌 미켈란젤로가 간접적으로나마 이 문제와 연관된 것이 아니냐는 의문이 드는 것도 사실이다.) 리고리오는 파르네세 추기경에게 자신을 대신하여 선처를 호소해 달라고 간곡히 요청했고, 마침내 3주 뒤, 그는 추가로 죄를 뒤집어쓰는 일 없이 감옥에서 풀려났다. 당시 50대 중반이었던 리고리오는 얼마간 더 로마에 머무를 수 있었지만, 미켈란젤로가 성 바오로 성당에서 진행한 한 작업을 공개적으로 비판한 후 더 큰 문제에 휘말려 결국 교황에게 해고되기에 이른다. 먹고살기 위해 그는 자신이 모아둔 달들을 파르네세 추기경에게 팔았지만, 로마에서 기피 대상이 된 것이 분명한 상황이었다. 그러나 추기경이 그를 위해 한 번 더 영향력을 행사했던 것으로 추정된다. 리고리오가 추기경의 조카인 알폰소 2세 데스테 공작성의 '골동품 관리자'로 임명되었기 때문이다. 바티칸 궁전의 건축가이자 가장 촉망받는 예술가라는 지위에서 많이 하락한 상황이었지만, 최소한의 안정적 위치와 일정 수입을 보장받을 수 있었다. 그에겐 먹여 살려야 할 자녀

5명이 있었다. 리고리오는 메리쿠리아레의 저서 초판본이 온즈음 페라라Ferrara(이탈리아 에밀리아로마냐주에 있는 도시—옮긴이)에 있는 공작의 성으로 거처를 옮겼다.

이 무슨 운명의 장난인지! 리고리오는 일자리를 얻은 것만으로도 감사해야 할 처지였지만 메리쿠리아레의 별은 높이 떠오르기 시작했다. 《체조술》의 1판이 성공을 거두자 출판사가 판화의 비용을 지불하기로 약속하면서 개정판 준비를 시작할 수 있게 됐다. 그림을 그려 넣으면 더욱 특별하고 매력적인 책을 만들 수 있다는 것이 출판사의 판단이었다. 메리쿠리아레와 출판사는 이미 의학, 해부학 및 종교에 관한 삽화가 들어간 안내서를 성공적으로 출간한 경력이 있었다. 그림은 책의 판매량을 끌어올리는 데 도움을 줬다. 마침 뛰어난 재능을 가진 그의 옛 동료, 피로 리고리오가 멀지 않은 곳에 살고 있었다.

~

알렉스가 화집을 펼치자 첫 번째 그림이 나타났다. 무척 생소한 그림이었다. 두 남자가 결투하는 모습이었는데, 한 명은 삼지창과 커다란 그물을, 나머지 한 명은 머리 위로 거대한 나무 망치처럼 생긴 무언가를 쥐고 있었다. "누구 한 명은 혼쭐이 날 것 같은데요." 내가 말했다. "검투사들인가요?"

알렉스가 세차게 고개를 끄덕였다. 이 그림은 황소 없는 투우와 물고기 없는 작살 낚시를 결합한 경기로, '그물 든 남자'라는 뜻의 레티아리우스Retiarius를 묘사한 것이었다. 알렉스는 이것이 메리쿠리아레가 《체조술》에서 제외하기로 선택한, 유일한 그림일 것이라고 설명했다. 트리엔트 공의회의 결투 금지 결정에 따라 이 그림은 교회 권위자들의 검열을 불러올 수도 있었기 때문에, 메리쿠리아레 입장에선 현명한 선택이었다. 내게는 리고리오가 이것을 그려야 했다는 점이 흥미로웠다. 이 그림은 325년에 로마의 황제 콘스탄티누스가 검투 경기를 금지하면서 검투사들이 자취를 감추기 시작한 시기를 다룬, 운동의 역사를 보여주는 훌륭한 자료였기 때문이다.

알렉스는 좀 더 좋은 책상과 조명과 환경을 갖추지 못해 미안하다고 사과했지만, 그림을 원하는 만큼 충분히 살펴보아도 좋다고 말해주었다. "원하는 대로 하세요. 이 시간을 마음껏 즐겨야죠." 그가 활기찬 목소리로 말했다. 나는 조심스럽게 그림들을 감상했다. 씨름 선수들, 복서들, 역기를 든 남자들, 줄타기 선수들, 그네를 탄 여성들이 그려져 있었다. 종이는 찢어질 듯 얇았고 누렇게 변색되어 있었지만, 그림의 상태는 훌륭했다. 내게 이런 행운이 찾아왔다는 사실이 믿기지 않았다. "리고리오를 만지고 있는 기분이에요. 메리쿠리아레를 만난 것 같기도 하고요." 내가 속삭였다. "역사를 제 손으로…" "맞아요, 맞아요! 꼬메 세이 디체 컴플리체Come sei dice complice?" 나는 멍한 표정으로 그를 바라봤다. 알렉스가 알맞은 영어 단어를 떠올리려고 노력했다. 그는 답답했는지 "잠깐만요!"라고 외치더니 "컴플리체, 컴플리체"라고 중얼거렸다. "우정이란 뜻인가요?" 내가 추측을 해보았다. "아뇨, 아니에요…. 도둑질할 때 하는 그걸 뭐라 그러죠? 내가 총을 들면, 당신이 제 옆을 지켜주는데, 같이 총을 드는 게 아니라 주변에 같이 있어 주는 거 있잖아요.

그런 사람을…" "망을 봐주는 사람이요? 경찰이 오는지 안 오는지 지켜봐 주는 걸 말하는 건가요?" 이게 리고리오와 메리쿠리아레와 무슨 연관이 있는지, 알렉스와 나에게는 무슨 상관이 있는지 감이 오지 않았다. "아뇨, 아뇨. 저랑 같이 있는 거예요. 내가 누군가를 죽이면 당신은… 날 도와주긴 하지만 옆에서 함께하는… 그런 사람을 뭐라고 부르죠?" "아, 공범이요?" "네, 네, 그거예요! 맞아요! 공범!" 정말 다행이었다. 머리가 터질 지경이었다.

"공모자. 공범 관계죠." 알렉스가 설명했다. "우리가 그런 관계가 되었으면 좋겠어요. 그러면 더 많은 사람이 리고리오와 기록 보관소에 대해 알 수 있잖아요." "좋죠." 내가 말했다. 우리는 악수했다. 그러자 그의 얼굴에 은밀한 미소가 번졌다. "제가 보여드릴 것이 있어요." 알렉스가 말했다. "복서들을 그린 그림이랍니다." 나는 두 남자가 서로의 팔을 위로 쳐들고 싸우고 있는 그림 쪽으로 손을 뻗었다. "아뇨, 그거 말고요. 다른 거예요. 이걸 보세요." 알렉스가 가리킨 그림은, 리고리오가 징이 박힌 가죽 스트랩으로 감싼 두 복서의 손을 확대하여 그린 그림이었다. "이 그림에서 특이한 점을 찾아보시겠어요?"

나는 아무리 봐도 현실적이지 않다고 지적했다. 복서들은 브라스너클과 다르지 않은, 럼 금속이 박힌 스트랩을 착용하지 않는다. 리고리오는 다른 곳에서 그랬듯 이 그림에도 자기만의 자유로운 해석을 담았다. (리고리오는 그림들이 고대의 동전을 기반으로 진짜를 그대로 재현한 것이라 주장했지만, 사실이 아니었다.) 하지만 그것은 알렉스가 염두에 뒀던 부분은 아니었다. 그는 내게 양손의 손가락을 세어보라고 말했다.

“하나, 둘, 셋, 넷, 다섯, 여섯.… 여섯, 일곱?” 엄지손가락은 하나씩 있었지만, 손가락들은 예닐곱 개가 있었고 모두 균형이 맞지 않았다. 나는 내가 가진 《체조술》 사본을 펼쳐 복서의 손을 그린 그림을 찾았다. 리고리오가 그린 선들은 느슨하고 대충 그려진 느낌인 데 비해 목판화로 인쇄된 삽화 속의 선들은 분명하고, 깔끔하며, 잘 정돈되어 있었다. 해부학적 디테일은 무시한 채 리고리오가 빠르게 스케치를 해서 넘기고, 그 미완성본을 받은 판화 기술자가 삽화로 변신시키는 정교한 작업을 거쳐, 최종 완성본을 만들어낸 듯한 느낌이었다. (리고리오의 그림을 목판에 옮긴 다음 인쇄하지 않을 부분을 깎아내고 남은 부분에만 잉크가 묻어 인쇄되는, 양각 작업을 통해 완성되었다.)

이 삽화의 전과 후를 보면서 두 가지 생각이 들었다. 첫째, 리고리오가 얼마나 빠르게 그림을 그렸던 걸까? 아마도 단 몇 분만에 한 장을 완성했을지도 모른다. 둘째, 그림이 갖는 시각적 영향과 대담함, 강한 인상을 표현한 공로는 당시의 관습에 따라 노고를 인정받지 못했던 목판 장인들에게도 동등하게 돌아가야 하지 않을까? “어떻게 이런 실수를 할 수 있었을까요?” 알렉스가 질문했다. “천성이 꼼꼼한 사람이 아니라 그랬을 거예요.” 내가 대답했다. 리고리오는 성격이 급하고, 끊임없이 여러 작업을 저글링하듯 해치우면서, 가족들과 먹고살기 위해 노력했던 사람이었다. 하지만 적어도 페라라는 그에게 안정적인 장소가 되어 주었다. 메리쿠리아레에게 부탁받은 그림 작업을 마치고 10년 뒤, 리고리오는 페라라에서 70세의 나이로 그의 아내와 자녀들을 무일푼 신세로 남겨둔 채 생을 마감한다. 그 사이에도 그는 현재까지 남아 있는 중요한 작업을 완수했다. 끔찍한 지진으로 인해 기존 건물 대부분이 파괴된 공작성의 천장 프레스코화를 그때 완성했다. 나는 메리쿠리아레의 《체조술》 속 삽화들을 바탕으로 이 프레스코화를 그렸거나, 반대로 이 프레스코화를 기반으로 책의 삽화를 그렸을 거라는 이야기를 들은 적이 있었다. 어느 쪽이 먼저였는지는 확실히 알려지지 않았다.

알렉스는 공작성에 한 번도 가본 적이 없다면서 내게 방문해 볼 것을 강력히 권유했다. 리고리오의 프레스코화 말고도 거기 갈 이유는 많은 듯했다. "페라라에 간다면 육즙 가득한 고기와 볼로네제를 맛보지 않을 수 없죠." 그가 아쉽다는 듯이 말했다. "제가 얼마나 음식에 진심인지 알고 나시면 깜짝 놀랄 거예요." 내가 웃었다. "그러고 보니 배가 고프네요. 뭔가 먹으러 가요. 점심은 제가 사도 될까요?" "체르타민트Certamente(물론이죠)." 리고리오의 그림을 지키는 수호자가 대답했다.

12

모두가 운동해야 한다는 견해에 반하여

최소 하루에 2시간은 운동에 할애해야 한다.
이때 날씨는 크게 신경 쓸 필요가 없다. 몸이 약하면, 마음이 강해질 수 없다.

_토마스 제퍼슨

‹Self-Portrait with Cigarette›, Edvard Munch, 1895

이탈리아에 도착한 지 사흘이나 되었지만 그 사이에 운동하는 사람을 딱 한 명밖에 보지 못했다. 내가 밀라노에서 파도바에 도착한 날 밤, 한 청년이 돌을 박아 닦아놓은 오래된 길을 따라 조깅을 하고 있었다. (NYU라고 적힌 티셔츠와 결의에 찬 표정으로 봐서 아마도 미국 사람이었을 확률이 높다.) 주변을 돌아다니다 한 체육관을 찾아냈지만 내부는 텅 비어 있었다. 그 대신 키스를 나누는 젊은 커플과 한곳에 모여 담배 피우는 남자들, 웃고 떠드는 학생 무리와 자전거를 탄 수십 명의 사람을 볼 수 있었다. 자전거는 이들의 주요 교통수단인 것 같았다. 세속을 벗어난 이 작은 도시에서는 자동차를 보는 일이 드물었다. 은은히 내리는 가랑비 소리 외에는 부드럽게 돌아가는 자전거 바퀴 소리만이 가득했고, 자전거 통근자들은 오른손으로 핸들을 잡고, 나머지 손으로는 매우 능숙한 모습으로 우산을 받치고 있었다. 마치 바로 그 용도를 위해 왼손이 생겨나기라도 한 것처럼 말이다.

자연스럽게 메리쿠리아레가 자전거를 보면 뭐라고 할지 궁금해졌다! (레오나르도 다 빈치가 자전거를 설계했다는 주장은 사실이 아닌 것으로 밝혀졌다. 자전거가 발명된 시기는 19세기 이후다.) 메리쿠리아레는 자전거를 마음에 들어했을 것이고, 그 이유도 자전거로 유산소 운동이나 하체 운동을 할 수 있어서만은 아니었을 것이다. 체액을 순환시킬 수 있는 이런 천재적인 방법이 존재하다니, 라고 생각하지 않았을까.

동시에 메리쿠리아레는 열심히, 꾸준히, 공개적으로 운동하는 사람들이 적다는 사실에 실망하지 않았을 것이다. 그는 이 문제에 관해서 '할 수 있다'는 것이 '해야 한다'는 뜻은 아니라는 매우 단호한 태도를 취했는데, 이는 표면적으로는 이해할 수 없는 모순이다. 메리쿠리아레는 자신의 책에서 한 챕터를 할애하여 이 주제를 상세히 다루었는데, 모든 사람이 운동해야 한다고 생각하는 이들에게 "제정신이 아닌 게 틀림없다!"고 말한다. 그는 어떤 사람들은 "신체 운동으로 인해 상당한 피해를 입을 수 있"다고 말하면서, 몸이 약한 자들과 병든 자들, '기력이 없는' 자들, 노인들을 예로 들었다. 그 외에는 선천적으로 '열과 수분이 많은' 체질을 가진 사람들처럼 운동에 '적합하지' 않은 자도 있다고 설명했다. 땀을 내는 일은 이들의 체액 균형을 깨뜨릴 수 있기 때문이다. 또 다른 범주의 사람들, 즉 운동하는 일이 자신의 지위에 맞지 않기 때문에 절대 하지 않을 것 같은 사람들에 대한 말은 따로 언급하지 않았다. 르네상스 시대에 운동은 건강보다 노동, 특히 육체노동과 연관되어 귀족·지주 계층·부유한 상인 계층 등의 사람들과는 상관없는 일처럼 여겨졌다. (역설적이지만 이들이야말로 메리쿠리아레의 책을 살 여유가 있는 사람들이었다.)

메리쿠리아레의 시대와 달리, 사실상 현대에는 실제로 땀을 내는 운동이 주는 이점에 관해 모르는 사람이 없을 정도다.

요즘은 운동이 신체 및 정신 건강에 주는 종합적인 이점이 잘 기록되어 있을 뿐 아니라 널리 알려져, 운동의 이점에 반박할 수 있는 사람은 거의 없다. 작가 마크 그리프Mark Grief가 2004년에 쓴 에세이 《운동에 대한 반박*Against Exercise*》이나, 철학자 제니퍼 마이클 헥트Jennifer Michael Hecht가 2007년에 발표한 《행복 신화*The Happiness Myth*》에서 한 것처럼 반대론을 주장해 볼 수는 있다. 그리프의 경우 책을 두 번 이상 읽었을 때 조롱의 뉘앙스가 더욱 강해지는 걸 느낄 수 있었는데, 그는 거울과 화려한 기구들이 가득한 현대 체육관을 겨냥해 '일사불란하게 정돈된 자기 위안의 공간'이라고 비유했다. 동시에 그는 러너들처럼 공공장소에서 운동하는 사람들에 대해서도 인정사정없는 (그리고 조롱 가득한) 야유를 날렸다. 예로 그는 "달리는 사람의 속도와 도를 넘은 자아도취로 인해 평범하게 걷고, 사고하고, 이야기를 나누는 일상의 공간이 변질되고 있다. 그들은 한가하게 몽상에 잠긴 사람의 평화를 깨고 대화를 나누며 걷는 보행자들 사이를 부산하게 달린다. 자기가 흘린 땀을 남에게 흩뿌리면서 사교 능력과 고독의 순간을 정면으로 거부하고 있다."

헥트의 접근 방식은 이보다 덜 오만하고 개인에 대한 공격의 느낌 또한 덜하다. 그는 과학적이고 역사적인 근거를 제시하면서 운동이 그렇게까지 추앙받을 만한 것은 아니라고 증명하려 한다. 그녀는 "사실 인류의 역사라는 맥락에서 볼 때, 잘 사는 것에 아주 많은 신체적 운동이 포함된다는 생각 자체가 기괴한 것"이라고 주장했다. 그녀는 계속해서 수많은 반박 의견을 내면서 에스컬레이터와 천국의 계단 기구, 엘리베이터와 스텝 클래스(스텝 박스를 이용한 에어로빅의 일종—옮긴이)를 모두 발명한 문화의 모순적 의미를 설파한다. 여기에 더해, "우리는 일을 할 때 동료가 깔끔한 모습을 하고 있기를, 일과를 마쳤을 때도 그 모습을 유지하고 있기를 바란다. 하지만 동시에 체육관에서는 땀에 흠뻑 젖은, 별도의 옷을 갖춰 입기를 원한다. 참으로 앞뒤가 맞지 않는다."

정말 앞뒤가 맞지 않는다. 도발을 하고 싶었던 건지, 똑똑하거나 당돌해 보이고 싶었던 건지, 아니면 단순히 반대를 위한 반대를 하고 싶었던 건지는 알 수 없다. 하지만 내게는 두 사람 모두 운동에 반하는 말을 만들기 위하여 너무 애를 쓴다는 느낌이 든다. 운동이 누군가의 말처럼 만병 통치약이라거나, 모든 종류의 운동이 건강하다거나, 운동을 많이 하는 것이 언제나 옳다고 말하는 것은 아니다. 실제로 사람들이 꼽는 운동의 주요 목적(체중 감량)에, 생각보다 별다른 효과를 거두지 못한다는 사실이 밝혀졌다. 체중은 칼로리를 소모하기보다 섭취량을 과감하게 줄여야 감소할 확률이 높다. 체육관에서 러닝머신 위를 20분 달리면 300칼로리가 소모되는데, 이는 아이스크림 컵 하나 정도의 열량밖에 되지 않는다.

사실 아주 다양한 이유로 운동을 싫어하고, 혐오하고, 질색하고, 다시는 하지 않겠다 결심했대도, 적어도 몇 가지 면에서는 운동이 유익하다는 사실을 부정할 필요는 없다. 내게 메리쿠리아레의 도시 파도바Padua를 안내하기로 한 젊은 의학 역사가 실비아 페레토Silvia Ferretto를 처음 만난 날, 내 연구 주제를 들은 그녀는 무시하는 듯한 느낌이 들 정도로 심드렁한 표정을 지어 보였다. 그는 본인이라면 운동보다 담배를 선택하겠다고 말하면서, 골루아즈(프랑스의 궐련 담배 상표의 하나—옮긴이)에 불을 붙였다.

~

페레토 박사는 자전거가 아닌 두 발을 이용해 파도바 중심지를 구석구석 보여주었다. 여기에는 몇 번의 담배 휴식도 포함됐다. 우리는 내가 고용한 통역사 알베르토와 함께(페레토 박사는 영어를 할 줄 몰랐다) 메리쿠리아레가 약 500년 전 이곳에 살며 걸었던 돌을 박아 닦은 길 위를 함께 걸었다. 파도바는 메리쿠리아레가 이곳을 얼마나 사랑했을지 알 수 있을 정도로 매력적인 도시였다. 궁금했다. 어째서 메리쿠리아레는 자신이 이룬 모든 것을 뒤로하고 로마를 떠났던 걸까?

그는 로마에서 꽤 화려한 삶을 살았던 것으로 보인다. 메리쿠리아레는 하인들이 있는 궁전에 거주하면서 당시 막강한 권력을 자랑했으며, 부유했고, 대중의 사랑을 받는 인물들의 주치의로 일했다. 메리쿠리아레는 마차를 타고 도시 외곽에 있는 파르네세가의 호화로운 휴가용 저택을 방문하고, 교황의 명이나 개인적인 이유로 이탈리아 전역을 여행했다. 그는 세계적으로 유명한 여러 도서관에도 자유롭게 드나들 수 있었고, 심지어 '로마의 시민Citizen of Rome'이라는 명칭까지 얻었는데, 이를 보면 그의 위상이 얼마나 드높았는지 짐작할 수 있다. 이는 도시의 열쇠를 수여받는 것과 비슷한, 명예로운 일이었다.

어쩌면 그의 삶은 되돌아봤을 때에만 화려해 보이는 것인지도 모른다. 로마를 떠날 때 메리쿠리아레의 나이는 39세로 여전히 미혼이었다. 그는 추기경의 관저인 팔라초 델라 칸첼레리아Cancelleria에서 머물렀는데, 이곳은 여성의 출입을 금지하고 남자의 독신을 요구한 곳이었다. 어쩌면 메리쿠리아레는 정착을 하고 싶었던 것일지도 모른다. (아니나 다를까, 진짜였다. 2년 뒤인 1571년, 메리쿠리아레는 프란체스카 디 바르톨로메오 비치Francesca di Bartolomeo Bici와 결혼해 두 아들과 세 딸을 낳았다.)

어쩌면 학생을 가르치는 일을 하고 싶었을 수도 있다. 교실에서 고대 조상들의 지혜와 그가 《체조술》의 자료 조사를 위해 수많은 책을 읽으며 얻은 방대한 지식을 전해주고 싶었을지도 모른다. 그리고 어쩌면 메리쿠리아레도 위험한 분위기를 느끼고 로마 교황청에서 강제로 퇴출당하기 전에 현명하게 판단을 내려 미리 빠져나온 걸지도 모른다. 페라라로 쫓겨난 리고리오처럼 말이다. 역사가 리차드 팔머Richard Palmer는 이렇게 말했다. "교황청에게 잘 보이기 위한 궁정인 사이의 경쟁이 아첨과 질투, 중상모략, 적의, 다툼을 낳았으며, 그 끝에 펼쳐진 것은 무너진 희망이었다." 또한 그 상황에서 누군가는 권력가들의 장기말로 사용되고 있다는 기분을 지우기 어려웠을 것이다. 메리쿠리아레가 로마에서 지내던 시절에 쓴 편지 중 현재 남아 있는 것들을 살펴보면, 그의 상사인 파르네세 추기경이 자기가 빚을 진 사람이나 혜택을 주고 싶은 사람에게 메리쿠리아레의 의학적 지식을 제공하는 식으로 그를 착취했음을 암시하는 부분이 있다.

한 가지는 확실하다. 《체조술》의 출판은 호평을 받았으며,

이는 메리쿠리아레가 파도바 대학교University of Padua에서 매력적인 고용 제안을 받는 데 중요한 역할을 했다는 것. 그는 1569년 여름 로마를 떠나 같은 해 10월 6일, 임상 의학 학장으로서의 공식 업무를 시작한다. 그리고 한 달 뒤 그는 첫 번째 강의를 시작했고, 결국 그는 18년 동안 그 자리에 머물렀다.

기록에 따르면 메리쿠리아레와 대학교의 계약은 6년 뒤 갱신되었으며, 연봉도 매년 600플로린에서 900플로린을 받는 것으로 인상되었다. 그러나 얼마 뒤, 그의 명성에 금을 긋는 불행한 사건이 발생했다. 1575년 8월, 거리가 40km도 되지 않는 도시 베니스에서 선페스트(흑사병의 종류 중 하나—옮긴이)가 발병한 것이다.

메리쿠리아레는 이 병의 확산을 억제할 방법을 찾기 위한 자리에 소환됐다. 그리고 여기서 문제가 발생했다. 그가 환자들을 격리시키지 않아도 된다는, 현명하지 못한 처방을 내린 것이다. 격리 조치를 시작하면 대중이 공포에 빠져들 것이라고 생각한 듯하다. 애석하게도 전염병은 빠르게 퍼져 베네치아의 사망자수는 5만 명으로(인구 18만 명 중), 파도바의 사망자 수는 약 1만 3천 명으로 치솟았다. 죄목을 뒤집어쓰지는 않았지만 메리쿠리아레와 다른 관료들은 이 끔찍한 상황에 대한 책망을 피할 수 없었다. 이후 메리쿠리아레는 전염병에 대해 다룬 책이자 오늘날 우리 사회와 관련이 깊은 책 《역병*On Pestilence*》을 통해 자신의 실수를 인정하고, 독자에게 경각심을 높여주기 위한 목적으로 당시의 이야기를 기록했다.

~

도보 투어 중, 우리는 파도바 대학교에 들러 유명한 해부학극장(해부학 수업을 하던 원형 극장—옮긴이)을 방문했다. 16세기 양식으로 재건된 이곳에는 메리쿠리아레가 강의실에서 사용했을 법한 500년 된 교탁이 있었다. 또 세계에서 가장 오래된 연구용 식물원이자 메리쿠리아레가 의료용 약초를 기르고 학생들에게 《약물학*Materia medica*》을 가르쳤던 파도바 식물원Orto Botanico을 구경했다.

하지만 내게 가장 강렬한 인상을 남긴 것은 파도바 대학교 도서관이었다. 건물 자체는 특별하지 않았다. 행정 사무소의 모습은 미국의 차량국DMV, Department of motor vehicle을 떠올리게 했다. 그러나 결코 지나칠 수 없는 역사의 기운이 느껴졌다. 21세기와 거리가 먼 이곳은 여전히 카드식 목록을 사용하고 있었다. 나는 그 목록들을 넘겨보는 것이 좋았다. 책보다 두꺼운 카드 뭉치를 만질 때 느껴지는, 그 무엇과 비교할 수 없는 특유의 촉감이 좋았다.

나는 알파벳 M 목록에서 메리쿠리아레의 서적 카드 24장을 발견했고 그중에서 《체조술》의 초판본과 18세기판, 소아 의학을 다룬 책 3권을 골라냈다. 전부 다른 곳에서는 본 적 없는 것들이었다. 페레토 박사가 이 희귀 서적의 접근 허가권을 따내기 위해 즉석 회담을 진행했다(원래 이 절차에는 일주일 정도가 소요된다). 사서는 매서운 눈빛으로 거절했지만(그럴 수밖에 없는 것이, 쉽게 규칙을 어길 수 없다는 인상을 주어야 하기 때문이다), 이후 예측대로 노여움을 풀었다. 책을 꺼내오려면 30분 정도 걸릴 것이라고 했다.

그동안 실비아와 알베르토와 나는 계단을 올라 책이 빼곡히 꽂힌 벽을 따라 보행자용 통로로 갔다. 먼지가 수북이 쌓인 16세기의 학생 명부에서 나는 메리쿠리아레가 가르쳤던 학생들에 대한 기록을 발견했다. 그가 성가신 행정 업무도 처리해야 했던 임상 의학 학장을 맡았을 당시의 기록이었다. 메리쿠리아레는 파도바에서 공부하기 위해 북유럽의 각 지역에서 모인 학생 단체인 '나티오 게르마니카 아티스타룸natio germanica artistarum'의 '보호자(실질적으로는 대변인)' 역할을 해야 했다.

그러나 한때 메리쿠리아레의 뛰어난 외교 기술이 시험대에 올랐다. 파도바 주교가 대부분이 개신교도였던 이 협회의 학생들도 반드시 가톨릭의 종교 의식을 따라야 한다고 선언하자, 학생들이 분노하며 항의한 것이다. 학생들은 이것이 차별이라고 주장하면서 메리쿠리아레를 맹렬히 비난하고, 그의 수업을 보이콧하고, 베니스 당국에 도움을 청했다. 내 생각엔 메리쿠리아레도 교파주의가 심한 분위기 속에서 주교의 규칙을 따르는 것 외에는 별다른 선택권이 없었을 듯하다. 이후 다행히 문제가 어느 정도 해결되었고, 그로 인해 메리쿠리아레는 크게 안도했을 것 같다. 메리쿠리아레는 자신의 평판을 걸고 무슨 일을 할 사람이 아니었다. 이탈리아 밖에 있는 학생들과 의사들에게서 발생하는 책 판매 수익이, 그의 평판에 달려 있었기 때문이다.

탁상용 벨이 울렸다. 우리가 요청한 책들, 즉 특별한 손님들께서 도서관용 소형 승강기를 타고 도착했음을 알려주는 신호였다. 우리는 재빨리 1층으로 내려갔다. 내가 별다른 생각 없이 책더미로 다가가자 사서가 온몸으로 가로막으며 이탈리아어로 속사포로 이야기했다. 알베르토가 내게 통역 내용을 속삭여 주었다. "책을 떨어뜨리면 죽음이래요." 나는 용서를 구하며 뒤로 물러섰다. 사서가 넓은 책상에 신청한 책들을 올려놓았고, 우리 셋은 그 주변으로 모여들었다. 이제, 처음으로, 내가 통역가가 될 차례였다. 실비아와 알베르토 모두 이날 아침까지 지롤라모 메리쿠리아레에 대해 단 한 번도 들어본 적이 없었기 때문이다.

열람을 신청한 세 권 모두 흠을 찾아볼 수 없을 정도로 완벽하게 보존되어 있었다. 1569년에 나온 《체조술》의 초판본을 보게 되다니 감개무량했다. 작은 크기의 초판본 안에는 파르네세 추기경을 향한 헌정사와 조심스럽게 접힌 단 한 점의 삽화가 들어 있었는데, 비트루비우스의 체육관 건축 설계도를 커다랗게 찍어낸 목판화였다. 정확한 인쇄 부수는 알려져 있지 않지만, 누턴 박사는 초판본이 500권에서 1000권 정도 발간되었을 거라 추측했다.

내가 《체조술》를 살펴보는 동안, 페레토 박사는 암스테르담에서 출간된 18세기판의 책장들을 조심스럽게 넘겨보고 있었다. 초판본보다는 크기가 훨씬 커서 가로 45cm, 세로 60cm 정도 되어 보였고, 아름답고 두툼한 종이와 리고리오가 완성한 삽화보다 훨씬 더 정교하고 화려한 그림들로 구성되어 있었다. 후기 르네상스에 나온 소박한 1569년판에 비해 모든 것이 살짝 과장된 느낌을 주는 로코코 양식으로 완성되어 있어, 18세기에 만들어진 것임을 확실히 느낄 수 있었다.

페레토 박사가 라틴어로 쓰인 《체조술》의 몇몇 챕터 제목들을 번역해 속삭이는 목소리로 읽어 주었다. "'운동은 언제 해야 하는가', '어느 정도 운동을 해야 하는가', '달리기의 본질', '모두가 운동을 해야 한다는 견해에 대한 반박.'" 그는 이것이 진짜로, 진짜로 500년 전에 쓰인 책이 맞는지 믿을 수 없다는 듯 고개를 내저었다. 페레토 박사의 눈앞에 있는 사람이 내가 아닌 메리쿠리아레라면, 박사의 마음을 바꿔 그를 운동하게 만들 수 있었을까? 나 외에 다른 누군가가 이 책에 반응하는 것을 보는 건 무척 만족스러운 경험이었다.

우리는 도서관을 나온 뒤 작별 인사를 하고 각자의 길을 향해 떠났다. 나는 시뇨리 광장 근처의 바에서 피자를 맛보기로 했다. 먼저 맥주를 마시고 있는데 한 젊은 이탈리아 남자가 바텐더에게 다가와 주문을 했다. 그는 자기 주머니에 있던 동전을 탈탈 털더니, 돈이 모자랐는지 자기 지갑 속 신분증 밑에 깊숙이 잠들어 있던 유로 지폐를 꺼냈다. 정말로 마지막으로 남은 비상금인 것 같았다.

누가 봐도 학생이군, 나는 속으로 생각했다. 얼마 지나지 않아 20명 정도 되는 다른 학생 무리가 합류했다. 그들의 열정적인 얼굴을 보니 열심히 스승님의 뒤를 좇아 모든 강의 내용을 받아적고, 그것을 모아 《육체를 아름답게 꾸미는 일에 대하여》와 같은 책을 펴냈던 메리쿠리아레의 제자들이 떠올랐다. 하지만 10분이 채 안 되어 학생들이 바깥으로 담배를 피러 나갔고 바 내부는 텅 비워졌다. 미국에서처럼 길거리에 나가 한두 명만 피고 들어오는 게 아니라 모두 다 같이 몰려나가 행복하게 웃고 토론을 하며 연기를 뿜어대고 있었다. 그 분위기가 어찌나 즐거워 보이던지, 나도 그 속에 끼고 싶다는 생각이 들었다.

13
후식의 원칙

신체 훈련으로 말하자면, 우리는 그것이 지혜의 한 형태라고 단언하는 바이다.

_필로스트라투스

‹Parisina's Sleep - Study for Head of Parisina›, Ford Madox Brown, 1821-1893

학생들이 모여 있는 익숙한 거리 풍경이다. 하지만 여기는 햇빛을 받아 찬란한 색으로 빛나는 파도바가 아니라 2011년 10월 말의 쌀쌀하고 비오는 맨해튼 미드타운의 거리다. 이탈리아 대학생들 대신 수상할 정도로 건장해 보이는 25명의 젊은이들과 나로 이루어진 무리가 그냥 자리에 서서 뭔가를 기다리는 중이다. 담배를 피우는 사람은 아무도 없다.

이 건물이 토요일 날 문을 닫으리라 예상은 했었다. 주중에만 개장하는 체육관이 아닌가. 하지만 문이 잠겨 있고, 그 문을 열어달라고 연락할 곳이 없다는 사실은 뭔가 실수가 있었다는 뜻이었다. 그리고 트렌치코트를 입은 건전한 인상의 강사도 모여 있는 작은 군중에게 그 사실을 확인해 줬다. 그는 아무 말도 하지 않았지만 분노 섞인 표정을 전혀 감추지 못했다. 눈에서 불이 번뜩이고 턱에 꽉 힘이 들어간 그의 얼굴은 자기 교회에 들어가지 못하게 된 목사를 연상시켰다.

20여 분이 지난 후 마침내 체육관 직원이 나타나서 늦잠을 자버렸다고 사과하면서 문을 열고 우리를 들어가게 해줬다. 코트를 걸고, 우산이 마르도록 펴놓은 뒤 우리는 모두 에어로빅 스튜디오에 차례로 들어갔다. 지난밤의 땀 냄새가 훅, 하고 코를 질렀다. 접히는 의자들과 프로젝션 스크린이 설치되어 있었다. 불이 꺼지고, 스크린에 첫 화면이 올라오자 나는 기시감을 느꼈다. "인체 해부학: 인체의 구조를 다루는 과학". 거의 전생처럼 느껴지는 오래전 언젠가, 나는 1년에 걸쳐 인체 해부학 강의를 수강한 적이 있다. 《해부학자*The Anatomist*》를 집필하는 데 필요한 조사 작업의 일환이었다. 샌프란시스코에 있는 잘 알려진 대학의 대형 강의실에서 진행된 그 강의의 수강생들은, 의사가 되기 위해 공부하는 학생들이었다. 텅 빈 뉴욕 체육관에 모인 우리는 의학과 관련이 있지만, 사회적 명성은 덜한 직업인 퍼스널 피트니스 트레이너 공인 자격증을 얻기 위한 과정을 밟고 있었다.

나는 피트니스 트레이너로 일할 계획은 없었지만 트레이너가 되기 위해 배워야 하는 것이 무엇인지를 알고 싶었다. 운동과 해부학, 운동 요법에 관한 내 지식의 범주를 넓히고 싶기도 했다. 방에 앉은 다른 사람들은 모두 새로운 커리어를 시작하겠다는 결의가 굳은 듯했다. 무용수, 배우, 전직 기수. 그리고 더 이상 음식을 나르고 바에서 일하고 싶지 않은 웨이트리스와 바텐더들이었다. 그날부터 8주간 우리는 매주 토요일과 일요일, 오전 9시부터 오후 5시까지 수업을 들었다. 총 120시간이 넘는 강의를 이수해야 하는 과정이었다.

강사는 자신을 소개한 다음 강의를 시작했다. 우리가 화면에서 처음 본 것은 400여 년 전 베살리우스의《사람 몸 구조에 관하여》에 나오는 그림과 많이 다르지 않았다.《사람 몸 구조에 관하여》에 실린 해부도는 피부 바로 아래에 있는 근육의 맨 위층을 보여주기 위해 피부를 제거하고 글자 그대로 '근육맨'을 그린 것이다. 인체의 주 근육을 외우는 것은 물론, 더 중요하게는 그 근육들의 역할·위치·기능에 대한 내용이 우리가 앞으로 배울 내용의 기초가 될 것이다. 중량을 들어 올리고, 점프·스쾃·런지를 하고, 몸을 과시하는 일 등등 우리가 다양한 동작을 할 때 어느 근육이 돕는지를 아는 것은 중요하다. 하지만 몸이 허물어지고, 꺾이고, 쓰러지는 일 등이 벌어지지 않게 하기 위해 근육이 해내는 역할을 이해하는 것도 그에 못지않게 중요했다. 예를 들어 허리뼈(요추)는 흉곽과 골반 사이를 지탱하는 유일한 골격이기 때문에, 이 부위를 지탱하는 대부분의 힘은 복벽을 구성하는 근육에서 나온다. 몸의 앞쪽과 옆구리에 세 겹으로 자리 잡은 복근은 꼭 잠긴 타퍼웨어Tupperware 뚜껑처럼 소화기의 주요 장기를 제자리에 보존할 뿐 아니라 우리가 똑바로 설 수 있도록 돕기도 한다.

운동할 때 주로 가장 크게 주목과 인정을 받는 것은 근육이지만, 사실 운동의 정수인 움직임은 관절에서 일어난다. 관절에는 절구공이 관절, 경첩 관절, 관상 관절, 회전 관절, 활강 관절, 안장 관절 등 여섯 종류가 있다. 관절의 움직임은 그것이 벌어지는 공간에 따라 형태가 달라지는데 전두면(좌우), 시상면(굴곡과 신전), 수평면(비틀기와 회전)으로 분류한다. 이 운동 면은 물론 눈에 보이는 것이 아니기에 머릿속으로 그려야 하지만, 한번 이 개념을 의식하고 나면 몸·움직임·운동을 바라보는 시각이 달라질 것이다. 운동할 때 단순히 여러 신체 부위를 단련하는 데 그치지 않고 위 세 가지 운동을 골고루 섞어주는 것이 이상적이다. 따라서 가슴 운동을 하는 날이라도 체스트 프레스, 팔굽혀펴기 등의 수평면 운동만 하지 말고 다양한 면과 방향의 움직임을 혼합해서 몸이 대칭적으로 발달하도록 역동성을 만들어내는 것이 좋다. 그렇게 하면 관절에도 무리가 덜 간다.

해부학 실험실에서 우리는 인간의 몸을 해부했지만, 체육관에서 열린 그 강좌의 첫 수업에서는 인간의 움직임을 해부하라는 임무가 주어졌다. 슬라이드 화면을 보고 질의 응답을 끝낸 다음 강사는 우리를 몇 개의 작은 그룹으로 나누었다. 그는 조별로 특정 운동을 주고 그 운동을 해부학적으로 분석하라고 시켰다. 우리는 런지·벤치 프레스·턱걸이·바이셉스 컬 등등의 운동을 분석한 다음 수강생 전원 앞에서 결과를 발표해야 했다. 어떤 조는 중량 운동·자전거 타기·달리기에 필요한 움직임을 분석하기 위해 체육관으로 들어갔다. 우리 조에게는 보기에 따라 너무도 단순하다고 착각하기 쉬운 동작인 스탠딩스쾃의 역학을 분석하라는 임무가 주어졌다.

~

첫날 수업을 마친 나와 동료 수강생들은 다음날 아침 다시 모이기 전까지 읽어야 할 엄청난 양의 자료뿐 아니라 신체 움직임이 얼마나 복합적인지를 절감하는 마음을 안고 체육관을 떠났다. 교과서로는 힘과 신체 단련에 대한 550페이지짜리 매뉴얼과, 이 코스를 위해 특별히 고안된 워크북이 주어졌다. 운동과학이라는 영역 자체와 마찬가지로 이런 문헌들의 발간이 최근에 벌어진 현상이라 생각하는 사람이 많겠지만 사실은 그렇지 않다. 2천여 년 전, 저명한 교육자이자 철학자 필로스트라투스는 신체 단련 부문의 최초의 저작이라고 여겨지는 책을 썼다. '체조와 관하여'라는 의미의 《김나스티쿠스*Gymnasticus*》라는 제목의 책이었다. 이 책은 메리쿠리아레의 책과는 여러 면에서 달랐다. 필로스트라투스는 의사가 아니었고, 따라서 그가 쓴 책도 의학적 문헌이 아니었다. 또한 책의 주제도 달라서 《김나스티쿠스》는 일반인들에게도 적용할 수 있는 다양한 운동의 장단점을 다루기 보다는 운동 선수들을 위한 훈련법에 초점을 맞췄다.

《김나스티쿠스》는 저자가 약 50세 정도 되었을 무렵인 220년부터 230년 사이에 집필되었을 확률이 높다. 당시는 헬레니즘 문화의 황금기가 한참 지난 뒤였고, 그리스는 로마 제국의 지배를 받고 있었다. 고대 올림픽 경기와 같은 운동 축제나 경기는 계속되었고, 신체 단련 문화와 목욕 문화 아테네와 로마로부터 이어져 왔다. 하지만 이를 대하는 태도는 변화하고 있었다. 기독교가 주류 세력이 되면서 '운동하는 문화'가 종적을 감추기까지 얼마 남지 않은 시기였다. 이러한 시대적 배경은 필로스트라투스의 글을 이해하는 데 핵심적인 요소다. 그가 글을 쓴 이유가 부분적으로 고대 그리스의 신체 단련 기술을 방어하기 위해서였기 때문이다.

하지만 거기서 그치지 않았다. 글쎄, 어떻게 표현해야 할지 애매하지만 더 강한 주장을 담았다고 하는 것이 옳겠다. 필로스트라투스의 글은 바로 이전 시대에 큰 영향력을 끼쳤던 의학자 갈레누스(그는 약 210년에 사망했다)의 이론에 대한 강한 반박이 담겨 있다. 갈레누스는 선수들을 훈련시키는 트레이너들에게 가차 없이 비판을 가했던 것으로 유명하다. 당시에는 두 종류의 트레이너들이 활동하고 있었다. 그중 하나는 '파이도트리브paidotribe'로 개인 혹은 운동선수들을 위한 트레이너였고, 또 다른 하나는 '김나스트gymnast'로 운동·식사·마사지 등에 관해 조언하는 전문가였다. '러브 고전 라이브러리 시리즈Loeb Classical Library'의 일환으로 필로스트라투스의 문헌을 번역한 제이슨 쾨니히Jason Konig는 다음과 같이 설명한다. "갈레누스는… 트레이너들이야말로 의학적 무능력을 전문가라는 가면으로 가리고 활동하는 극단적인 예라고 생각했다." 그는 돌팔이들로부터 자신의 영역을 방어하려 했다. 그는 트레이너들이 "가지고 있지도 않은 의료 지식을 가진 척 주장하면서 전문 의료 영역을 침해하고, 그 과정에서 고객의 몸에 엄청난 손상을 가져오는" 위협적인 존재라고 생각했다. 이런 주장을 펼치면서 갈레누스는 히포크라테스, 플라톤과 같은 철학자들을 자기 진영으로 끌어들였다. 반면 필로스트라투스의 의견은 완전히 달랐다.

지금의 우리에겐 그다지 큰 문제가 아닌 듯 보일지 모르지만, 필로스트라투스가 시도한 논쟁은 작은 사건이 아니었다. 트레이너들의 활동을 변호한다는 것은 의학과 철학의 아버지들에게 반기를 드는 정도까지는 아니더라도 동의하지 않겠다는 의미였다. 그러나 필로스트라투스는 그런 논쟁에 발을 들이는 데 전혀 두려움이 없었던 듯하다. 그가 왜 그렇게 행동했는지는 명확하지 않다. 본인이 트레이너도 아니었고, 운동선수였거나 운동을 아주 열심히 했다는 기록도 없다. 그보다는 명예와 전통을 지켜내고 싶었다는 것, 이 주제가 자신이 몰두해서 연구할 수 있을 만한 분야라고 생각한 것 등이 주된 이유인 듯하다. "나는… 내가 아는 모든 지식을 트레이너들과 그들이 다루는 주제에 집중하고, 자연을 방어하겠다는… 결심을 했다…. 이는 당대 운동선수들의 능력이 과거에 비해 열등하기에 매우 중요해졌다." 그는 변화한 것은 선수들이 아니라 선수들의 신체 훈련 방법이라고 설명한다. "건강한 훈련과 격렬한 운동의 부재는 자연의 힘을 앗아갔다."

필로스트라투스는 책의 서두에서부터 강펀치를 날린다. 그는 갈레누스와 플라톤의 말을 인용해서 자신의 주장을 뒷받침한다. "신체 훈련으로 말하자면, 우리는 그것이 지혜의 한 형태라고 단언하는 바이다. 신체 훈련은 (시나 음악과 같은) 다른 기술에 비해 전혀 열등하지 않은 분야이고, 이는 훈련하려는 이들을 위해 논문 형태로 요약이 가능하다는 의미이기도 하다." 그러나 그도 심각한 의학적 문제는 거기에 맞는 훈련을 받은 의사들이 전담해야 한다는 점에서, 갈레누스의 의견에 동의한다. "골절되거나 살을 베이거나 시력이 흐려지거나 팔다리가 잘못되었을 경우에는 의사에게 가야 한다. 트레이너들은 그런 종류의 문제를 해결할 기술이 없다."

약 1만 단어 정도 길이의 문헌에서 필로스트라투스는 뛰어난 트레이너가 갖춰야 할 자질에 관해 잠시 언급한다. 첨언하자면 그는 남성만 그 일을 할 수 있다고 생각했다. 이 점을 강조하기 위해 그는 일화를 하나 소개한다. 그냥 지어낸 이야기일 확률이 높은 이 이야기는, 올림피아 경기에 아들을 권투 선수로 출전시키기 위해 훈련하는 한 여성이 등장한다. 이는 허용되지 않는 기만이었다. 하지만 그녀는 남성 같은 외모에 남성처럼 행동했기 때문에 필로스트라투스에 따르면 아무도 그녀가 선수의 어머니라는 것을 몰랐다고 한다. 하지만 그 사실이 발각된 후에는 올림피아 경기에 출전하는 선수의 트레이너가 남성이라는 사실을 증명하기 위해 "트레이너는 옷을 모두 벗어야 한다는 법이 제정되었다"고 한다.

필로스타라투스는 주장을 계속 이어나간다. "이제 트레이너 자신에 관해 생각해 보자. 어떤 부류의 남성이 선수를 지도해야 할지, 그의 지식은 어느 정도 되어야 할지 고려해 보자." 선수에게 동기부여를 제대로 하려면 "트레이너는 너무 장황하게 말이 많아서도, 말솜씨가 없어서도 안 된"다. 또 자기가 맡은 선수를 잘 파악해야 할 필요가 있다고 말한다. "선수의 성격을 판단할 줄 알아야 한다. 사실 눈에 나타나는 모든 징후를 잘 이해할 수 있어야 한다. 게으른 성격은 눈을 보면 알 수 있다." 필로스트라투스는 트레이너라면 골상학에 관해서도 꼭 알아야 한다고 강조한다. 그는 "신체 각 부분의 특성 또한 조각을 할 때처럼 상세히 고려되어야" 한다고 말했다.

필로스트라투스는 고대부터 내려온 신체 훈련술 지식을 보존할 의도로 집필했다고 말하지만, 독자는 트레이너로서 해야 할 일보다 하지 말아야 할 일을 더 많이 배우게 된다. 가령 그의 문헌에는 특정 운동 루틴이나 프로그램이 들어 있지 않지만, 너무 과도한 훈련은 경계해야 한다는 교훈이 담긴 이야기는 다수 들어 있다. 한 이야기에서는 트레이너가 "승리를 위해 끈기를 보이지 않는다며 날카롭게 깎은 스트리질"로 선수를 죽인 사례가 소개된다. 또 다른 일화에서는 (이 이야기도 사실 여부가 불확실하다) 트레이너가 선수를 과한 훈련으로 죽게 만든 사례가 소개된다. "트레이너는 선수가 훈련 강도를 낮추고, 테트라드(4일 단위로 미리 짜서 진행하는 엄격한 훈련법) 주기를 지키지 않는다는 이유로 극도의 화와 신경질을 냈고, 결국 무리한 훈련으로 선수를 죽이는 결과를 낳았다. 이는 무지에서 나온 비극으로, 선수가 자기 상태에 대해 아무 말 하지 않았더라도 그의 상황에 맞는 운동을 지시하는 것이 트레이너가 해야 할 일이었다."

~

퍼스널 트레이닝 교육을 받은 8주는 정신없이 흘러갔다. 낮에는 풀타임으로 일을 했고, 밤에는 생체역학·기초 생리학·운동 요법학 등등을 공부하느라 눈코 뜰 새 없이 지냈다. 그 시기에는 정말이지 사랑하는 사람보다 플래시 카드와 함께 침대로 가는 날이 더 많았다. 사랑하는 사람과 함께 침대에 드는 날도 눈으로 그의 몸을 해부하고 퀴즈를 내곤 했다. 이게 대퇴골이야? 경골이야? 내가 중둔근을 자극해도 될까? 나는 늘 아랫배와 음부가 만나는 곳에 있는 두 개의 줄인 서혜관이 얼마나 아름다운지 지적하곤 했다.

졸업 시험의 합격 여부는 내 커리어와는 전혀 상관이 없었지만, 이는 자존심이 걸린 문제였다. 수강생 중 가장 나이 든 사람이 유일한 불합격자가 될 수는 없는 일이었다. 다행히 나는 괜찮은 점수로 합격해서 자격증을 받을 수 있었다. 세월이 많이 흐른 지금도 나는 여전히 퍼스널 피트니스를 위한 장기 훈련 프로그램의 여섯 가지 기초 원칙을 기억한다. 졸업 시험에서 중요한 부분을 차지한 이 원칙을 기억하는 것은, 내 기억력이 뛰어나서가 아니다. 원칙의 각 개념에서 내 일이자 열정의 원천인 글쓰기와도 상관있는 요소들을 찾을 수 있었기 때문이다. 하지만 따지고 보면 그 원칙은 거의 모든 직업이나 일에도 똑같이 적용할 수 있는 것들이었다.

첫째는 특정성의 원칙이다. 원하는 것을 얻기 위해 훈련하라는 원칙이다. 힘을 기르는 것이 목적이면 힘을 기르기 위한 훈련을 해야 한다. 다시 말해 훈련 프로그램을 상세히 짜는 것만큼이나 목표도 정확하고 상세히 정해야 한다는 것이다. 세부적인 것이 중요하다.

그다음은 과부하 원칙이다. 단련하려는 신체 부분이 이미 익숙해져 있는 수준, 그 이상으로 훈련해야 한다. 계속 자극을 줘서 몸이 주어진 임무에 익숙해지지 않게 해야 한다. 그렇지 않으면 변화는 없다. 다시 말해 체육관에서든, 서재에서든, 사무실에서든 스스로 채찍질해서 새로운 도전을 해야 한다는 뜻이다. 창의적인 교차 훈련이라고 할 수도 있겠다.

이 두 원칙은 자연스럽게 세 번째인 전진의 원칙으로 이어진다. 새로운 것을 충분히 익혔으면 다음 단계로 넘어가야 한다. 그것이 어떤 과제든, 운동 루틴이든 한곳에 머무르지 말자. 정체되면 수용의 원칙으로 빠지게 된다. 새로운 요구가 들어오지 않으면 몸은 그 상태를 수용한다. 이 현상을 항상성에 도달했다고 말하는데, 그다지 이상적인 상태는 아니다. 그러니 너무 안주하는 것은 금물이다. 거울에 비친 모습뿐 아니라 실적에도 금방 나타난다.

자극이 없어지면 그동안 노력해서 성취했던 것들을 잃게 된다. 다음 개념인 가역성의 원칙에서 강조하듯, 쓰지 않으면 잃고 마는 용불용설을 잊어서는 안 된다. 어떤 형태로든 움직이는 게 움직이지 않는 것보다는 낫다. 에어로빅 수업에 갈 시간이 없으면 집 주변에서 산책이라도 하는 게 좋다. 창의력과 지적 능력 모터를 계속 돌리기 위해서는 뭐라도 하는 것이 좋다.

마지막으로 휴식의 원칙이 있다. 내게는 특별히 위안이 되는 가르침이었다. 힘이 됐든, 속도가 됐든, 끈기가 됐든, 혹은 다른 어떤 목표가 됐든, 체력을 증진하기 위해서는 (특정성의 원칙 참조) 회복할 시간을 충분히 가져야 한다.

나는 글을 쓴 기간만큼이나 오랫동안 체력 단련을 해왔다. 그래서 이 마지막 원칙을 처음 들어본 것은 아니었다. 하지만 글 쓰는 작업 중에는 이 원칙을 엄격하게 지켜본 적이 없다. 몸에게 휴식할 시간이 필요하듯 수필, 이야기, 논문, 시… 특히 책을 쓰는 데에도 휴식이 필요하다.

어떤 경우에는 쓰는 일뿐 아니라 쓰는 사람, 즉 작가도 쉬어야 한다. 《해부학자》의 집필을 끝낸 후 나는 거의 3년 동안 거의 아무것도 쓰지 않았다. 일부러 글쓰기를 중단한 것은 아니었다. 글을 쓰지 않는 기간이 언제부터 시작되었는지 정확히 기억나지도 않는다. 마치 잠이 드는 순간을 정확히 짚을 수 없는 것처럼 말이다. 얼마나 오래 잤는지를 깨닫는 것은 잠에서 깨어난 후에야 가능하다. 쓰다가 '막힌' 느낌이 든 것도 아니었다. 문장이 내게 왔다가 스르르 사라지곤 했다. 마치 쓰다듬고 있던 강아지가 내 손길에 흥미를 잃고 다른 손을 찾아 스윽, 빠져나가는 것처럼. 이는 일방통행으로 벌어지는 일이 아니었다. 내가 흥미를 잃자 문장들도 내게 더 이상 오지 않았다.

글쓰기를 그리워하지는 않았지만 뭔가 부족하고 허전한 느낌이 들기는 했다. 환영처럼 어디선가 목소리가 들려왔달까…. 나는 10대 때부터 글쓰기를 좋아했고, 여러 매체를 통해 글을 발표했을 뿐 아니라 세 권의 책을 잇달아 집필했다. 침묵의 시간을 가지면서 몇 년 만에 처음으로 임박한 마감 날짜도, 아무런 기대도 없이 사는 게 살짝 좋았다. 그리고 살짝 불안하기도 했다. 날마다 실제로 하는 일이 '글 안 쓰기'인 사람을 작가라 불러도 되는 걸까?

거짓말을 한 적은 없다. 묻는 사람이 있으면 아무것도 계획하고 있는 게 없고, 뒷전으로 미뤄둔 것도 없고, 끓어오르거나 구워지기를 기다리는 것도, 걸러지거나 절여지기를 기다리는 것도 없다고 대답했다. (그러고 보니 왜 글쓰기 작업에 음식의 은유를 가져다 쓰는 것일까?) 나는 배가 고프지도 않았다. 하지만 고단했다. 매우 많이 고단했다. '휴식의 원칙'은 그런 내가 글쓰기로 돌아가는 길을 잃지 않도록 도와줬고, 내가 본능적으로 했던 행동이 옳았다는 이론적 근거가 되어주었다. 이 문제에 대해서는 《내셔널 카운슬 온 스트렝스 앤 피트니스*NSCF, National Council on Strength and Fitness*》에서 발행한 운동 매뉴얼에서 본 문장을 인용하고 싶다. 강좌에서 사용한 교과서 중 하나였던 이 책에서는 다음과 같은 설명이 나온다.

> 운동 단위의 피로도가 증가함에 따라 그 영향이 더 뚜렷이 나타나고, 피로 정도에 정비례해서 수행 성과가 감소한다. (…) 회복하는 동안 근섬유가 에너지 비축량을 다시 확보하고, 힘을 내면서 생긴 손상을 복구해서 운동하기 전의 정상 상태로 완전히 돌아간다.

나는 이 설명에 나름의 해석을 붙였다. '통증을 참으면서 운동하지 말자. 그러면 그냥 아플 뿐이다. 스스로에게 재충전할 수 있는 시간을 충분히 허락하자.'

이 기간은 얼마나 돼야 할까? 근섬유에 적용할 수 있는 원리를 창의적 근육에도 적용할 수 있을 것이다. 내가 신체 단련에 적용하는 대략적인 규칙은 이 대 일이다. 이틀을 치열하게 훈련하고 나면 하루를 쉬는 것. 그러나 매뉴얼에 따르면 "장시간 높은 수준의 성과를 낸 경우" 완전히 회복하기까지 더 오래 걸릴 수도 있다. 바로 이것이 내 창의적인 근육에 벌어진 일이었다. 나는 매우, 매우 긴 휴식이 필요했다.

그러던 어느 날, 내게 문장 하나가 찾아왔다. 그리고 이번에는 금방 사라져버리지 않고 그 자리에 머물러 있었다. 나는 길을 따라가듯 그 문장을 따라갔다. 한 문장이 다른 문장으로 이어졌고, 또 다른 문장이 모습을 드러냈다. 얼마 가지 않아 더 긴 문단들이 내 머릿속에 줄지어 서서 기다리기 시작했다. 마치 내가 가고 싶은 곳으로 나를 데려가기 위해 길가에서 줄지어 서 있는 택시들처럼. 하지만 나의 '글 안 쓰기 기간'이 끝났다는 것을 진정으로 실감하게 해준 것은 쓰고 있는 글의 길이가 아니라, 나의 관점에 생긴 변화였다. 펴낸 책의 숫자로 작가를 규정할 수 없듯 글을 쓴 페이지로 글쓰기를 측정할 수 없었다. 어떤 종류의 노력이 됐든 성공을 하려면 장기적으로 그 일에 헌신하겠다는 결의를 굳혀야 한다. 건강을 위해 가능한 한 오랜 기간 체력 단련을 하겠다는 결의를 하는 것과 마찬가지다. 내게 그것은 몸과 창의적인 정신을 모두 활발하게 유지하고, 호기심을 가지고 새로운 기술을 익히는(나는 사진을 배우기 시작했다) 데 흥미를 갖고, 충분한 휴식을 취하는 것을 의미했다. 그 과정에서 내 안에 사는 신체 단련을 열심히 하는 나뿐 아니라 작가인 나도 훨씬 더 건강해질 것이라는 확신이 들었다.

14
의도된
노동

이 학식 높은 의사가 놓친 것이 너무도 많다.
아예 글을 쓰지 않았으면 더 나았을지도 모르겠다는 생각이 들 정도다.

—《메리쿠리아레에 관해》, 조제프 스칼리제르Joseph Scaliger, 1604년경

Ruth Bader Ginsburg, 1933~2020

]Ꭿ[

아주 짧고 즉흥적이었던 밀라노와 파도바로의 여행으로부터 몇 개월이 지난 뒤, 나는 방문 학자 자격으로 로마의 아메리칸 아카데미American Academy에 5주간 방문할 기회를 얻었다. 메리쿠리아레가 살면서 일하고, 《체조술》을 집필한 곳의 분위기를 느껴보는 것이 내 목표였다. 아카데미는 멋진 숙소를 제공해 줬을 뿐 아니라, 그곳의 시설과 재원을 이용할 수 있도록 허락해 줬다. 도서관은 물론 이탈리아어에 유창한 직원, 동료 학자, 예술가들은 내가 로마를 속속들이 알아가는 데 안내자 역할을 해줬다. 나는 메리쿠리아레가 실제로 살았던 팔라초 데 칸첼레리아Palazzo della Cancelleria의 내부를 보고 싶었다. 하지만 교황청 관할 구역이라 외부인에게는 공개되지 않았다. 하지만 팔라초 파르네세에는 프랑스 대사관이 입주해 있었고, 내부를 안내하는 프로그램까지 있었다. 나는 로마에 도착한 지 며칠 지나지 않아 바로 그곳을 살펴보기 위해 길을 나섰다.

언덕을 내려가서 티베르 강만 건너면 되는 가까운 거리였다. 주말에는 문을 닫고, 맹렬한 기세의 무장 군인들이 지키는 팔라초 파르네세는 캄포 데 피오리Campo de' Fiori 근처의 작은 광장을 압도하며 서 있었다. 아름답지도 추하지도 않은, 아무런 장식도 없지만 거대하고 웅장한 느낌을 주었다. 질서정연하면서도 절제된 건축의 면모를 보여주는 그곳은 정말이지 뭔가 불가해한 분위기가 서려 있었다. 16세기 초에 지어진 팔라초 파르네세에는 허세가 전혀 없었지만, 다른 궁전 못지않은 위엄이 있었다. 거대한 은행 금고가 연상됐다. 그 단단한 벽들 뒤에 어마어마한 부와 역사와 힘이 있을 것만 같았다. 아카데미로 돌아오니 로마와 로마의 건물들을 잘 아는 한 건축 역사학자가 3층으로 된 그 팔라초의 평면도를 대충 그려 보여주었다. 그는 전설적인 파르네세 도서관이 있을 거라 짐작되는 곳을 가리켰다. 수백 명의 하인과 일꾼이 살았을 지하보다는 위층에 있었을 확률이 높았다.

그날 밤 다이닝 룸에서 만찬을 하기 전 전통에 따라 칵테일을 마시는 시간이 있었다. 네그로니를 마시면서 사람들을 만나고 사귀는 시간이었는데, 글자 그대로 앨리스 워터스Alice Waters와 부딪힐 뻔했다. 버클리의 셰 빠니스Chez Panisse 레스토랑을 설립한 전설의 셰프인 그녀는 자신이 2007년 설립을 주도해 장기간 이끌어 오고 있는 '로마 지속 가능 식량 프로젝트Rome Sustainable Food Project' 때문에 몇 주 아카데미에 묵고 있다고 했다. 이 프로젝트는 아카데미가 보유한 넓은 채소밭을 활용하고 지역 농민과 유기농 농산물 공급업체들을 로마의 여러 기관, 식당들에 좋은 조건으로 연결해 주는 일을 하고 있었다. 베이 에어리어Bay Area(샌프란시스코만 지역—옮긴이)에 살 때 그녀를 몇 번 만난 적이 있었다. 내가 로마에서 하려고 하는 일을 설명하자 앨리스는 당황하는 기색이 역력하고 심지어 안절부절못하는 인상까지 줬다. 운동이 전적으로 현대식 개념이라 생각했었던 그녀는 수천 년 전부터 체육관이 있었고, 바로 우리가 서 있는 로마에도 체육관이 있었다는 내 설명이 마음에 들지 않는 듯했다. 그녀에게 체육관은 끔찍한 곳이었다. "체육관은 운동을 패스트푸드처럼 하는 곳이에요." 그녀는 그렇게 선언했다. 그녀는 사람들이 체육관에 가야 운동을 할 수 있다고 생각하는 것이 얼마나 기분 상하는 일인지 모른다고 말했다. "아무런 결실도 맺을 수 없고, 아무것도 생산되지 않아요. 사람들은 운동과 육체노동, 운동과 자연 사이의 연관성을 완전히 망각하고 말았어요!" 이 주제에 대해 앨리스가 그토록 즉시 열정적으로 반응한 것은 예상 밖의 일이었지만, 기운이 나는 일이기도 했다.

"난 매일 아침 7시에 일어나서 밖으로 나가 45분씩 걸어요." 그녀가 말을 이었다. "어디에 있든, 기분이 어떻든 상관없이요. 날씨가 어떤지 살피려고도 하지 않고 그냥 걸어요. 일과를 차분히 생각해 볼 시간이 되기도 하죠. 돌아와서는 출근할 준비를 해요. 늘, 언제나 뭔가를 배우곤 하죠."

그녀는 자기가 음식으로 한 작업들(버클리의 레스토랑, 로마에서 하는 일 등등)이 운동의 철학으로 해석되는 것을 보고 싶다고 덧붙였다. 그녀에게 있어서 음식은 일상에 자연스럽게, 기분 좋게, 노력하지 않고, 격식을 차리지 않고, 낭비도 없이, '땀' 흘리지 않고(그녀는 이 단어를 직접 사용하지는 않았고, 나도 내 책의 제목이 《땀》이라고 말하기가 민망했다) 얻을 수 있는, 일상에 녹아드는 개념이었다. "체육관에 가는 것과 춤을 추는 것의 차이라고 할까요? 한쪽은 노동이고 다른 한쪽은 즐거움이죠." 어쩌면 '운동

exercise'이라는 단어가 사람을 주눅 들게 만드는 것일지도 모른다고 그녀는 지적했다. "제 생활에서 몸을 움직이는 것은 언제나 일의 일부였어요. 지하실에서 식당으로 상자를 들어 옮기고, 계단을 쓸고 또 오르내리는 게 일상이에요. 그런 동작을 다른 무엇으로 구별하고, 어딘가 특별히 가서 해야 하는 별개의 일이라고 생각하지 않죠." 앨리스가 말했다.

나는 운동이 중세 시대에 '사라진' 현상에 대해, 그것이 사실은 얼마나 현실과 거리가 먼지에 대해 생각했다. 운동은 멸종되거나 죽지 않았다. 다만 고대나 현재처럼 분리해서 의식적으로 장려되지 않았을 뿐이었다. 부자들을 제외한 보통 사람들은 바닥을 쓸고, 물건을 나르고, 생산하고, 정원에서 일하면서 눈을 뜬 순간부터 잘 때까지 움직였다. 그리고 춤을 췄다. 메리쿠리아레가 "춤의 목적과 적합성"이라고 이름 붙인 장에서 언급하듯, 인간은 언제나 춤을 춰왔다. 사회적 활동이기도 하고, (운동만이 목적이 아닐지 모르지만) 리드미컬하게 자신의 몸을 움직이는 일에서 오는 순수한 기쁨을 위해서도 춤을 췄다. 메리쿠리아레와 거의 동시대에 살았던 베니스의 생리학자이자 의사 산토리오 산토리오Santorio Santorio도 약간의 경고를 곁들이긴 하지만 이에 동의한다. "점프하지 않고 적당히 추는 춤은 걷기의 장점에 가장 근접한 활동이다." 그는 경구를 모은 자신의 저작에서 이렇게 서술한다. "춤을 추면 소화된 땀 물질이 천천히 몸 밖으로 배출되기 때문이다."

앨리스는 이탈리아인 의사이자 교사였던 마리아 몬테소리의 철학과도 우리의 화제를 연결한다. (셰 빠니스를 열기 전, 앨리스는 몬테소리 스쿨에서 교사로 일했다.) "몬테소리 스쿨에서는 '일'과 '놀이'의 개념이 있고, 둘 다 중요하다고 가르쳐요. 요즘에는 운동이 '일'의 범주에 들어 있는데 그건 옳지 않아요. 마치 건강하려면 일을 해야 하는 것 같잖아요. 그건 아니죠. 운동의 목적이 건강이어서는 안 돼요. 춤을 출 때처럼 운동도 '즐거움'이 목표여야 해요. 그러다 보면 건강도 좋아지겠죠."

나는 앨리스의 견해가 흥미로웠고, 그 덕분에 좋은 자극을 받았다. 체육관에 가는 것을 그만두고, 속도를 올리는 것이 아니라 늦추고, 날씨와 상관없이 실내에 머무르지 않고 밖으로 나가서 몸을 움직이는 것. 경쟁하지 않고 뭉근히 불을 때듯 춤을 즐기는 것. 그 개념은 '신토불이going local' 사상을 가장 잘 구현한 것이라는 생각이 들었다. 궁극적으로 자기 몸과 그 몸이 자란 환경을 지속 가능한 자원이라고 보는 시각이었다.

~

며칠 후, 나는 팔라초 파르네세로 돌아갔다. 도서관을 방문할 약속을 잡는 것이 그날의 계획이었다. 입장에 필요한 소개 편지를 써준 아카데미의 사서가, 그렇게 하는 것이 일반적인 관행이라고 설명해 줬기 때문이었다. 그러나 건물의 웅장한 문에 다가간 나를 무장 경비원들은 거들떠보지도 않았다. 나와 같은 시각에 세 사람이 도착했고, 그중 한 명이 문 키패드에 암호를 눌렀다. 거대한 문이 서서히 열렸다. 부드럽고 넓게, 마치 키스를 반기는 입술처럼. 나는 그 사람들과 함께 슬쩍 안으로 들어갔고, 내 뒤에서 문이 다시 부드럽게 닫혔다. 같이 들어온 세 사람을 따라간 나는 보안검색대를 통과한 후 리셉션 데스크 앞에 생긴 줄에서 기다렸다. 공항에서 손님을 기다리는 운전기사처럼 나는 아카데미에서 받아온 소개서를 내 앞에 치켜들고 도서관 방문 약속을 하는 방법을 물었다. 카운터 뒤에 서 있던 남자는 아무렇지도 않게 "시, 피아노 두에Si, piano due"라고 대답하면서 2층으로 가는 육중한 돌계단을 가리켰다. 2층으로 갔더니 사서가 내 소개 편지를 한번 흘끔 보고 나서 도서관 지도와 와이파이(그녀는 위-피라고 발음했다)를 알려주고는 "알로라Allora!"라고 했다. 놀랍게도 도서관 입장이 허락된 것이었다!

몇 분 지나지 않아 나는 팔라초 파르네세 도서관의 피아노 두에Piano 2, 살레 트레스Sale 3(2층 3호실)의 책상에 앉아서 개방형 중정과 하늘이 보이는 창문을 바라보고 있었다. 열람실에는 수백 명이 앉아 있었다. 주로 같은 건물에 입주해 있는 프랑스 학교의 학생들이었다.

책이 사방에서 나를 감싸고 있었다. 메리쿠리아레가 보던 책들과는 다르다는 것을 나는 알고 있었다. 그가 앉아 있던 것과 같은 파르네세 도서관은 아닐지 몰라도 어느 정도는 분위기가 비슷했을 것이다. 완벽한 침묵이 흐르고 있었다. 돌바닥 위를 걸을 때 나는 발소리 말고는 말소리, 심지어 소곤거리는 소리도 들리지 않았다. 문득 이것이 다른 종류의 침묵이라는 사실을 깨달았다. 어떤 도서관에서는 금방이라도 부서질 듯한 긴장된 침묵, 젠체하는 침묵이 흐른다. 경비원과 규칙에 의해 강요된 침묵이다. 그와는 대조적으로 이곳에서 흐르는 침묵은 공부하는 학생들의 침묵, 책을 읽는 독서가들의 침묵이었다. 나는 메리쿠리아레가 바로 이 건물에서 《체조술》에 필요한 연구와 집필을 할 때도 이런 종류의 침묵이 흐르지 않았을까 상상했다. 나는 단지 그럴 수 있다는 이유로 다른 방으로 가보았다. 메리쿠리아레가 앉았을 확률이 있는 모든 방에 나도 앉아보겠다고 결심했다.

서쪽 방에 자리를 잡고 앉아보았다. 오른쪽으로 하늘이 보였고, 왼쪽으로는 천정까지 가득 꼽힌 서가가 끝없이 늘어서 있었다. 서가 위쪽 선반들은 구석에 세워진 섬세한 나선형 계단을 타고 올라갈 수 있는, 공중에 떠 있는 보행자용 통로를 통해 접근할 수 있었다.

나는 계단을 올라 그냥 아무 책이나 한 권 집어 들었다. 《과거와 현재: 역사 연구 저널*Past and Present: A ournal of Historical Studies*》이었다. 아무 곳이나 폈는데 《몸의 역사*A History of the Body*》라는 여러 권으로 된 현대 저서를 비평한 챕터가 나왔다.

아이쿠.

그 제목을 보니 내 책 생각이 났다. 운동의 역사는 몸뿐 아니라 마음의 역사, 아니 몸보다 마음의 역사라고 할 수 있을 것이다. 의지, 욕망, 자기 절제의 역사. 의도적인 소망과 동기 부여, 특정 이유가 없이는 운동할 수가 없기 때문이다. 메리쿠리아레 자신도 주장했듯 어떤 활동을 단순한 노동이 아니라 운동으로 만드는 것은 바로 '의도'다. 그 생각이 든 순간 나는 즉시 그 자리에 엎드려서, 공중에 매달린 도서관 보행자 통로에서 할 수 있는 한 가장 빠르고 조용하게, 내 능력으로 할 수 있는 가장 많은 수의 팔굽혀펴기를 했다.

~

팔굽혀펴기의 장점은 온몸 운동이면서 별도의 기구 없이 근육을 다듬는 동시에 열심히 하면 심혈관에도 좋은 효과를 거둘 수 있다는 것이다. 플랭크 자세를 취하면서부터 이 운동은 시작된다. 팔을 뻗은 채 팔꿈치는 고정하고, 어깨는 손목 위쪽에 위치시킨 다음 허리를 곧게 펴고, 발가락을 굽힌 채 다리를 쭉 뻗고, 목에 힘을 빼고 눈은 땅으로 향한다. 이 상태에서 안정감을 유지하는 것, 즉 몸이 밑으로 쳐지거나 구부러지지 않게 유지하는 것만도 상당한 성취다. 등 근육(견갑골 사이, 능형근과 승모근), 몸통(배에 있는 모든 근육과 척추를 잡고 있는 근육들), 목, 어깨 근육이 모두 사용된다. 다른 동작을 하나도 하지 않고 이 플랭크 자세를 최대한으로 유지만 해도(30초가 됐든 3분이 됐든 각자 능력에 따라) 등척 운동isometric exercise을 한 것이니 몸에 매우 좋은 활동을 한 셈이다.

엎드린 몸을 바닥으로 낮췄다가 다시 밀어 올리는 동작을 하려면 이두박근의 근육 두 개, 삼두박근의 근육 세 개, 팔뚝 근육이 필요하다. 몸이 흔들리지 않게 유지하는 데 가슴 근육(대흉근과 소흉근)이 큰 역할을 한다. 어깨의 절구공이 관절이 돌아가기 때문에 팔굽혀펴기는 수평면 운동이다.

이렇게 해부학적 시각으로 보면 팔굽혀펴기가 왜 남성보다 여성에게 더 어려운 운동인지 이해할 수 있다. 이 운동은 상체 근육을 특히 많이 사용하는데, 여성의 경우 이 근육이 많이 발달하지 않는다. 그러나 여성도 남성만큼 팔굽혀펴기를 잘할 수 있다. 여러 단계를 거친 훈련을 해야 하긴 하지만 말이다.

나는 고인이 된 루스 베이더 긴스버그Ruth Bader Ginsburg 대법관을 만나는 영광을 누린 적이 있다. 당시 81세였던 그녀에게 운동 루틴을 묻자 놀라운 답이 돌아왔다. "날마다 팔굽혀펴기를 20개씩 해요." 그녀가 말했다.

이것은 몇 가지 이유에서 주목할 만한 루틴이었다. 첫째, 날마다 팔굽혀펴기를 한다는 것은 특출한 자기 절제력이 없이는 불가능한 일이다. 둘째, 누구라도 팔굽혀펴기 20개를 한다고 하면 대단하다고 할 텐데 하물며 81세의 노인이 이를 해내다니. "놀랍네요." 내가 말했다. 긴스버그 대법관은 별일 아니라는 듯 어깨를 으쓱해 보였다. "처음에는 하나도 못 했어요." 그녀가 말했다. "단 1개도." 그녀는 처음에는 서서 벽에 손을 짚은 채로 시작했다. 그러다가 무릎을 대고 하는 동작을 거쳐서 결국 제대로 된 팔굽혀펴기를 할 수 있게 됐다. 그녀는 서둘러 그게 자기가 혼자서 한 건 아니라고 덧붙이며, 1999년 암 치료를 받은 후 개인 트레이너와 함께 운동을 해왔다고 했다.

"그 사람이 내 목숨을 구했어요." 긴스버그 대법관은 무덤덤한 말투로 덧붙였다. 우리가 만났을 당시 그녀는 개인 트레이너와 일주일에 두 번씩 만나서 운동을 하고 있었다. 나는 그녀가 집에서 운동하는 장면을 떠올렸지만 긴스버그 대법관은 대법원 건물에 있는 작은 체육관에서, 언제나 평일 일과가 끝난 후 대략 저녁 7시에서 8시까지 운동을 한다고 했다. 뉴스를 보면서 크로스 트레이너 기구로 워밍업을 한 다음, 개인 트레이너와 함께 덤벨, 스트레치 코드, 중량 운동 기구, 프리웨이트, 팔굽혀펴기와 스쾃 등 자신의 체중을 이용해 운동했다.

"항소 법원에서 일할 때는 재저사이즈Jazzercise 클래스에 가곤 했어요." '악명 높은 노터리어스 RBGNotorious RBG(루스 베이더 긴스버그 대법관의 별명이자 2015년에 출간된 전기의 제목—옮긴이)'가 재저사이즈를 한다는 사실 자체가 그녀에 대한 내 존경심을 한층 더 크게 만들었다. 가느다란 뼈대를 가진 이 아담한 여성이 우아하고 유연하게 움직이는 모습을 쉽게 상상할 수 있었다. 하지만 재저사이즈에 사용되는 음악은 오페라 열성 팬인 그녀의 취향에 맞지 않았고, 결국 그녀는 이를 중단하고 말았다.

그녀는 이 모든 사실을 부끄러워하거나, 누구를 의식하는 기색 없이 말했다. 나는 그녀가 운동에 관해 이야기하는 것을 즐긴다고 짧은 시간 동안 느꼈다. "이제 집에 가서 팔굽혀펴기 20개 하고 잘게요." 작별 인사를 할 때가 되자 나는 고맙다는 말에 덧붙여 말했다. 긴스버그 대법관이 그녀 특유의 굵고 낮게 속삭이는 목소리로 대답했다. "당신은 젊고 건강하니 그보다 훨씬 많이 할 수 있어요."

또 다른 운동의 시작

정신적으로 흥미를 가지고 운동을 하면
그렇지 않을 때보다 훨씬 더 유용하고, 기운이 난다.

_캐서린 비처Catharine Beecher, 《가정 경제학에 관한 보고서*A Treatise on Domestic Economy*》, 1848년

〈The Sterling Bicycle-Built like a Watch〉, 1897

로마를 떠나기로 되어 있는 날짜가 일주일 정도 남았을 즈음 나는 스톡홀름에 이틀간 다녀오기로 결정했다. 운동의 역사에서 가장 영향력 있는 인물 중 하나인 페르 헨릭 링Pehr Henrik Ling이 19세기 초 스톡홀름에서 살면서 일했다는 사실을 발견했기 때문이다. 링이 1813년 설립한 훈련 기관은 아직도 같은 자리에서 운동 과학 칼리지로 운영되고 있다. 거기에 더해 스톡홀름은 신체 단련·스포츠·건강 문화에 관한 희귀 도서를 많이 소장하고 있는 곳으로도 유명하다. 링은 일반인에게 널리 알려지지는 않았지만 메리쿠리아레보다는 더 유명한 존재다. 스웨덴뿐 아니라 전 세계적으로 19세기 운동 문화, 특히 여성의 운동과 어린이들의 체육 교육에 대한 문화가 변화하는 데 링의 철학이 직접적인 영향을 끼쳤기 때문이다. 링과 그를 추종하는 이들은 복합적인 면을 지닌 사람들이었고, 나는 그들에 대해 더 자세히 알아내야겠다는 결심을 단단히 하고 비행기를 탔다.

스톡홀름으로 가는 비행기에서 내 앞 좌석에는 엄마 팔에 안긴 남자 아기가 타고 있었다. 아이를 조용히 시키려고 엄마가 아이를 위아래로 '둥가둥가' 움직이며 달래는 바람에 좌석 위로 아이의 머리가 오르락내리락하는 모습이 희극적이었다. 아기는 생후 4개월쯤 된 듯 보였다. 나는 아기에게 손을 흔들어 주고 미소를 지었다. 아이가 답을 하듯 좌석 사이로 손을 뻗어 내 손가락을 쥐었다. 나는 피하지 않고 손가락을 내줬다. 아이는 힘이 셌다. 정말 셌다! 작디작은 손가락이 내 커다란 검지를 감아쥐었다. 아기는 손가락을 놨다가 다시 쥐고, 놨다가 다시 쥐기를 반복했다. 그의 뇌와 신경 운동계가 학습하는 중이었다. 아기는 이 동작을 연습하고 있었고, 어떤 의미에서는 운동을 하고 있었다. '바로 이렇게 운동이 시작되는구나'라고 나는 속으로 생각했다. 아기가 얼마나 그 동작을 즐기는지 알 수 있었다. 쥘 때 사용하는 손가락 근육의 느낌, 손에 힘을 주고 기울이는 노력, 놓았을 때 얻는 만족감, 다른 인간과의 상호 작용 모두를 즐기고 있었다. 아기는 깔깔거렸고, 손가락을 쥐었다, 폈다 하는 동작을 반복하는 동안 갖가지 감정이 아기의 통통한 얼굴에 활기를 더하며 떠올랐다. 아기는 그 짧은 팔을 반복해서 뻗어 내 손가락을 쥐었다 폈다 했다.

내가 스톡홀름에 도착한 시간은 늦은 오후였다. 엄청나게 추운 날씨에 공기는 건식 사우나처럼 건조했다. 축축한 공기에 녹은 눈이 진창이 되는 뉴욕의 겨울과는 딴판이었다. 땅에는 눈이라곤 전혀 없었고, 날은 살을 에는 듯 추웠고 어두웠다. 호텔 체크인을 마친 다음 나는 옷을 껴입고 나섰다. 스웨덴 사람인 친구가 추천한 인기 식당에 가기 위해 버스를 타고 내려 조금 걸었다. 로마와 너무나도 다르게 깨끗한 거리에는 휴지 한 장 떨어져 있지 않았다. 텅 빈 거리에서는 길을 잃으면 어디로 가야 할지 물어볼 사람을 찾기도 힘들었다. 마침내 목적지에 도착하는 데 성공한 나는 사르딘이라는 작은 식당에 들어가 붐비는 바에 겨우 자리를 찾아 앉았다. 맥주를 주문한 후 바텐더와 이야기를 나누었다. 내가 스톡홀름에 온 이유를 설명하자 그녀는 그 여행에서 만난 수많은 사람과 마찬가지로 완전히 당황한 얼굴이 됐다. "그 문제는 전혀 도움을 드릴 수가 없겠네요." 그녀가 마침내 입을 열었다. 그러고는 바에 놓인 그릇에서 초콜릿을 하나 집어들고, 껍질을 깐 다음 입에 쏙 집어넣었다. "이게 내가 하는 일이에요. 날마다 초콜릿을 먹는 것. 아주 진지하게 하는 일이죠."

옷을 잘 차려입은 중년의 스웨덴 여성 둘이 내 바로 옆 바 스툴에 앉아 있었다. 둘은 한참 작은 소리로 대화를 나누고 있었다. 그러다가 매우 흥미로운 생리학적 현상이 일어났다. 여러 측면에서 생각했을 때, 이는 인간에게만 일어나는 일이었다. 한 사람이 한 말에 두 사람 모두 웃기 시작했고, 다른 한 사람이 혼자만 알고 있을 수 없다는 듯 한마디 더 보태자 두 사람의 웃음은 절정에 도달했다. 마치 롤러코스터가 가장 높은 곳까지 올라갔다가 뚝 떨어지는 것 같았다. 몸 전체가 웃음에 점령당한 듯한 두 사람의 눈에 눈물이 고이고, 이내 불그레한 볼을 타고 흘러내렸다. 그들은 말을 잇기는커녕 숨조차 제대로 쉴 수 없을 정도로, 의자가 휘청거릴 정도로 세게 웃고 있었다. 둘의 웃음은 하품만큼이나 전염성이 강해서, 그들의 말을 단 한마디도 못 알아들은 나도 함께 웃기 시작했다. 그중 한 명은 웃음을 못 멈추고 있었고 다른 한 명은 겨우 숨을 돌리고 있었다. "웃으니 해방감이 드네요!" 그녀는 냅킨으로 눈물을 닦으며 영어로 내게 말했다. "맞아, 웃는 건 언제나 너무 좋아요." 그녀의 친구가 딸꾹질하면서 말했고, 나는 속으로 생각했다. '맞아, 언제나.' 웃음은 근심, 걱정을 잊게 해주어 사기를 고양할 뿐 아니라 좋은 운동이 되기도 한다.

우리의 웃음은 뇌에서 시작된다. 우리가 보거나, 듣거나, 심지어 냄새 맡고, 만지거나, 맛본 것이 웃기는 일로 뇌에 치고 들어올 때 웃음이 나온다. 이때 "치고 들어온다"는 부분이 핵심이다. 살짝 놀라고 예상치 못한 부분이 있어야 한다. 웃을 것이라는 예상은 할 수 있다. 가령 스탠드업 코미디 쇼를 보러 간다든지, 재미있는 친구와 만나 한잔 마신다든지 할 때는 웃을 일이 생길 것이라 짐작은 가능하지만 원한다고 아무 때나 웃을 수 있는 것은 아니다. 어떤 식으로든 뭔가 유머러스한 것이 뇌로 치고 들어오면, 머리끝에서 발끝까지 몸 전체에 걸친 신체 반응이 나타난다. "크게 웃는 것은 얼굴, 가슴, 배, 골격 근육의 수축과 이완을 반복한다는 면에서 유산소 운동과 비슷하다"고 정신과 전문의 린지 윌슨-발로Lindsay Wilson-Barlow는 보고했다. 그녀는 유타 대학 신경심리학 인스티튜트Neuropsychiatric Institute at the University of Utah에서 웃음의 생리학에 관한 연구를 해왔다. (이 분야는 웃음학이라는 공식 명칭까지 있는 과학 분야다. 웃음학의 영어 명칭은 젤로톨로지gelotology로, 그리스어 '젤로스gelos'를 어원으로 하는데 이 단어는 그리스 신화 속 웃음의 신 젤로스와 동일하다.)

"웃기 시작한 지 10초 사이에 15개의 얼굴 근육이 수축, 이완을 하고, (윗입술을 들어올리는 기능을 하는) 큰광대근이 자극된다. 심한 경우에는 얼굴이 붉으락푸르락해지기도 한다"라고 윌슨-발로는 덧붙인다. 이는 얼굴의 동맥과 모세혈관에 피가 몰린다는 뜻이다. 이는 부상을 입어 즉시 보수작업이 필요하기라도 한 것 같은 반응인데, 거기에 더해 팔·다리·몸통 근육은 물론 온몸 전체의 순환계까지 웃음에 동원된다. "20초 웃는 것만으로도 이후 3분에서 5분 동안 심장 박동을 2배 증가시킬 수 있다는 보고가 나와 있다." 1960년대에 웃음의 치유 효과에 관해 직접 연구했던 저널리스트인 노먼 커즌스Norman Cousins는 웃음을 '내장을 위한 조깅'이라고 적절하게 표현했다. 배 근육이 얼마나 강하게 수축하는지를 생각한다면, 나는 거기서 한걸음 더 나아가 한번 크게 웃는 것이 윗몸일으키기 한 세트 운동 강도에 맞먹는다고 말하고 싶다.

메리쿠리아레도 웃음의 효능에 관해 일정 부분 짚고 넘어갔다. 그는 《체조술》에서 웃음을 다음과 같이 설명한다. "우리 몸의 상당한 운동 에너지를 소모하게 한다. 웃을 때 내장이 흔들리고, 얼굴이 밝아지고, 머리와 가슴이 흔들리는 것은 누구나 관찰할 수 있는 현상이다." 의사로서 그는 다양한 증상에 웃음 처방을 내렸다. 우울감·비탄·슬픔 등에 적용한 것처럼 일부는 매우 합당해 보이지만, 뇌의 차가운 체액으로 인해 생긴 '광기'에 웃음을 처방하는 등 그다지 적절해 보이지 않는 사례도 있다. 그는 웃는 것과 대조적으로 우는 것은 "몸에 혜택을 아주 조금밖에 가져오지 못하거나 혹은 전혀 가져오지 않는다"는 결론을 내린다. 왜 이중 잣대를 갖다 대는 것일까? 우는 것도 몸을 흔들고, 눈물이 나고, 근육이 수축하고, 얼굴이 빨개지는데? 이에 메리쿠리아레는 어떤 설명도 하지 않았다.

~

다음 날 아침, 웃음은 또 다른 공간을 꽉 채우고 활기를 가져왔다. 웃음을 만나리라고는 예상치 못했던 장소로, 스웨덴 스포츠 및 건강 과학 학교의 도서관에서였다. 페르 헨릭 링이 설립한 바로 그 컬리지였다. 방문 첫날, 실내는 웃음소리뿐 아니라 학생들이 가득 앉은 테이블마다 말소리로 왁자지껄했다. 휴대전화로 통화하는 사람도 많았고, 열띤 대화를 벌이는 사람도 많이 보였다. 내가 다녀본 어떤 도서관보다 구내 식당에 가까운 분위기였다. 짜증이 나기보다는 신기하다는 생각이 들었다. 그래서 그 학교의 사서인 로타에게 이 독특한 분위기에 관해 물었다. 그녀는 감정을 전혀 담지 않고 대답했다. "맨날 조용히 하라고만 하는 사서는 되고 싶지 않았거든요." 학생들의 도서관이니 그들이 원하는 방식으로 사용할 수 있어야 한다는 게 그녀의 의도인 듯했다. 로타는 "스웨덴에는 제약이 아주 많아요."하고 덧붙였다. 나는 그 말이 사회적 규범을 가리키는 것이라 짐작했다. "그래서 그런 규칙에서 조금이라도 벗어나게 해주려고 노력하고 있죠." "좋은 생각이시군요." 나는 그렇게 말하고 다른 학생들 옆에 앉아 용건을 보기 시작했다.

방문 전에 미리 50여 권의 책을 주문할 수 있었다. 아침 일찍 도착하니 로타가 이미 카트에 책들을 줄지어 실어놓은 상태였다. 그녀는 손상되기 쉬운 책들을 보호하기 위해 테이블 위에 깨끗하고 하얀 베개를 올려놓고 그 위에서 책을 펼쳐보라고 조언했고, 손을 닦을 물티슈도 줬다. 그러고는 각각의 책을 보기 전과 후 사이에 꼭 손을 닦아달라고 요청했다. 내 앞에는 서양 운동 역사 분야의 가장 위대한 책들로 이루어진 더미가 놓여 있었다. 물론 이와 관련된 모든 주제의, 모든 저자가 쓴 모든 책이 다 있는 것은 아니었지만 고대 이후 최근까지 나온 관련 도서를 제대로 아우르고 있었다.

나는 아르칸젤로 투카로Arcangelo Tuccaro의 1599년 저서 《텀블링과 춤에 관하여*Trois dialogues de l'exercice de sauter et voltiger en l'air*》, 독일 실내체조 트레이너 요한 게오르그 파샤Johann Georg Pascha가 1666년에 발간한 뜀틀 뛰기에 관한 소책자 《뜀틀 뛰기에 관한 상세한 설명*Gundlach Beschreibung des Voltiger*》, 18세기 독일 저자들의 장대한 저작들을 빨리 넘기며 봤다. 그리고 마침내 이 도서관이 소장하고 있는 링의 《체조의 기초*Gymnastikens Allmanna Grunder*》를 집어 들었다. 운동에 관해 그가 남긴 유일한 저서인 이 책은 그가 세상을 떠나고 1년 뒤인 1840년에 출간되었다. 내 기대보다 훨씬 작고, 짧고, 허름하고, 수수한 책이라는 인상이 든 것은 아마도 이 분야의 선구자로서 그가 남긴 영향이 너무도 넓고 커서였을 것이다.

~

링의 공헌을 제대로 이해하려면 메리쿠리아레가 살던 시대 이후 의학·과학·물리학, 다시 말해 인체의 작용과 기능, 우주 안에 존재하는 인간의 정체성 자체에 얼마나 많은 변화가 있었는지부터 고려해야 한다. 과학 혁명기라고 부르는 17세기 초부터 18세기 중반까지의 기간 동안에는 고대부터 큰 영향력을 행사한 완전히 잘못된 생각들을 뒤엎는 일련의 발견들이 이루어졌다. 그중 초기에 나왔지만 가장 중요한 이정표로 간주하는 저작 중의 하나가 바로 영국의 의사 윌리엄 하비가 1628년에 펴낸《심장과 혈액의 움직임에 관하여*Exercitatio anatomica de motu cordis et sanguinis in animalibus*》다. 당시 급진적인 작업이라 평가받던 72페이지짜리 이 소책자에서 하비는 자신이 동물과 인간을 대상으로 직접 실행한 실험 결과들을 근거로, 혈액이 동맥·정맥·폐를 통해 온몸에 순환할 때 심장이 하는 역할에 대해 매우 상세하게 설명했다. 그가 제시한 증거는 그 누구도 부인할 수 없을 정도로 확고했다.

너무나 오래 횡행했던 갈레누스식 의술과, 메리쿠리아레를 비롯한 모든 의사가 1500년 이상 신봉해 온 잘못된 의료 지식인 4체액설 기반 개념들이, 하비의 순환계 이론 덕분에 마침내 바로잡힐 수 있었다. 기성 과학계와 의료계가 하비의 이론을 완전히 받아들이고 갈레누스식 의술을 포기하기까지 몇 십 년이 걸렸지만, 사실 그 정도는 놀라운 일이 아니다. 그의 이론이 널리 인정을 받은 후에도 사혈처럼 4체액설과 관련된 오래되고 잘못된 관행이 없어지기까지는 훨씬 더 오랜 시간이 필요했다.

17세기 말, 네덜란드의 과학자 안토니 판 레이우엔훅Antonie van Leeuwenhoek은 강력한 현미경을 직접 제작한 후, 육안으로는 볼 수 없는 박테리아 등의 미생물을 발견해서 세상을 놀라게 했다. 이탈리아의 생물학자이자 현미경 제작자, 생리학의 아버지라고 불리는 마르첼로 말피기Marcello Malpighi는 레이우엔훅의 업적을 발전시켜 최초로 모세혈관을 발견하고, 동맥과 정맥을 잇는 모세혈관의 기능을 설명하는 데 성공했다. 그는 몸 곳곳에

산소를 날라주는 적혈구를 연구한 최초의 학자들 중 하나다. 한편 또 다른 이탈리아인 과학자 조반니 보렐리Giovanni Borelli는 현대인들이 생체역학이라고 부르게 될 분야에서 혁신적인 연구를 진행하고 있었다. 그의 실험은 1680~1681년, 소책자 《동물의 움직임에 관하여*De motu animalium*》의 발행으로 이어졌다. 그의 연구는 어떻게 근육이 작동하고 사지가 움직이는지에 대한 과학적인 분석뿐 아니라 달리기, 점프, 수영을 포함한 다양한 형태의 운동을 해부하다시피 자세히 살폈다는 점에서 주목할 만하다.

하비, 보렐리와 수많은 과학자, 긴 말할 것도 없는 아이작 뉴튼 경의 운동의 법칙과 1687년 발표한 만유인력의 법칙 등의 발견은 그 뒤를 이은 계몽주의 시대의 지적·철학적·사회적 움직임에 영향을 줬다. 이러한 사회적, 시대적 배경에서 크리스티안 고트힐프 잘츠만Christian Gotthilf Salzmann, 요한 구츠무스Johann Gutsmuths, 프리드리히 루드비히 얀까지, 18세기의 독일 교육가 3인이 등장했다. 이들은 당대의 과학적 사고방식뿐 아니라 그 시대를 풍미한 아동 발달에 관한 주요 이론가들에게서 심오한 영향을 받았다. 1693년, 존 로크John Locke는 《교육에 관한 생각*Thoughts on education*》을 펴내고, 체육 교육을 학교 교육 과정에 포함해야 한다는 주장을 비롯한 여러 제안을 내놓았다. ("건전한 몸에 깃든 건전한 정신이야말로 이 세상에서 누릴 수 있는 행복한 상태에 대한 완벽한 묘사다"라고 로크는 말했다.) 또 잘츠만·구츠무스·얀에게 중요한 영향을 끼친 것으로는 사회 안에서 개인의 역할을 다룬 루소의 1762년 저서 《에밀》이 있다.

잘츠만은 1784년 슈네펜탈 에듀케이셔널 인스티튜트

Schnepfenthal Educational Institute라는 혁신 학교를 세우고, 루소의 글에서 영향을 받아 지리학과 외국어를 배우는 것만큼이나 체육 교육도 중요시하는 교육 과정을 표방했다. 구츠무스는 학교가 설립된 지 2년 만에 잘츠만의 학교에 교수진으로 합류해 체육 교육 프로그램을 책임졌고, 이후 50년간 같은 자리에서 일했다. 학교에서 보여준 그의 리더십, 그보다 구츠무스가 더 심혈을 기울였던 1793년 집필한 700여 쪽가량의 교습 매뉴얼《젊은이들을 위한 체조*ymnastik fur die Jugend*》를 통해 체육 수업의 중요성에 관한 구츠무스의 메시지가 독일 국경 너머에까지 퍼져나가기 시작했다.

구츠무스의 교수법을 공부한 한 네덜란드 젊은이가 그의 가르침을 한층 더 발전시켜 현대 최초의 체육관으로 일컫는 시설을 1799년에 설립했다. 프란츠 나흐테갈Franz Nachtegall이 코펜하겐에 문을 연 작은 체육관에는 줄사다리·운동용 폴·평균대·나무로 만든 뜀틀·마루 매트 등이 갖춰져 있었다고 전해진다. 처음 시작했을 때만 해도 어린 남학생 5명밖에 없었지만 1804년에 접어들 무렵에는 학생 수가 무려 150명으로 늘었다. 그중 한 명이 바로 링이었다. 그는 나흐테갈이 체육관을 연 바로 그해에 코펜하겐에 와 5년간 머무르며, 덴마크식 운동학파와 독일식 운동학파 모두를 연구했다.

과학·의학·체육 교육·인체에 관한 이해가 발전하면서 이전보다 건강에 대한 염려가 훨씬 시급한 이슈가 되었고, 그에 따라 신체 단련에 사람들이 다시 관심을 쏟기 시작했다. 특히 북유럽 국가에서 이런 현상이 두드러졌는데, 나는 이를 '나폴레옹 효과'라고 부르고 싶다. 1800년대 초 나폴레옹이 자신의 제국 밖에 있는 땅을 신속하고 무자비하게 정복하며 유럽을 휩쓸자, 공격을 받을 위험에 처한 스웨덴·덴마크·독일 등은 조국을 지키기 위해 신체를 단련해야 한다는 취지를 가지고 체계적으로 국민을 준비시키기 시작했다. 이것은 전쟁에 대비해 몸 자체를 무기화하겠다는 의미이기도 했다.

이 개념을 가장 열렬하게 지지한 사람이 바로 얀으로, 그는 19세기 초 투른페라인Turnverein 체조 클럽 운동을 시작했다. 뼛속까지 군인이었던 얀은 체육 교육이 개인의 신체적 건강뿐 아니라 국가의 건강, 국가의 정체성을 이루는 주춧돌이라고 생각했다. 이는 바로 '신체적 국수주의somatic nationalism'라고 불리는 개념이다. 물론 이는 새로 등장한 것은 아니며, 기원전 8세기 스파르타에서도 군사 훈련에 운동이 포함되어 있었고, 심지어 그 이전부터 그런 신체 훈련 문화가 존재했었다는 증거가 있다. 그러나 바로 이런 환경에서 링이 성장했다는 사실이 중요하다.

~

역사학자 프레드 E. 레너드Fred E. Leonard에 따르면 얀처럼 링 또한 '열렬한 애국자'로, '국민의 심신이 강건하기를 바라며, 그렇게 국민이 건강해야 적으로부터 나라를 보호할 수 있다고 믿는 사람'이었다. 스웨덴은 이미 18세기에 발트해 남부와 동부 지역 대부분을 러시아에게 빼긴 상태였고, 이제는 나폴레옹의 프랑스에게 그나마 남은 나라 전체를 빼길 위기에 처해 있었다. 링은 시민들을 단단하게 만들고 단합시켜 나라를 강하게 만들어야겠다는 일념에 사로잡혔다. 그는 구츠무스와 잘츠만, 얀의 저서뿐 아니라 최신 해부학과 생리학도 공부했다. 이처럼 과학에 기초를 둔 그의 운동 철학은, 그 중심에 의학적 요소가 들어 있다는 면에서 메리쿠리아레와 공통점을 가지고 있었다.

28세가 되던 해인 1804년, 코펜하겐에서 스톡홀름으로 돌아온 링은 부분적으로 나흐테갈의 체육관에서 영감을 얻은 신체 단련 학교를 개설하겠다는 결심을 굳혔다. 당시까지도 그는 운동 기술을 개발하는 중이었기 때문에 원하는 학교를 개설하기까지 몇 년이 흘렀다. 그러나 1813년, 그가 낸 제안서가 스웨덴 정부로부터 승인을 받았고, 이듬해 '왕립 중앙 체조 협회Royal Central Institute of Gymnastics'(왕이 이름을 지어줬기 때문에 왕립이라는 명칭이 붙었다)가 문을 열었다. 링에게는 연봉에 더해 장비를 사고, 학교를 운영할 장소의 집세까지 주어졌다. 그는 세상을 뜰 때까지 25년간 그 학교를 이끌었다.

로프나 뜀틀 같은 몇 가지 기구를 사용해 수업하기는 했지만, 기구를 사용하지 않고 남녀 모두가 할 수 있는 '자유 운동'을 개발한 것이 링의 가장 중요한 혁신이었다(실용적인 이유도 컸다. 장비는 필연적으로 보수와 교체가 필요했기 때문이다). 나는 링이 어떤 운동을 '자유 운동'이라 생각했을지 상상하기가 힘들었는데, 고맙게도 로타가 링의 수업에 참여한 학생들을 찍은 (디지털로 보존된) 희귀한 초기 영상을 보여줬다. 그 영상은 거장이 세상을 떠난 뒤 거의 100년 후에 찍은 것이지만, 얀이 운동의 모든 동작을 너무나 정확하게 안무하고, 기록하고, 묘사했기 때문에 링이 고안한 이후로 거의 변화하지 않았다고 한다. 영상과 책에서 내가 본 것을 바탕으로 이 '링 운동법'을 설명하라고 한다면, 정교한 안무로 짜인 건강 체조라고 할 수 있다. 팔굽혀펴기나 플랭크 등 체중을 이용한 운동과, 박자 및 속도를 맞춰 추는 군무, 심혈관계의 순환 속도를 높일 만큼 활발하고도 끊임없는 움직임을 대규모 그룹이 함께하는 것이라고 묘사해야 가장 정확할 듯하다. 남성과 여성은 따로 수업을 들었고, 모두 간편한 유니폼을 입고 있었다.

링의 건강 체조는 넓은 의미에서 요즘 체육관에 가면 볼 수 있는 단체 피트니스 수업의 전신이라고 할 수 있다. '아름다움'에 대한 천착은 그의 작업을 규정하는 특징이었다. 수많은 사람이 우아한 동작을 정확히, 똑같이 맞춰서 하면 아름답게 보이고, 아름답다고 느끼며, 아름다움을 표현하는 감각을 공유할 수 있다. 그러기 위해서는 엄청난 양의 연습과 반복이 필요했다. 학생 하나하나가 완벽하게 동작을 수행할 수 있을 때까지 같은 동작을 반복해 연습하는 과정에서, 각 개인의 개성은 공동체, 나아가 (상징적으로) 나라 전체에 흡수된다.

액면 그대로만 보면 이해할 만하고 심지어 칭찬할 만하지만, 이 철학의 어두운 면은 결국 이후에 표면으로 떠오르고 만다. 극도의 민족주의 정신을 신체 단련에 불어넣고, 훈련을 지휘하는 단 하나의 지도자에게 완벽한 순종을 하도록 요구함으로써, 링은 동시대인인 얀과 함께, 의도한 바는 아니지만 나치의 상징이 된 대규모 단체 운동 프로그램의 원본을 만들어낸 셈이 되었다. 개개인을 구분할 수 없을 만큼 똑같은 복장을 한 청소년들을 모아놓고 건전한 운동을 한다고 표방했지만, 실제로는 반유대인 준군사 단체로 활동을 했던 '리그 오브 저먼 걸스League of German Girls'나 '히틀러 유스Hitler Youth' 등이 그 예다. 구소련과 중국 등 전체주의 정권하의 많은 나라에서 이와 비슷하게 군사 훈련을 방불케 하는 운동 단체들이 생겨나고 운영됐다.

좀 더 긍정적인 측면을 언급하자면, 세계 전체와 모든 시대를 통틀어서 링은 여성과 어린이들에게 운동을 거의 처음으로 권장했던 사람이자, 미국·영국 학교에서 체육 수업을 시작하는 데에 큰 도움을 준 인물이다. 링이 세운 기관이 맡은 가장 중요한 임무는 강사를 육성하는 것이었다. 이들이 스웨덴뿐 아니라 외국까지 진출해 수업을 이끌면서 링의 운동 철학을 복음처럼 전파하려는 것이 강사 육성의 목표였고, 실제로 그렇게 되었다.

1877년 링이 세운 학교의 졸업생인 콩코르디아 뢰윙Concordia Lofving이 런던 교육 위원회School Board of London에 임명됐다. 런던 역사상 여성 최초 감독관이라는 획기적인 임명을 받은 뢰윙은 여학생들을 위한 학교 커리큘럼에 체육 수업을 접목했다. 영국의 어떤 교사도 이 일을 해낼 자격을 갖추지 못했다는 단순한 이유로, 스톡홀름에서부터 그녀를 영입한 것이었다. 5년 후, 링이 세운 학교의 또 다른 졸업생이 뢰윙의 뒤를 이어 부임했다. 마르티나 베리만-오스테르베리Martina Bergman-Osterberg는 여성 참정권 옹호자로, 소녀들을 위한 체육 교육을 300개 이상의 학교로 확장했으며 자신이 여성 감독관으로 재임하는 동안 다른 여성을 체육 교사로 훈련시키는 것을 큰 목표 중 하나로 삼았다. 베리만-오스테르베리는 헐렁하고 편안해서 여학생들이 운동할 때 입기에 실용적인 민소매 튜닉을 도입한 것으로도 알려져 있다. '짐슬립gymslip'이라 부르는 이 옷은 여성을 위한 운동복의 초기 모델이다. 뢰윙은 여성을 위해 여성이 쓴 운동 관련 서적 중 하나인 《운동 교육에 관하여*On Physical Education*》을 1882년에 출간했다.

링의 영향은 미국에까지 퍼져나갔다. 1839년 그가 세상을 떠난 지 2년만에, 마담 보주Madame Beaujeu라는 대담한 이름을 건 기업가(왜 마담이라고 부르는지는 알려지지 않았다)가 보스톤에 최초로 여성만을 위한 체육관을 개장했고, 4년 후 뉴욕에도 지점을 냈다. 캐서린 비처는 이 분야에서 이름을 낸 또 다른 유명한 미국인이다. 《톰 아저씨의 오두막*Uncle Tom's Cabin*》의 저자이자 여성 인권 옹호자인 동생 해리엇 비처 스토와는 달리, 여성 참정권 운동에 참여하지 않겠다는 결연한 태도를 보인 그녀는 자신의 정치적 입장과는 상관없이 여성의 운동만큼은 열렬히 지지했다. 교육자이자 저자였던 캐서린은, 우아하면서도 활발하게 움직임을 계속 이어가는 동작이 골자인 링의 건강 체조 접근 방식을 공부했다.

비처는 1840년대부터 1850년대 사이 수없이 다양한 버전으로 발간된 《가정 경제에 대한 고찰*Treatiese on Domestic Economy*》 을 비롯해 여성을 위한 책을 수십 권이나 썼다. 제목만으로는 어떤 내용일지 짐작하기가 힘들지만, 책에는 여성들이 강좌를 듣거나 체육관에 가지 않고도 집에서 혼자서 따라 할 수 있는 '집안 운동' 챕터가 포함되어 있다. 1980년대 제인 폰다가 해낸, 다양한 혁신의 선구자라고 할 수 있겠다. 비처는 심지어 여성들에게 '흥미를 돋우기 위해' 음악에 맞춰 운동하라고 권장하기까지 했다.

링과 얀의 영향을 받은 미국의 몇몇 남성들도 여성과 어린이들의 운동을 열렬히 지지했다. 그중 가장 잘 알려진 사람 중 하나는 운동이 가진 건강 효과에 대해 가르치고, 강연하고, 집필했던 디오클레시안 (디오) 루이스Dioclesian (Dio) Lewis다. 그가 남긴 저서로는 링의 영향을 받은 《남성, 여성, 어린이를 위한 새로운 체조*New Gymnastics for Men, Women, and Children*》(1862~1868년 동안 다양한 판형으로 출간)가 대표적이다. 루이스는 보스턴에 체육 교육을 위한 영향력 있는 학교를 열기도 했다. 그 학교는 1868년에 문을 닫았지만, 이후 보스턴에 또 다른 스웨덴식 체조 및 체육 교육 학교가 문을 열었다. 링의 열렬한 팬이자 스웨덴에서 태어난 귀족인 닐스 포세Nils Posse 남작과 보스톤 출신 복지가 메리 헤먼웨이Mary Hemenway의 후원 덕분에 가능한 일이었다. 링의 영향은 지구 곳곳으로 뻗어나갔다. 그렇지만 이번에는 스웨덴이 아니라 대영제국을 통해서였고, 접목된 운동은 아주 동양적인 신체 훈련인 요가였다.

~

몇 년 전, 월트 휘트먼Walt Whitman이 1858년 〈뉴욕 아틀라스*New York Atlas*〉신문에 익명으로 기고한 13편짜리 "남자다운 건강과 트레이닝"이 한 용감무쌍한 대학원생에 의해 재발견되면서 세상이 떠들썩해진 적이 있었다. 운동·식이요법·건강·'남자다움'에 대해 거의 책으로 엮어도 좋을 만큼 긴 연작 기고문이 유명한 미국 시인에 의해 쓰였고, 오랫동안 잊혔다가 재발견되었다는 사실 자체는 놀랍지만, 그런 역사적 의미를 빼고 나면 나는 휘트먼의 그 글이 매우 우스꽝스럽다 생각했다. 비과학적인 부분이 확실히 있고(그는 이미 맞지 않다고 널리 받아들여진 4체액설을 여전히 믿고 있었다.), 오직 남성에게만 초점을 맞췄다는 면에서 성차별적인 데다가, 우생학을 강조했다는 점에서 인종 차별적이었다.

19세기에는 그보다 훨씬 중요한 발전이 대서양 건너에서 벌어지고 있었다. 바로 자전거의 발명이었다. 역사학자 데이비드 V. 헐리히David V. Herlihy가 집필한 《자전거*Bicycle*》에서 잘 보여주듯, 자전거 발명의 공은 자전거의 디자인과 실질적인 기능을 서서히 향상한 수많은 발명가 모두에게 돌아가야 한다. 하지만 현재 우리가 '자전거'라고 부르는 것을 발명했다는 주장 중 가장 최초라 확인할 수 있는 것은 (자전거라는 용어는 1860년대까지 사용되지 않았다) 1817년 독일의 발명가이자 공무원이었던 카를 폰 드라이스Karl von Drais남작이 발명한 라우프마신Laufmaschine(독일어로 '뛰는 기계')이었다.

드라이스는 당시 흉년이 들어 말이 귀해지자 말을 대체하기 위해 이 기계를 구상했고, 특허를 받았다. 그가 제작한 나무 틀로 구성된 이 기계는 바퀴가 2개 있고, 방향 조정이 가능하며 인간의 힘을 추동력으로 사용하는 최초의 탈것이었다. 하지만 자전거 타기는 운동이나 여가 활동이 아니라 교통수단이었고,

남성만 가능하다는 점이 매우 강조됐다. 자전거 바퀴는 쇠로 만들어졌고, 요즘 자전거처럼 페달이나 체인이 없었다. 대신 자전거를 탄 사람이 한 번에 한 발씩 번갈아가며 땅을 밀어서 킥보드를 타듯 앞으로 나아갔다. 드라이스의 기계 이름은 발명가의 이름을 따서 '드라이지느draisne', 혹은 '빠른 발'을 뜻하는 '벨로시피드velocipede'라고 불렀다.

이후 75년 동안 드라이스의 발명품을 개선한 여러 장치가 나왔다. 어떤 것은 더 안정감을 주기 위해 세 개, 네 개의 바퀴를 달기도 했다. 페달이 장착되어 발로 미는 부분이 개선되긴 했으나 앞바퀴를 높게, 크게 만들고 뒷바퀴는 작게 만들어 발이 땅에서 너무 떨어져 있을 수밖에 없었다. '하이 휠스high wheels' 혹은 '페니-파딩스penny-farthings(앞, 뒷바퀴 크기가 서로 다른 자전거의 모습이 큰 동전인 페니와 작은 동전인 파딩을 놓은 것처럼 보인다는 의미로 이어붙여 지어진 이름)'라고 불린 이 모델은 벨로시피드보다 더 빠른 속도를 낼 수 있다는 장점이 있었지만 안정감이 적고 더 위험했다.

진정한 돌파구는 1880년대에 나온 '안전 자전거'라고 부르는 장치였다. 훨씬 안전해진 이 기계는 앞바퀴가 커다란 하이 휠스를 급속도로 대체했다. 안전 자전거는 비슷한 크기의 살이 있는 바퀴 2개가 달려 있어서 현대식 자전거와 매우 비슷했다. 점점 더 안전해지고, 더 빨라지고, 더 유선형으로 진화한 안전 자전거가 문화 측면에서 극적인 변화를 이끌면서 자전거를 이용하는 사람들의 유형을, 그들이 자전거를 타는 이유을 바꿔 놓았다. 이제는 자전거가 더 이상 남자와 소년들만 타는 위험한 장난감, 다시 말해 신기한 물건이 아니라 합리적인 교통 운송 수단으로 받아들여지기 시작한 것이다. 그런 변화 중에서도 가장 급진적인 현상은 이 탈것이 여성이 이용하기에도 적당하다는 인식이 점점 확산된 것이었다.

1890년대로 접어들면서는 스텝-스루 프레임(지상고가 낮아 승하차가 편리한 자전거 프레임의 일종—옮긴이)에 뒷바퀴와 앞바퀴 사이를 잇는 수평봉이 없어 여성이 더 쉽게 자전거에 오르내리고 탈 수 있는 '숙녀용' 자전거가 고안됐다. 거기에 더해 여성의 긴 치마가 뒷바퀴와 체인에 휘말리지 않도록 막아주는 '치마막이'가 장착된 자전거도 있었다. 치마가 가리는 신체 부위, 즉 엉덩이 근육·사두근·햄스트링·종아리 근육 등이야말로 자전거를 탈 때 가장 힘이 많이 들어가는 부위이고, 이는 그전까지 여성 대부분이 효율적으로 강화하고 발달시킬 기회가 없는 신체 부위이기도 했다.

19세기에 나온 이 장치, 다시 말해 여성을 염두에 두고 특별히 설계된 여성용 자전거야말로 전 세계적인 여성 운동 역사에서 가장 의미 있는 발전이 아닐까 하는 게 내 개인적인 생각이다. 여성 친화적인 자전거의 발명과 막 움트기 시작한 여성 참정권 운동이 깊은 연관성이 있다는 사실은 부인할 수 없다. 위대한 미국의 여성 인권 운동가 수전 B. 앤서니Susan B. Anthony는 1896년에 다음과 같이 말했다. "세상에서 자전거만큼 여성 해방에 크게 이바지한 존재는 없다. 자전거는 여성에게 자유와 독립의 감각을 선사한다. 자전거를 탄 여성이 지나갈 때마다 나는 그 자리에 서서 즐거운 마음으로 그녀를 바라본다…. 그 광경은 무엇에도 속박되지 않는 자유로운 여성상 바로 그 자체다."

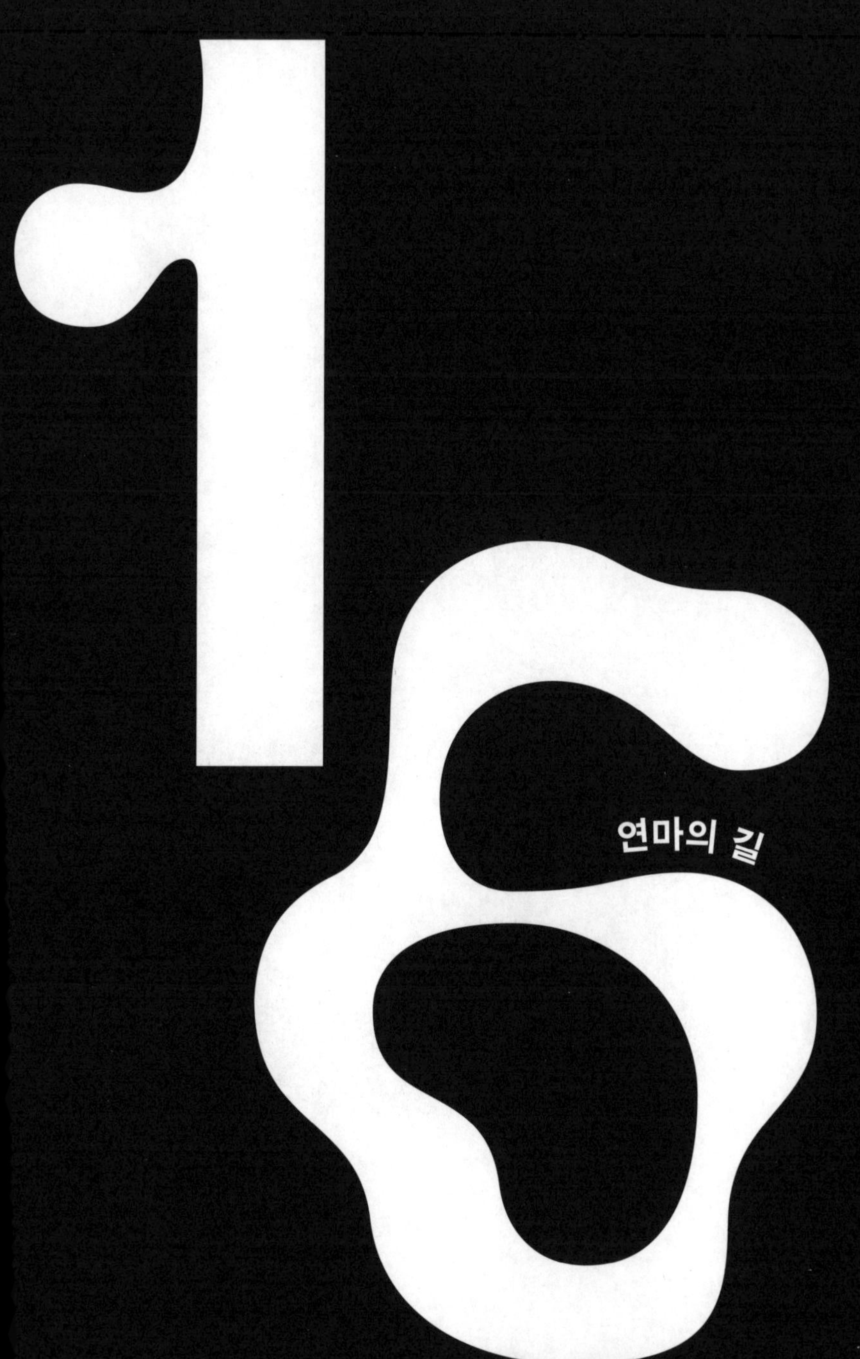

16 연마의 길

움직임은 몸이 연주하는, 소리 없는 음악이다.

_윌리엄 하비

‹What about India›, Maurice Merlin, 1941

수업이 막 시작하려는 참에 한 남자가 서둘러 들어오더니 내 옆자리에 요가 매트를 편다. 마지막 남은 자리였다. 그의 긴장된 에너지와 불안감이 손에 만져질 듯 생생하게 느껴진다. 그는 다른 사람과 보조를 맞추는 것이 어려운지 자신을 닦달하면서 짜증이 나는 듯했다. 잠시 나도 짜증이 났다. 할 수 있었다면 다른 곳으로 옮겼겠지만, 70명이 가득 메운 붐비는 요가 스튜디오에서 이는 쉬운 일이 아니다. 그래서 나는 의식적으로 내 기분을 바꾸겠다는 결심을 했다. 아리스토텔레스는 《문제론*Problems*》에서 다음과 같은 질문을 던진다. "(병을 앓는 사람은 다른 사람도 병들게 할 것이라고 생각하면서) 건강한 사람과 가까이하면 더 건강해진다는 생각을 우리는 왜 하지 않을까?" 그는 그에 대한 답을 알지 못했다. 그러나 나는 넓은 의미로 규정한 건강함은 전염성이 있다고 믿게 되었다. 그러니 내가 계속해서 침착하게 행동하면 내 옆의 이 초조한 남성도 침착해질지도 모른다.

'파워 요가'라고도 부르는 이 빈야사 요가 강좌는 내가 다니는 뉴욕의 체육관에서 열리는데, 속도가 빠르고 힘든 수업이다. 기본 흐름 동작을 여러 번 반복해서 준비운동을 한다. 플랭크(들숨), 차투랑가(날숨), 업독(들숨), 다운독(날숨), 반복. 내 요가 매트 앞쪽은 조명이 어둡게 되어 있는 스튜디오 벽에서 불과 몇 cm 정도 떨어져 있다. 내 뒤에서 요가를 하는 다른 수강생도, 요가를 이끄는 강사 멜린다도 볼 수가 없고, 그저 내 앞에 있는 평범한 갈색 커튼에 시선을 고정할 수밖에 없다. 멜린다의 목소리만 듣고 동작을 진행하기 때문에 눈을 감아도 별 상관이 없다. 멜린다는 음악 소리처럼 듣기 좋고 부드러운 목소리로 알아듣기 쉽게 동작을 지시한다. 해부학적으로 명확하게, 팔다리의 모든 움직임을 정확하게 설명한다. 나는 그녀의 안내를 듣고, 정신을 집중하고, 그 지시에 따른다. 폭탄 해체반 대장이 전화로 전해주는 상세한 지시 사항을 들으면서, 째깍째깍 초침이 돌아가는 시한폭탄을 멈춰야 하는 영화 속 인물이 된 느낌이 든다. 하지만 오늘 우리가 가진 수단과 도구를 모두 동원해서 이곳에서 이뤄내려는 것은, 다루기 힘든 기계를 해체하는 것과는 정반대의 일이다. 요가는 몸속에 존재하는 보이지 않는 끈을 끊어내는 운동이다. 이 운동은 자신의 몸으로 이전에는 가능하리라 상상했던, 또는 생각조차 하지 못했던 일을 해내는 능력을 키우는 것이 목표다.

지난주만 해도 나는 난생처음 까마귀 자세를 하는 데 성공했다. 여섯 달 정도를 시도했지만 성공하지 못한 자세였다. 그러나 그날 저녁, 나는 몸을 웅크리고 두 손을 바닥에 굳게 댄 다음 구부린 팔꿈치 위쪽에 무릎을 댔다. 그 순간 균형이 잡히는 게 느껴졌고, 더 의미심장하게는 두려움이 몰려들지 않았다. 내가 까마귀 자세를 하고 있었다. 그 자세를 10초에서 12초 정도 유지하다가 머리에 떠오른 어떤 생각에 정신이 팔렸고, 뒤로 넘어졌다. 다시 한번 시도했다. 그리고 이번에도 성공했다.

준비 단계를 마치고 몸이 풀리면 우리는 멜린다의 지도를 따라 점점 더 복잡한 자세로 옮아간다. 이제 진짜로 땀이 나기 시작하고, 수업 이름에 붙어 있던 '파워'라는 말이 무색하지 않은 지경이 된다. 이렇게나 다양한(나이·성별·체형·경험·운동 능력) 사람들을 차근차근 단계별로 이끌어서 굉장히 어려운 동작도 해낼 수 있게 돕는 멜린다의 능력은 감탄스럽다. 한 자세에서 물 흐르듯 다음 자세로 중단도, 주저함도 없이 넘어간다. 가령 왼손이라 해야 하는데 오른손이라고 잘못 말하는 흔한 실수도 거의 하지 않는다.

멜린다는 강의에 참여한 사람 전체에게 명확한 지시 사항을 전달하면서도 동시에 개개인에게 주의를 기울이는 일을 잊지 않는다. 한참 수업이 진행되던 도중이었다. 상체를 숙인 채 양팔을 등 뒤로 돌려 마주 잡는 바인드 상태인 우리에게, 그녀가 그 상태를 계속 유지한 채 한 다리로 섰다가 나무 자세를 해보라고 제안했다.

이 동작은 어렵긴 했지만 전에도 해본 적이 있었다. 균형을 유지하기도, 바인드를 유지하기도, 한 다리로 체중을 버티면서 몸을 일으키기도 모두 힘들다. 나는 애를 쓰며 해보다가 넘어지고, 다시 시도하기를 반복한다. 방 반대편에서 멜린다의 목소리가 들려온다. "빌리, 오늘만 날이 아니에요, 오늘 꼭 성공할 필요 없어요." 그리고 그것은 내게 꼭 필요한 말이었다. 그녀는 내가 방향을 제대로 잡지 못했다는 것을 알고 있었고, 지나치게 애쓰는 동안 정신까지 산란해졌다는 것도 알고 있었다.

나는 멜린다를 한번 쳐다보고 고개를 끄덕여 보인 뒤 아기 자세를 취하고 잠시 숨을 고른 다음 플랭크 자세, 업독, 다운독을 거쳐 멜린다가 이끄는 수업에 다시 참여하기 시작했다.

~

요가는 일주일에 한두 번 강습에 참여하거나, 집에서 혼자 해보면서 최근 몇 년 동안 지속해 오는 운동이다. 아주 오래전에도 요가를 시도한 적이 있었다. 대학에 다니던 1980년대 초 요가 단기 강좌를 들었던 기억이 있고, 샌프란시스코에 사는 동안에도 가끔 요가 수업에 한두 번 참여하긴 했었지만 한 번도 진지하게 요가를 하지는 않았다. 나는 늘 중량을 들어 올리는 근력 운동을 좋아했다. 요가를 제대로 해봐야겠다는 생각을 한 계기는, 좀 무식하지만 간단히 요약하자면 사람들이 골칫거리라고 말할 때 주로 쓰는 표현인 '페인 인 디 애스pain in the ass', 다시 말해 엉덩이에 온 통증 때문이었다. 좌골 신경에 염증이 생겨서 야기되는 좌골신경통을 앓게 된 것이다. 지난 30여 년간 하루 8시간씩 책상에 앉아서 일한 결과 골반 바로 아래를 통과해 양다리로 뻗어나가는 길고 두꺼운 신경인 좌골 신경에 손상이 간 것이다. 앉기만 해도 아프다. 대둔근 바로 아래 성냥불을 켠 듯한 통증이 온다. 신경과 전문의를 찾아갔지만 앉은 자세로 일하는 시간을 줄이고 생활 태도를 바꾸는 것 외에는 통증 완화에 특효약은 없다는 답을 들었다. 당분간은 스쾃이나 다리 운동은 생각지도 못할 일이 되었고, 작은 탁자들을 쌓아올려 서서 일할 수 있는 책상을 임시로 만들어 글 쓰는 작업을 해야만 했다. 어쩌면 잘된 일일 수도 있다. 이제 나도 몸이 완전히 망가지기 전에 그나마 작동하는 부분이라도 잘 달래서 써야 하는 나이가 된 것이다.

내가 다니는 체육관 4층에는 요가 스튜디오가 있었다. 스튜디오에 들어서면 다른 곳보다 온도가 높다는 것을 바로 느낄 수 있다. 바로 아래에서 운동하는 사람들이 내뿜는 열기와 습도가 바닥을 통해 올라오고, 스튜디오 안에 있는 사람들이 내뿜는 호흡이 한데 모여 내는 효과다. 또 하나 다른 점은 이곳이 훨씬 조용하다는 점이다. 4층만큼은 어떤 음악도 스피커에서 나오지 않는다. 주 고객은 50세 이상의 장년층이다. 요가 수업이 시작되기 전 나는 체육관 전체를 가로질러 무거운 타워를 끌고 가던 남자와 하마터면 부딪힐 뻔했다. 그는 스텝 박스 4개(에어로빅 스튜디오에서 빌려온 게 분명했다.) 위에 20kg짜리 아령을 올려 만든 타워를 끌고 있었는데, 크로스핏이 '기본으로 돌아가 운동하자'는 개념을 유행시키면서 나온 여러 운동을 DIY 스타일로 응용한 것이었다. 그는 그 무거운 타워를 끌고 계속 이쪽에서 저쪽으로 왕복하고 있었다. 산만 없었지 시시포스의 형벌과 다르지 않아 보였다.

"보기만 해도… 힘들 것 같네요." 나는 그 남자가 잠깐 멈추자 그렇게 말했다. "전신 운동이에요." 그가 헐떡이면서 겨우 말했다. "30분씩 하죠." 얼굴이 빨갛게 달아오른 데다 땀으로 범벅이 되어 있었다. 그가 가는 곳마다 바닥에 커다란 땀방울이 떨어져 있어서 마치 구멍 난 물병을 가지고 걸어간 것처럼 보였다. 나는 프리드리히 니체의 말을 떠올리지 않을 수 없었다.

"그냥 의지를 가질 수는 없다. 뭔가를 목표로 하는 의지를 가져야 한다." 그는 단호한 결의가 가득한 얼굴로 다시 운동을 시작했다. 나는 기꺼운 마음으로 요가 스튜디오로 향했다.

뉴욕을 포함한 서구에서 일반적으로 행하는 요가는 요가가 시작된 인도에서 처음 행하던 형태의 요가들과는 많은 부분에서 다르다. 그렇다고 해서 요가의 정확한 원류를 콕 짚어낼 수 있다는 말은 아니다. 그와 비슷하게 중요한 사실은 요가를 처음 발명한 사람들도 알려진 게 없다는 점이다. 요가의 초기 형태는 5천년도 넘는 과거에 인도 북부 인더스-사라스바티 문명에서 시작되었다는 설이 가장 널리 받아들여지고 있다. 요가가 최초로 인쇄물에서 아주 잠깐이나마 언급된 것은 힌두교의 4대 성전 중 하나인 《리그베다*Rigveda*》에서다. 브라만 성직자들이 사용하는 힌두교의 4대 성전 중 하나로, 기원전 1700년부터 기원전 1100년 사이에 집필된 《리그베다》에는 인도의 영적 관행 및 종교와 깊은 연관을 맺고 있는 요가의 역사적 뿌리를 증명해 주는 내용이 담겨 있다. 시간이 흐르면서 요가는 철학적 측면과 수행의 측면에서, 힌두교의 브라만들과 수련자들에 의해 다듬어졌다. 결국 이 믿음은 산스크리트어로 기원전 약 800년에서 기원전 200년 사이에 쓰인 성전 《우파니샤드*Upanishads*》에 집대성되었다.

요가의 고전 시대로 알려진 시기에는 신비주의자이자 요가 마스터인 판탄잘리Patanjali의 영향이 지대했다. 그는 2세기에 요가 이론과 실천을 담은 기본서인 《요가수트라*Yoga sutras*》를 집필한 장본인으로 알려졌다. '알려졌다'라고 말한 것은 아리스토텔레스를 포함한 고대 인물들과 마찬가지로 이 책을 판탄잘리가 직접 썼는지 그의 제자 혹은 제자들이 썼는지 확실치 않기 때문이다. 《요가수트라》는 요가 수행을 '깨달음'에 도달하는 '8개의 경로'로 압축하고 있다. 이를 누가 썼는지는 상관없이 판탄잘리는 요가의 아버지로 일컬어졌다.

판탄잘리 시대로부터 몇 세기가 지난 뒤, 인도의 요가 마스터들은 고대 힌두 성전의 신비주의적 가르침을 거부했다. 그 대신 깨달음에 도달하는 방법으로 육체적 요소를 더 강조하기 시작하면서 중요한 변화가 일어났다. 그들이 만든, 탄트라Tantra라고 부르는 이 요가는 결국 현재 서구에서 가장 널리 퍼진 하타Hatha 요가로 진화했다.

19세기 말, '요기'라고도 부르는 요가 마스터들이 인도에서 서구로 건너가서 요가의 가르침을 직접 보여주면서 이 철학은 확산되었다. 그중 가장 성공을 거두고 유명해진 요가 마스터는 스와미 비베카난다Swami Vivekananda로, 미국 전역을 돌며 강연을 하고, 200권이 넘는 책을 썼다고 알려졌으며, 전 세계에 요가 센터를 세웠다. 흥미로운 점은 서양에서 동양으로 이주를 한 사람들 또한 요가 수행에 영향을 줬다는 사실이다. 이쯤에서 다시 한번 스웨덴인인 페르 헨릭 링이 등장한다. 19세기 중반에 살았던 링이 가졌던 운동 철학은 그의 '왕립 중앙 체조 협회'에서 훈련받은 사람들을 통해 영국으로 수출됐고, 영국 군대에도 영향을 줬다. 인도를 식민지로 만들고 통치하기 위해 파견된 영국군은 현지인들에게 링의 대규모 단체 운동을 퍼뜨렸다. 이 방법이 널리 쓰인 이유는 부분적으로는 링 운동법이 기구·기계 없이 몸만 있으면 실천할 수 있어서도 있지만, 다른 것도 있었다. 링과 얀의 집단 체조에 깃든 애국주의적 정신이 인도 사람들에게 매력적으로 다가왔고, 이에 인도 고유의 운동 형태인 요가에 관한 관심이 그들 사이에서 싹트기 시작한 시점이 겹쳐진 것이다.

요가가 큰 인기를 끌게 된 데에 서구가 명확히 영향을 준 부분이 또 하나 있다. 19세기가 저물 무렵, '신체 문화physical culture'로 알려진 전 세계적 거대 움직임에, 신체 단련에만 초점을 맞춘 운동법들이 흡수되기 시작했다. 산업 혁명에 대한 반응으로 나타난 현상이었다. 노동이 육체적으로 덜 힘들어지고, 공장 또는 그와 비슷한 환경에서 일하는 사람들이 이전보다 몸을 덜 움직이게 되면서 나이와 성별에 상관없이 모두 운동에 관심을 보이기 시작했다. 자발적인 운동은 몸과 마음, 심지어 사회 자체가 겪는 병을 고치는 만병통치약으로 부상했다. 20세기 초에는 여성과 남성 모두를 대상으로 하는 건강 및 신체 단련을 다루는 잡지들이 나오기 시작했다. 프랑스 사진작가 에드몽 데보네Edmond Desbonnet의 〈신체 문화*La Culture Physique*〉, 모르타 박사Dr. Mortatdml의 〈여성의 신체 문화*La Culture Physique de la femme*〉, 미국 기업가 버나 맥패든 Bernarr Macfadden의 〈피지컬 컬처*Physical Culture*〉 등이 그 예다. 하지만 전 세계적 신체 문화 현상에서 가장 중요한 인물을 하나 꼽으라고 하면 단연 사람 자체가 하나의 현상이 된 프로이센 출신 보디빌더이자 쇼맨, 노련한 기업가였던 오이겐 잔도우Eugen Sandow를 들 수 있다.

그는 1867년에 태어나 프리드리히 빌헬름 뮐러Friedrich Wilhelm Muller라는 독일계 유대인 이름을 받았지만, 무대에 서기 위해 잔도우로 개명을 했다. 18세의 나이에 군 징집을 피해 프로이센을 떠나 유럽 전역을 여행하면서 가끔 서커스 공연에 차력사로 출연했다. 그는 선천적 재능을 가진 사람이었다. 비율 좋은 근육질 몸매를 유전적으로 타고난 그는 고대 조각상에서 볼 수 있는, '고대 그리스의 이상적인 몸'을 가졌다. 잔도우는 자신이 10대였을 때 고대 그리스 조각상들을 보며 영감을 얻었다고 말했다. 타고난 재능에 중량 운동으로 자신의 몸을 더 완벽하게 가다듬겠다는 의욕과 야망까지 갖춘 그는, 스타가 되겠다는 꿈을 키웠다. 마침내 런던에 입성한 그는 재미로 영국 보디빌딩 대회에 출전해 기존의 챔피언을 쉽게 물리치고 우승한 뒤, 곧바로 전국 대회와 국제 대회를 석권했다.

잔도우는 커리어를 발전시키는 과정에서 자신의 인기를 이색적인 방법으로 활용했다. 운동과 보디빌딩에 대한 수많은 책을 집필하고, 〈잔도우의 신체 문화 매거진*Sandow's Magazine of Physical Culture*〉이라는 잡지도 창간했다. 차력사로 전 세계를 돌며 무대에서 근육을 뽐내는 자세로 공연을 했다. 심지어 뮤지컬 〈지그펠드 폴리스Ziegfeld Follies〉 팀과 함께 순회 공연을 하면서 '퍼펙트 맨The Perfect man'이나 '천 년에 한 번 나올까 말까 한 인물' 등으로 소개됐다. 그러나 가장 큰 영향을 끼친 활동은, 자신의 이름으로 체육관과 훈련 학교를 확립한 일이었다. 잔도우라는 이름은 전 세계적으로 알려지다 못해 제임스 조이스James Joyce의

《율리시스》에까지 몇 차례 등장할 정도였다. 이 작품에서 주인공 리오폴드 블룸은 "'잔도우 운동'을 다시 시작해야겠다"고 수 차례 혼잣말을 한다. 블룸이 잔도우 운동을 재개했는지는 확실치 않지만, 그것과 상관없이 조이스는 소설의 열일곱 번째 에피소드에서 잔도우 운동에 관한 인상 깊은 홍보를 한다.

> 오이겐 잔도우의 '체력과 체력 증진법Physical Strength and How to Obtain It'에 나오는 실내 운동을 전에는 가끔이나마 했지만 이제 전혀 하지 않고 있다. 온종일 앉아서 일해야 하는 직업을 가진 남자들을 염두에 두고 고안된 그 운동은, 다양한 근육군을 자극하고 그에 따라 상쾌한 근육의 긴장을 야기할 수 있도록 거울 앞에서 정신을 집중한 상태로 해야 한다. 그러나 그 운동을 하는 시간이야말로 더 기분 좋은 휴식이며, 이는 젊음의 민첩성을 재현할 수 있는 가장 좋은 방법이다.

'보디빌딩'이라는 용어는 1818년 미국의 신체문화 활동가 로버트 J. 로버츠Robert J. Roberts가 만들어냈다. 그는 매사추세츠주의 '기독교 청년회YMCA, Young Men's Christian Association'에서 운동 강사로 일했다. (로버츠는 또 메디신 볼의 발명가로도 기억할 만한 인물이다.) 그러나 보디빌딩을 국제적으로 알리고, 고전적인 보디빌딩 포즈를 유행시키며, 근육질 몸에 대한 대중적 관심(남성만 관심을 가진 것은 아니지만) 특히 남성들의 관심을 끌어모은 주역은 잔도우다.

상대적으로 근래에 발명된 사진은 잔도우가 세계적으로

성공하는 데 중요한 역할을 했지만, 많은 사람이 간과하는 사실이기도 하다. 그는 저서, 잡지, 포스터, 서명된 사진 등으로 자신의 아름다운 몸을 뽐내는 데 사진을 영리하게 이용했다. 그는 자기 몸을 드러내는 데 대해서도 전혀 거리낌이 없었다. 콧수염을 기른 잘생긴 잔도우가 가짜 무화과 잎사귀로 성기만을 간신히 가린 나체로 포즈를 취하고 있는 사진을 보면 왜 그가 그토록 센세이션을 일으킨 존재였는지 짐작이 간다. 요즘에는 진품 잔도우 사진이 수집가들 사이에서 큰 인기를 끌고 있다.

1904년, 잔도우는 남아프리카 공화국, 인도, 아시아의 여러 나라를 방문했다. 그의 일대기를 쓴 데이비드 월러David Waller는 이렇게 말한다. "경영인으로서 잔도우는 자기 자신을 진정한 세계적 브랜드로 만듦으로써 거둘 수 있는 엄청난 상업적 기회를 모색하고 있었다. 식민지 시대의 개척자처럼 그는 자신이 개발한 운동법의 깃발을 영국의 식민지라는 미개척 시장에 꽂기 위해 노력을 기울였다. (…) 그런 지역에서 그는 자신의 잡지와 훈련 학교들의 성공을 재현하려 했다." 그는 링의 운동법이 인도 대륙에 이미 자리를 잡았다는 사실에 매우 짜증을 냈다고 전해진다. 그러나 잔도우는 링이 갖지 못한 우위를 점하고 있었고, 그 사실을 백분 활용했다. 링은 오래전에 죽은 사람인 반면 사람들은 조각처럼 잘 다듬어지고 섹시한 잔도우를 직접 가서 볼 수 있었고, 심지어 그의 벗은 몸을 만져볼 수도 있었다. 산처럼 솟은 이두박근, 거대한 허벅지, 물결치는 복근 등을 말이다. (물론 그는 돈을 받고 자기 신체 일부를 만지게 해줬다.)

잔도우의 명성은 그가 인도에 도착하기 전부터 널리 퍼져 있었고, 그의 쇼에는 수천 명의 관객이 몰려들었다. 그는 신체 문화 운동의 파키르fakir(거의 성인에 가까운 수도자)로 받아들여져서, 그만의 운동법을 통해 병과 불구를 '고칠' 수 있다고까지 여겼다. 그의 근육질 몸매는 당시 인도에서 흔히 볼 수 있는 종류가 아니었고, 요가 마스터들과 그의 추종자들은 그의 몸을 모방했다. 그들은 시쳇말로 '머슬맨'이 되기 위해 노력했다. 그때까지만 해도 수척함에 가깝게 여윈 몸을 이상적으로 생각했던 사람들이었다. "놀라울 정도로 환영을 받았습니다." 그는 후에 〈데일리 메일〉과의 인터뷰에서 그렇게 말했다. "제가 그렇게 많이 알려졌다는 사실도 놀라웠죠." 인도만 잔도우를 짝사랑한 것은 아니었다. 잔도우도 인도와 사랑에 빠져 파시 교도 기업가의 후원으로 인도에 머물지 않겠냐는 제안을 받고 거의 승낙하기 직전까지 갈 정도였다.

그렇다면 요가 수행자들과 잔도우가 서로 좋아했다는 것 말고, 이 상업적 재능이 뛰어난 보디빌더와 요가 사이엔 정확히 어떤 접점이 있었던 것일까? 의료인류학자 조지프 올터Joseph Alter와 요가 역사학자 마크 싱글턴Mark Singleton을 비롯한 주요 현대 학자들은 잔도우와 인도를 달군 '잔도우 열풍'이 요가의 대중화 촉진에 큰 역할을 했다고 분석한다. 요가 마스터들은 전통적인 요가 수행에 신체 문화 운동의 포즈나 동작을 가미했다. 싱글턴은 저서 《요가 바디: 현대식 자세 수행의 근원*Yoga Body: The Origins of Modern Posture Practice*》에서 "잔도우의 영향으로 보디빌딩은 20세기 초부터 선례 없는 인기를 누렸다. (…) 이 현상은 '토착' 운동을 부활시키는 데 큰 역할을 했고, 거기에서 현대식 '자세 요가'가 나왔다." 싱글턴은 요가는 보디빌딩을 위한 운동으로 탄생했으며, 그 반대의 경우도 성립했다고 단정지었다. 하지만 나는 잔도우가 전통 요가 자세(가령 서서 하는 나무 자세인 '브릭샤아사나Vrksasan' 같은 것)를 자신의 차력사 공연 동작이나 운동법에 포함시켰다는 증거나, 요가 마스터들이 요가 수행에 잔도우 스타일의 운동(예를 들어 이두박근 조이기)을 응용했다는 증거는 어디에서도 찾을 수가 없었다. 그보다는 기저에 흐르는 철학, 즉 강하고, 탄탄하고, 미적으로 보기 좋고 건강한 몸에 초점을 맞춘 사상이 그 둘을 연결했으며, 요가 발달사에서 매우 중요한 시기에 우연히 그 일이 벌어졌다고 보는 게 적절해 보인다.

~

잔도우가 인도를 방문한 지 100년도 넘게 흐른 뒤, 나도 처음으로 인도를 찾았다. 뭄바이에서 엿새를 지내면서 나는 '문학 및 사상 축제'에 참여했고, 이후 뭄바이보다 훨씬 더 목가적인 남서부 해안의 케랄라 지역에서 일주일간 휴가를 보냈다. 케랄라에 도착한 지 얼마 안 된 어느 날 나는 아침 7시가 되기 직전에 스스로를 채찍질하며 침대에서 일어나 호텔 근처에서 열린 요가 강습에 참여했다. 다른 시간에는 강습이 열리지 않았기 때문이다. 한 시간짜리 수업을 단 한 번 들어보고 인도의 요가 수행을 일반화할 생각은 추호도 없지만, 이 말만은 할 수 있다. 그 전과 그 후에도 나는 그때 들었던 요가 수업과 비슷한 수업을 한 번도 들어보지 못했다.

나는 5분 정도 지각을 했다. 늦잠을 자기도 했고, 요가 센터 입구를 잘 찾지 못해서이기도 했다. 망으로 된 문을 소리 나지 않게 조심스럽게 열었다. 70세 정도 되어 보이는 남자 요가 마스터가 내가 나타난 것이 못마땅하다는 듯 흘끗 쳐다봤다. 그런 다음 퉁명스럽게 매트 하나를 집어서 내 쪽으로 던져줬다. 그가 그렇게 못마땅해하는 것도 무리가 아니었다. 늦는다는 것은 수업에 대한 존중이 없다는 뜻으로 받아들여질 수 있음을 나도 알고 있었다. 스튜디오 앞쪽, 요가 마스터 바로 옆에 아주 어린 소녀가 앉아 있었다.

나는 재빨리 자리를 잡았다. 나 말고 학생은 넷뿐이었다. 그것만으로도 미국에서 내가 참석했던 붐비는 요가 수업들과는 크게 달랐다. 실내는 바깥만큼 더웠다. 이른 시간인데도 온도가 30도는 되는 것 같았다. '핫 요가'라는 멋진 이름을 붙일 필요도, 보일러를 틀어댈 필요도 없었다.

요가 마스터는 천천히, 거의 무심하게 이야기를 했다. '이야기한다'고 표현하는 게 적절했다. 멜린다나 미국에서 내가 경험한 다른 요가 강사들이 수업을 이끄는 방법과는 거리가 멀었다. 미국의 요가 강사들은 집요하고 폭우처럼 말을 쏟아내면서 '지시'를 하는데, 그는 우리에게 지시하지 않았다. 그의 어조는 '알려주기'에 가까웠다. 그는 그냥 이야기를 하면서 자기가 가진 지식을 우리에게 낮은 소리로 알려줬다. 수업이 시작되고 얼마 되지 않았을 때, 책상다리로 무릎에 손을 얹은 채 앉아 있는 우리에게 그가 말했다. "자, 엄지와 중지를 코로 가져가세요…. 한쪽 콧구멍을 엄지로 막고… 다른 쪽 콧구멍으로 천천히 숨을 들이쉬어요. 4초… 숨을 내쉬어요…. 다른 쪽 콧구멍을 중지로 막으세요." 그런 식이었다. 그뿐이었다. 한 번에 콧구멍 하나로 숨을 쉬면서 정신을 집중하는 수업.

그 수업에서는 뉴욕의 체육관이나 스튜디오 요가 수업에서 느껴지는 경쟁적인 분위기가 전혀 없었다. 속도가 극도로 느렸고, 동작 하나하나를 숙고했다. 자기가 설명을 하고 시범을 보여도 우리 중 아무도 그 자세나 움직임을 정확히 해낼 것이라고 기대하지 않는 듯했다. 그는 요가가 평생 수행해야 하는 가르침이라는 암시를 우리에게 주었다. 시간과 노력을 투자해야 하며, 무엇보다 '수행(핵심어였다)'해야 터득할 수 있는 것이었다.

그러나 그날 아침 적어도 하나의 예상치 못한 예외가 있었다. 마스터의 네 번째 (아니면 다섯 번째) 동작은 결가부좌 자세로, 앉아서 숨을 한껏 들이쉬어 복벽을 최대한으로 안으로 당겼다가 숨을 내쉬면서 배 근육을 위에서부터 아래로 차례로 푸는 것이었다. 마치 차고 문이 내려오는 것처럼 근육 하나하나가 차례로 튀어나왔다가 차오르고, 문이 올라갈 때처럼 반대 방향으로 근육이 움직였다. 요가 마스터는 셔츠를 올리고 시범을 보였다. 오이겐 잔도우가 뽐내는 듯한 동작을 시연하는 그 장면을 쉽게 상상할 수 있었다.

나도 사람들과 함께 셔츠를 반쯤 올리고 시도해 봤다. 놀랍게도 나는 첫 시도에 성공했다. 꽤 발달된 복근을 가졌고, 너무 깊이 생각하지 않고 해서 나온 결과였을 수도 있다. 혹은 초심자의 행운이었을지도 모르겠다. 나는 내가 성공했다는 생각조차 하지 못하고 있었다. 내 배를 쳐다보다가 고개를 들어보니 요가 마스터가 미소를 짓고 있었다. "그것 보게나, 해냈군요!

나는 2주나 걸렸어요." 그는 가볍게 껄껄 웃고 처음으로 내게 미소를 지어 보였다. "축복받은 사람이군요."

마스터는 8개에서 10개 정도의 자세와 숨쉬기 연습을 하도록 인도했다. 이전에 해본 적 없는 동작은 하나도 없었지만 그곳에서는 모든 것을 더 천천히, 더 단순하게 했다. 땀을 흘리기 위해 하는 동작들이 아니었다. 팔다리를 편안하게 이완하고, 정신을 집중하고, 호흡에 마음을 쓰고, 몸의 한계와 잠재력을 더 잘 이해하고, 마음을 비우는 시간이었다.

수업을 마치고 요가 마스터는 수업 내내 옆에 조용히 앉아 있던 소녀를 소개했다. 9살 난 손녀라고 했다. 그는 그 손녀도 요가 마스터라고 자랑스럽게 말했다. 최근 학교에서 열린 요가 대회에서 우승했단다. 할아버지가 자랑하는 동안 소녀는 수줍게 미소 지으며 고개를 숙이고 있었다. 수업에 참여한 사람 중 하나가 시범을 보여줄 수 있는지 물었다. 소녀는 처음에는 사양했지만, 할아버지가 말을 이어나가던 중에 갑자기 멋진 곡예사 같은 자세를 취했다. 팔꿈치 아래 팔만 땅에 대고 균형을 잡은 채 다리를 올려 머리 위로 넘겨서 발이 위쪽을 향한 얼굴 바로 앞에 오도록 했다. 감탄사가 터져 나왔다. 그녀는 우아한 동작으로 다음 자세로 넘어갔다. 한 발로 서서 다른 다리를 완전히 몸 뒤로 뻗어 머리 위로 잡고 섰다. 균형을 잡고 선 다리만큼 뒤로 잡은 다리도 일직선이었다. 우리는 박수를 쳤고, 그녀는 수줍은 표정으로 동료 요가 마스터 바로 옆에 가부좌 자세로 다시 앉았다. "나마스테." 그녀의 할아버지가 작은 소리로 속삭이며 고개 숙여 인사를 했다.

증진을 위한 증거

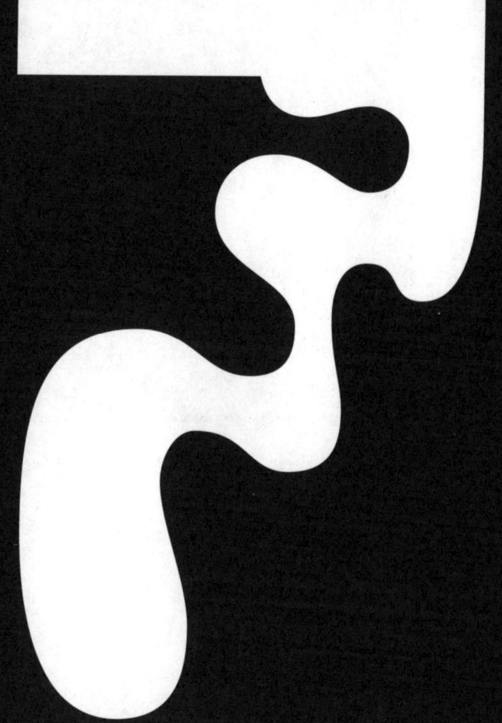

운동은 무엇인가? 운동에는 어떤 효과가 있으며, 어떻게 그런 효과를 내는 것일까?

_아치볼드 매클래런Archibald MacLaren, 《체육 교육 체계*A System of Physical Education*》, 1869년

‹De arte gymnastica›, Pirro Ligorio, 1573

운동이 우리에게 좋다는 추정, 다시 말해 운동이 우리의 전반적인 건강과 복지를 향상한다는 추정은 고대 그리스, 로마 시대부터 오랫동안 받아들여져 왔으며, 심지어 자명한 사실로 취급되기까지 했다. 이 개념은 히포크라테스·플라톤·갈레누스의 저술뿐 아니라 고대 이집트·중국을 비롯한 다른 문화의 문헌에서도 찾아볼 수 있다. 존경받는 인도의 의사 수슈루타 오브 인디아Suśruta of India(대략 기원전 800년~600년)는 몸의 '평형 상태'를 유지하기 위해(그래서 건강해질 수 있는) 운동을 장려하고, 과도한 운동은 삼가야 한다고 설파했다. 나쁘지 않은 충고다. 그럼에도 불구하고, 이 문제에 관한 고대 철학자(혹은 고대 의사)의 생각은 아무리 선견지명이라 해도 딱 거기까지였다. 다시 말해 생각에 그쳤을 뿐이다.

운동의 장점이 논란의 여지없이 과학적으로 증명된 것은 놀랍게도 비교적 최근의 일이다. 1950년대 초에 들어서야 소수의 과학자가 실제로 운동이 인간의 질병률과 사망률을 낮추는지를 들여다보기 시작했다. 이 분야의 개척자 중 가장 잘 알려진 사람 중 하나가 제레미(혹은 제리Jerry) 모리스Jeremy Morris라는 영국의 전염병학자였다. 잘난 척하지 않고 겸손했던 모리스가 2009년 80세의 나이로 세상을 뜬 후, 일부에서는 그를 "운동을 발명한 사람"이라고 부르며 추모했다. 물론 그런 묘사는 과장이다. 그보다는 '운동 과학 분야를 발명한 사람'이라고 모리스 박사를 묘사하는 쪽이 더 정확할 것이다. 사실 그가 처음부터 운동을 연구하려고 했던 것은 아니었지만 말이다.

모리스 박사의 직업에 주목해 보자. 그는 의사가 되기 위한 교육과 훈련을 받았지만 결국 임상 전염병학자가 되었고, 공중 보건 문제의 근저에 깔린 사회적 요인에 특별히 관심이 많았다. 제2차 세계대전 이후, 심각한 문제로 대두되었던 것 중 하나는 영국에서 유행병 수준으로 돌고 있던 심혈관 질환이었다. 당시 환자 수는 극적으로 상승 중이었고 폐암, 위궤양과 마찬가지로 심혈관 질환의 정확한 원인 또한 알려지지 않은 상태였다.

그러나 영국의 질병관리청에 해당하는 '사회 의학 연구 유닛Social Medicine Research Unit'에서 일하던 모리스와 그의 동료들은 '직업'이 요인 중 하나일 것이라고 이미 짐작하고 있었다. 모리스는 한 분야에서 일하는 집단 전체를 연구하겠다고 결심했다. 한 분야에서 다양한 작업을 서로 확연히 다른 방법으로 해내는 소집단으로 분류되고, 풀타임 직원들에 대한 의학적 데이터가 이미 존재해야 한다는 것 등이 중요한 연구 조건이었다.

모리스는 현대적인 시각으로 보면 기발하게 보이는 아이디어를 냈다. 교통 부문, 특히 이층버스나 전차 등의 운전기사와 차장을 연구하기로 한 것이다. 1949년부터 1950년까지 그는 35세에서 64세 사이 3만 1천 명의 남성(내가 조사한 바로는 전적으로 남성에 국한)을 조사했다. 같은 교통수단에 두 남성이 함께 탑승해 2인 1조로 일했지만, 그들의 일은 완전히 달랐다. 운전기사들은 온종일 앉아서 운전만 한 데 비해, 차장들은 근무 시간 내내 끊임없이 버스나 전차에서 내렸다 올라타기를 반복해야 할 뿐 아니라 계단도 오르내려야 했다. 차장들에게는 근무 자체가 운동인 셈이었다.

모리스와 그의 연구팀은 나와 있는 모든 데이터를 면밀하게 살폈다. 직원들이 질병으로 인해 결근한 기간부터 가정의와 종합 병원에서 받은 진단명, 사망진단서를 조사해서 얻은 구체적인 사망 원인과 건강 악화로 인한 퇴직까지 상세하게 조사했다. 연구팀은 심장 질환의 유형 중 협심증(심장에 혈액 공급이 부족해서 생기는 심한 가슴 통증, 다른 문제로 이어질 가능성이 크다)과 관상동맥 혈전증(혈전으로 인해 동맥이 부분적으로 혹은 전적으로 막히는 증상)에 집중했다. 두 증상 모두 심장마비로 이어지는데, 살 수도 있지만 즉시 사망하는 경우도 있다. 그렇게 살펴본 끝에 얻은 결과는 재론의 여지가 없었다.

모리스는 이 연구에 관해 1953년 11월 21일 〈란셋*lancet*〉에 실린 논문에서, 일하는 동안 활동량이 더 많은 차장은 계속 앉아서 일하는 운전기사들에 비해 이후 나이가 들었을 때 관상동맥성 심장질환을 앓을 확률이 훨씬 낮다는 결론을 내렸다. 버스 차장도 심장질환을 앓는 경우가 있었지만 두 증상 중 덜 심각한 협심증이 더 많았고, 함께 일하는 운전기사보다 조기 사망률이 훨씬 낮았다. 연구 대상이 된 3만 1천 명의 교통 부문 노동자 중 심장마비로 인한 즉시 사망 건수는 운전기사들에게서 두 배 이상 높게 나타났다.

모리스의 연구가 유의미한 결과를 내놓았음에도 학자들은 운동 자체, 다시 말해 현대식 개념의 자발적 운동을 건강 증진이나 치사율 감소 등의 경과와 직접 연관 짓지는 않았다. 모리스는 교통 부문 하나에만 국한해 내린 결론에서 "'차장 업무'에 수반되는 더 많은 육체적 활동 덕분에 차장들이 운전기사들보다 건강이 더 좋다"고 지적했다. 육체적 활동이 심혈관 건강에 가장 핵심적인 결정 요인이었고, 그 사실은 이후 이어진 운동과 심장질환 및 기타 질병에 관한 과학적 연구의 굳건한 토대가 되었다. 하지만 모리스는 거기서 멈추지 않았다. 이 분야에서 최초로 얻은 결과에 용기를 얻은 그는 이 주제를 더 연구해 보겠다는 생각을 굳혔다. 그가 고른 다음 연구 대상은 수천 명에 달하는 영국의 우체국 직원들과 정부에서 일하는 공무원들이었다. 이전 연구와 마찬가지로 모리스는 매일 무거운 짐을 지고 몇 km씩 걸으면서 우편을 배달해야 하는 우체부는, 사무실에서 온종일 앉아 서류 작업을 하거나 전화 응대 등의 업무를 해야 하는 행정직에 비해 심장질환에 걸릴 확률이 훨씬 낮다는 사실을 밝혀냈다.

모리스의 첫 연구 보고서가 〈란셋〉에 발표된 해인 1953년, 뉴욕에 기반을 둔 재활 전문가이자 의학박사인 한스 크라우스Hans Kraus, MD와 루스 P. 허쉬랜드Ruth P. Hirschland가 운동을 주제로 한 학술 논문을 발표했다. 이 두 사람의 연구 대상은 모리스와 완전히 다른 6세부터 19세 사이의 청소년들이었다. 미국과 해외의 청소년 7천 명에게 윗몸일으키기, 레그 리프트, 일어선 채로 윗몸을 굽혀 발가락에 손대기 등 간단하게 건강 상태를 가늠할 수 있는 동작을 시켜보았다. 이때 크라우스와 허쉬랜드는 미국 청소년들의 건강이 유럽 청소년들보다 매우 많이 떨어진다는 사실을 발견했다. 이동할 때 자동차에 의존을 많이 하고, 소파에 앉아서 텔레비전을 시청하는 생활 습관이 팽배한 비활동적인 미국 문화가 원인으로 분석됐다.

이 보고서가 처음 나왔을 때만 해도 별다른 관심을 끌지 못했다. 그러나 같은 보고서가 다음 해 〈뉴욕 스테이트 저널 오브 메디신*New York State Journal of Medicine*〉에 실렸을 때, 필라델피아 재계의 거물이자 조정 경기 챔피언 출신 존 켈리John Kelly(배우 그레이스 켈리Grace Kelly의 아버지)가 이를 눈여겨봤다. 켈리는 이 간단한 건강 테스트에 유럽 청소년은 8%가 불합격한 데 비해 미국 청소년 중 56%나 불합격했다는 사실에 충격을 받았다. 그는 이 보고서를 펜실베이니아주 상원의원 제임스 더프James Duff에게 전달했고, 더프는 이 주제를 토론하기 위해 백악관에서 아이젠하워 대통령 주재로 오찬회를 열었다.

허쉬랜드(그즈음 이혼해 더 이상 허쉬랜드라는 성을 쓰지 않고 애칭과 처녀 때 이름을 조합한 보니 프루덴Bonnie Prudden이라는 이름을 쓰고 있었다)도 체육 교육 전문가들과, 윌리 메이스Willie Mays나 빌 러셀Bill Russel 등 30명이 넘는 유명 운동선수들과 함께 오찬회에 초대를 받았다. 유명 선수들의 참석 덕분에 언론의 관심도 클 수밖에 없었다. 오찬회에서 쾌활하고 말주변이 좋은 프루덴의 모습에 깊은 인상을 받은 아이젠하워 대통령은, 리처드 닉슨 부통령에게 대규모 회의를 개최해서 미국 어린이와 청소년들의 건강을 향상할 계획을 수립하라고 지시했다. 닉슨은 그 지시를 실천에 옮겼고, 회의를 거친 끝에 1956년 7월 새로운 연방 기구인 '청소년 건강을 위한 대통령 위원회President's Council on Youth Fitness'가 설립됐다. 아이젠하워 대통령은 이 위원회를 행정 명령으로 승인했다.

다수의 학회와 유명 인사들의 영향력 이외에도 아이젠하워 대통령에게 영향을 준 또 하나의 요인(매우 개인적인 요인)이 있었다. 1955년, 그는 사무실에서 업무를 보던 도중 경미한 심장마비를 경험했고 이 사건으로 미국 대중들은 큰 충격을 받았다. 골프를 자주 치는 것으로 알려진 데다 5성 장군의 이력을 지닌, 건강해 보이는 65세의 남성 아이젠하워의 8년 임기 중 겨우 2년이 지난 시점이었다. 그리고 그는 흡연가였다. 그의 건강을 돌보던 주치의 폴 더들리 화이트 박사Dr. Paul Dudley White는 대통령에게 금연하고 더 규칙적으로, 더 활발하게 운동하라고 경고했다.

셸리 매켄지Shelly McKenzie는 미국에서 확산되고 있는 피트니스 문화를 다룬 저서 《게팅 피지컬*Getting Physical*》에서 다음과 같이 지적했다. "운동을 하라는 화이트의 처방은 (심장마비 환자를) 몇 주간 거의 움직이지 못하게 하고, 오랫동안 집에서 쉬면서 회복하도록 하는 전통적인 처방과는 완전히 충돌하는 것이었다." 담배를 끊으라는 화이트의 경고 또한 시대를 앞서가는 것이었다. 흡연이 폐암·심장질환과 직접적 연관성이 있다는 사실을 밝힌 공중위생국의 보고서는 1964년까지 나오지 않은 상태였다.

아이젠하워가 청소년 건강을 위한 위원회를 설립한 일은 칭찬받아 마땅하다. 하지만 현실적으로는 그의 집권 기간 동안 이 위원회는 별다른 홍보 활동을 하지도, 큰 관심을 받지도 못했다. 아이젠하워는 굳이 무리하면서까지 이 문제에 힘을 실으려 하지 않았다. 하지만 훨씬 젊은 44세의 존 F. 케네디가 후임으로 선출되면서 상황은 완전히 바뀌었다. 그는 거의 집권 첫날부터 어린이와 청소년뿐 아니라 성인도 이 위원회의 대상으로 확장하고, 이를 케네디 행정부의 상징적인 정책으로 추진했다. 케네디는 위원회의 명칭도 '신체 건강을 위한 대통령 위원회PCPF, President's Council on Physical Fitness'로 바꾸고, 매체와의 인터뷰나 대중을 대상으로 한 연설에서 이 주제를 자주 언급했다. 케네디는 내가 태어난 해인 1961년에 발표한 연설에서 신체 활동 문제를 직접적으로 언급했다. "전 국민이 운동을 너무 안 합니다. 운동을 직접 하는 대신 눈으로 관람만 하고, 걷는 대신 읽기만 합니다."

이 문제에 관해 언급만 하고 그친 게 아니었다. 새 PCPF는 신체 단련을 홍보하는 전국적인 대규모 캠페인을 벌이고, 성인이 할 수 있는 일련의 간단한 운동을 소개하는《성인을 위한 신체 단련*Adult Physical Fitness*》이라는 소책자를 펴냈다. 전문가 수십 명의 조언을 받아 개발된 이 소책자는 20만 가구에 무료로 배포되었고, 그 외 수천 가구 이상에 50센트 이하로 판매되었다.

내가 어릴 때 우리 집에도 이 소책자가 있었다. 애국심을 고취하는 듯한 빨강·하양·파랑의 표지, 레그 레이즈와 발판 오르기 시범을 보이는 모델들의 흑백 사진들이 지금도 생생하게 기억난다. 지금도 그 소책자를 훑어보면, 그 책에서 추천하는 성인을 위한 운동법이 얼마나 철저하고 현명한지 놀라움을 금치 못할 정도다. 워밍업부터 시작해 상체를 굽혀 발가락까지 손 뻗치기·팔굽혀펴기·윗몸일으키기·레그 레이즈 같은 '컨디셔닝 운동'을 거친 다음 조깅·줄넘기·제자리 달리기 등의 '혈액 순환을 위한 활동'으로 운동 프로그램은 끝을 맺는다. 조깅을 제외하면, 프로그램에 실린 모든 운동은 실내에서 의자와 자기 몸만 있으면 다른 아무 장비 없이 할 수 있는 것들이다.

PCPF의 노력은 칭찬받아 마땅하긴 했지만(그리고 지금도 칭찬할 만하다. 건강 위원회는 뒤를 이은 대통령들의 행정부에서도 계속 진화와 확장을 거듭했다.), 초기 홍보 캠페인 때부터 존재를 인정받지 못해 그 공백이 너무도 크게 느껴지는 것이 있다. 바로 비백인이다. 성인들을 위한 PCPF 소책자에 등장하는 모델은 모두 백인이고, 내가 찾아낸 PDPF의 포스터와 광고에 등장하는 모델들 또한 거의 모두 백인이다(어린 학생들이 모여 있는 사이에 간혹 흑인 청소년이 보이기는 했다).

다행히도 시카고에 본부를 둔, 혁신적 성격을 띤 존슨 퍼블리싱Johnson Publishing 같은 아프리카계 미국인 소유의 출판사들의 노력이 그 틈을 메우는 데 한몫했다. 존슨 사에서 1950년대 말부터 출간을 시작해서 1970년대를 거쳐 그 이후까지도 인기를 얻은 잡지 〈에보니*Ebony*〉와 〈제트*Jet*〉가 바로 그 예다. 이들은 아프리카계 미국인들에게 운동의 중요성을 알리는 기사를 많이 발행했고, 도로시 댄브리지Dorothy Dandridge, 캡 캘로웨이Cab Calloway 등 인기 있는 아프리카계 미국인 인사들의 인터뷰와 그들이 운동하는 사진을 함께 실어 내보내기도 했다.

하지만 그 시기 미국 내의 다른 유색인종, 다시 말해 히스패닉계·아메리카 원주민·아시아계를 대상으로 한 공공 건강 캠페인이나 대중매체에서 특별히 이 집단을 대상으로 마련하거나 그들의 이미지를 담은 구성안은 아직 한 건도 찾지 못했다. 이러한 상황은 오랫동안 변하지 않았다. 미국 공중보건국장 대행이던 의학박사 오드리 F. 맨리Audrey F. Manley(두 번째 유색인종 출신 공중보건국장으로, 조슬린 엘더스 의학박사 Joycelyn Elders의 직속 후임이었다)는 이 주제에 관한 과학적 연구를 오랫동안 진행해 왔다. 이 연구를 기반으로 내용을 종합한 "신체 활동과 건강에 관한 보고서"를 발표한 1996년에야, 사람들이 유색인종의 존재감을 조금이나마 인식하기 시작했다.

모든 미국인을 대상으로 한 이 보고서에서 소아과 의사로 비만 환자 증가를 특히 우려하고 있던 맨리 박사는 두 가지 방법을 특히 강조했다. "첫째, 하루에 150 칼로리, 일주일에 1000 칼로리 정도를 태울 수 있는 '중간' 수준의 신체 활동(예를 들어 날마다 30분 정도를 빠른 걸음으로 걷기)이면 건강에 도움이 된다는 증거가 나와 있다. 둘째, 매우 활발하지 않더라도 신체 활동을 하는 것 자체가 건강에 도움이 되지만, 규칙적인 신체 활동량과 건강 증진 효과는 정비례 관계에 있다."

돌이켜보면 운동에 관해서는 고대인들의 생각도 그리 틀리지 않았던 것 같다. 2천 년도 넘는 과거에 플라톤은 다음과 같이 말했었다. "건강한 체질을 만드는 것은 운동을 몇 번 하는지가 아니라 운동을 적절히 하는 일이다."

18
섹스어필

일부에서 생각하는 것처럼 강하게 태어나야 강한 사람이 되는 것은 아니다.
시인은 시인으로 태어나야 한다는 말을 듣곤 하지만,
우리는 스스로 자신을 강한 사람으로 만들 수 있다.

_오이겐 잔도우(1867~1925년)

Eugen_Sandow, 1893

1950년대에 미국 정부가 국민 건강 증진에 노력을 기울이기 시작했던 때와 거의 같은 시점에, 또 다른 중요한 존재가 미국 문화에 깊이 뿌리를 내리기 시작했다. 미국인들을 운동 부족 게으름뱅이로 만든 장본인이라 비난을 받는, 바로 텔레비전의 등장이다. 그리고 잭 라렌Jack LaLanne이 혜성처럼 나타났다. 점프슈트 차림의 늘씬하고 잘생긴 외모로 운동 선교사를 자처했던 라렌이, 1951년 샌프란시스코의 한 텔레비전 방송국을 통해 〈더 잭 라렌 쇼The Jack LaLanne Show〉를 송출하기 시작했다. 결국 ABC 방송국에서 사들인 이 프로그램은 1959년부터 낮에 전국적으로 방송되기 시작해 1986년까지도 계속 방영됐다.

라렌의 주된 시청자층은 여성, 특히 우리 어머니 같은 전업주부들이었다. 그들은 잭이 레그 레이즈, 팔벌려 뛰기, 윗몸 일으키기 등을 하는 모습을 보면서 집에서 따라 했다. 페이지 팔머Paige Palmer나 매기 레트빈Maggie Lettvin처럼 지방 방송이나 전국 방송에 규칙적으로 출연해서 운동에 관해 토론하고 시범을 보인 사람들이 기존에 있기는 했다. 그러나 라렌이야말로 대중매체를 이용해서 운동, 건강, 체중 감량을 권장하고 홍보한 진정한 개척자였다. 그는 내 유년기 기억의 일부분으로 자리 잡았고, 딱 맞는 점프슈트를 입은 그의 건전한 섹시함은 텔레비전 프로그램의 인기를 더했다. 내게 있어 잭 라렌은 1960년대판 오이겐 잔도우였다. 그러다 1970년대로 접어들면서 나도 10대 소년으로 성장했고, 잭 라렌을 대신해 아널드 슈워제네거Arnold Schwarzenegger라는 새로운 스타가 대중을 사로잡았다. 그는 사람들이 운동하는 이유 자체를 변화시키는 데 중요한 역할을 한 인물이기도 하다.

보수 진영의 공화당원으로 캘리포니아 주지사를 지낸 슈워제네거와, 1977년에 홀연히 나타나 갑자기 스타가 된 슈워제네거를 분리해서 생각하기는 좀 힘들다. 1977년은 남성 보디빌딩이라는 하위문화에 관한 다큐멘터리 〈펌핑 아이언Pumping Iron〉이 방영되고, 슈워제네거가 미국 잡지와 텔레비전 토크쇼에 출연하기 시작한 해다. 그는 마치 다른 행성에서 온 사람처럼 보였다. (사실 그는 오스트리아에서 온 사람이다.) 아널드는 과장되고, 비현실적인 섹시함이 묻어나왔고, 어떻게 보면 남자 매릴린 먼로 같다고 할 수도 있었다. 180cm가 넘는 키의 장대하고 잘생긴 '오스트리아의 떡갈나무' 아널드 슈워제네거는 누구보다도 큰 근육을 가진 사람이었다. 하지만 벌어진 앞니를 내보이며 장난기 어린 미소를 지을 때면 그가 자신을 너무 진중한 사람으로 생각하지 않는다는 뉘앙스를 줬다.

자신감이 넘쳐흐르며 자신의 육체에 전혀 열등감이 없는 아널드는(나는 그것을 '비대하게 발달한 이성애적 남성성'이라고 부른다.) 남성·여성·이성애자·동성애자 모두의 눈요기가 되는 것을 전혀 신경 쓰지 않는 듯했다. 〈코스모폴리탄〉에 나체로 찍은 사진이 센터폴드(잡지 중간 부분, 두 페이지에 걸쳐 펼쳐지는 부분에 올라오는 그림이나 사진—옮긴이)로 실렸고(물론 전술적인 포즈로 가릴 부분은 모두 가렸지만), 주로 게이 남성들이 즐겨보는 것으로 알려진 〈애프터 다크*After Dark*〉라는 주류 연극 영화 잡지에 모델로 등장해 버트 레이놀즈Burt Reynolds보다 한술 더 뜬 것으로 유명했다. 의심할 여지 없이 동성애적 어필을 주는 그 사진들은 지금 봐도 꽤 선정적이다. 당시 30세로 보디빌더로서 절정을 구가하던 아널드는 막 샤워를 하고 나온 듯한 분위기로 라커 룸에서 이 화보를 촬영했다. 사진의 한 사진에는 근육질의 엉덩이가, 또 다른 쪽에는 성기가 뚜렷이 보인다.

젊은 슈워제네거는 전혀 부끄러움이 없는 쇼맨이자, 과시욕과 기업가 정신이 강하다는 면에서 잔도우 그 자체였다. 아니, 스테로이드를 복용하는 잔도우였다. 그때나 지금이나, 많은 보디빌더와 마찬가지로 그의 우람한 근육은 부분적으로 디아나볼Dianabol과 데카-두라볼린Deca-Durabolin 등의 경기력 향상 약물을 대량 복용한 덕에 발달했다. 이는 공공연한 비밀이었고, 본인도 나중에 공개적으로 인정한 사실이다. 약물의 도움 없이는 그 누구도 그런 형태의 근육을 기르기 힘들다. 1970년대에는 아널드 슈워제네거처럼 우람하고 잘생긴 보디빌더들이 갑자기 많이 등장했지만(프랑코 콜롬부Franco Columbu, 루 페리그노Lou Ferrigno, 세르게이 누브레트Serge Nubret, 프랭크 제인Frank Zane 등) 아놀드는 다른 사람이 가지지 않은 것, 주사로 주입할 수 없는 무엇인가를 가지고 있었다. 바로 영화배우로서의 카리스마였고, 얼마 가지 않아 할리우드에서도 그 사실을 깨달았다.

나는 〈펌핑 아이언〉이 나온 직후에 그 다큐멘터리를 시청했다. 당시 나는 슈워제네거처럼 우람한 근육을 가진 보디빌더에게서 영감을 받을 만반의 준비가 되어 있는 16세 소년이었다. (아버지는 운동을 잘하고 늘 스포츠를 좋아했지만 중량 운동에 관심이 없었고, 체육관의 중량 운동실에는 거의 들어가지도 않았다.) 나는 생일 선물로 부모님에게 아령 세트와 역기 운동을 할 벤치를 사달라고 부탁했고, 날마다 방에서 중량 운동을 하기 시작했다. 내가 새롭게 최고로 좋아하게 된 조 와이더Joe Weider의 〈머슬 앤 피트니스 *Muscle & Fitness*〉에 실린 운동법을 따랐다(알고 보니 이 잡지는 1930년 신체 문화 시대부터 쭉 발행되어 왔었다.).

얼마 안 가 나는 점점 더 근육질 몸매를 갖추어 나가기 시작했다. 찰스 게인스Charles Gaines와 조지 버틀러George Butler가 1974년에 펴낸 《펌핑 아이언: 보디빌딩의 기술과 경기력*Pumping iron: The Art and Sport of Bodybuilding*》도 노력 끝에 손에 넣는 데 성공했다. 〈펌핑 아이언〉 다큐멘터리의 기초가 되었던 '미스터 올림피아' 경기에 참가한 슈워제네거와 그의 경쟁자들의 이야기를 담은 포토 에세이였다. 그와 함께 근육질 남자들의 사진이 가득한 〈펌핑 아이언〉 달력도 구했다. 아마도 보수적인 천주교 신자였던 부모님은 중량 운동에 갖는 내 새로운 집착이야말로 외동아들이 100% 이성애자라는 증거라고 생각했을 것이다. 물론 사실은 완전히 반대였다. 사춘기에 내가 남성에게 끌린다는 것을 스스로 깨닫는 과정에서, 아널드가 핵심적인 역할을 했다는 것까지만 밝혀두겠다.

16살 소년이었던 나는 70년대를 즐기기에는 너무 나이가 어렸다(게다가 내가 사는 지역도 적절하지 않았다). 향락주의적이지만 에이즈 시대가 시작되기 전이어서 어쩐지 더 순수했던 시대, 톰 울프 Tom Wolfe가 1976년 발표한 수필에서 '미 데케이드Me Decade' 라고 불렀던 자기중심적인 시대가 바로 70년대 아닌가. 나는 그 시대에 동참하지는 못했어도 주의를 기울이고는 있었다.

70년대에는 여성 해방과 동성애자 해방 운동이 공공연하게 힘을 얻어가는 추세였기에, 이에 힘입어 새로 발견한 성적 자유감도 팽배했다. 그런 운동에서는 법적으로나 침대에서나 자기 결정권과 자유, 물론 평등도 보장하라며 강조했다. 거기에 더해 다양한 문화적 요인 또한 성적인 관습을 해체하는 역할도 했다. 피임약을 쉽게 구할 수 있게 된 것, 미국에서 임신중단이 합법화된 일, 〈딥 스로트Deep Throat〉(이 영화는 좀 더 고급스럽지만 그에 못지않게 노골적이었던 〈파리에서의 마지막 탱고〉가 나온 해인 1972년에 개봉했다)와 같은 노골적인 영화의 개봉으로 정점에 이른 포르노의 양성화, 《조이 오브 섹스*The Joy of Sex*》, 《조이 오브 게이 섹스*The Joy of Gay Sex*》등 세련된 편집과 성행위 자체의 즐거움을 함께 추구하되 전에 없이 솔직한 태도를 견지하면서 우아한 일러스트레이션까지 곁들인 책들이 출간된 일 등이 그 예다.

크리스토퍼 래쉬Christopher Lasch는 운동과 보디빌딩의 유행, 일부 체육관이 '헬스 클럽'이라는 이름을 스스로 붙이면서 홍보하는 추세가 이 '나르시시즘의 문화'에 딱 들어맞았다고 1979년 출간된 책에서 지적했다. 잘 다듬어진 몸이 건강하다는 것은 거의 당연시되는 사실이었지만, 그에 더해 섹시하다는 이미지와도 서슴없이 연결되는, 유례없는 현상이 벌어졌다. 건강한 사람은 섹시한 사람이었다. 운동해서 '어떻게 보이는가'의 문제는 '어떻게 느끼는가'보다 더 중요하지는 않더라도 그만큼 중요한 일이었다. 내 퍼스널 트레이너가 언젠가 이렇게 노골적으로 말한 적이 있다. "솔직히 말하면, 사람들이 운동하는 이유는 몸매를 가꿔서 섹스 파트너를 쉽게 구하려는 거죠." 섹스 원정에서 쟁취한 눈부신 트로피와도 같은, 오일을 발라 보기 좋게 그을린 슈워제네거의 몸. 특히 젊은 남성들에게 그의 몸은, 위와 같은 생각을 극단으로 몰고 가기에 충분했다. 심지어 체육관에서 땀 흘려 운동하는 것이 섹스하는 것만큼 좋을 수도 있었다. "세상에서 가장 기분 좋은 일입니다." 슈워제네거는 운동할 때의 느낌에 대해 이렇게 말했다. "중량 운동을 제대로 할 때면 절정일 때보다 더 좋은 기분이 들기도 합니다."

슈워제네거가 운동에 대한 내 열정에 처음 불을 당긴 것은 맞지만, 가히 혁명적이었던 1970년대에는 슈워제네거 외에도 갑자기 하루아침에 유명해진 위대한 선수들과 운동의 아이콘이 다수 있었다. 이소룡도 그중 하나였다. 슈워제네거가 보디빌딩에 이바지한 만큼 이소룡은 무술 분야에 큰 공헌을 했다. 믿을 수 없는 운동 실력, 군살 하나 없이 바위처럼 단단한 몸매, 〈정무문〉과 〈용쟁호투〉 등 엄청난 인기를 끈 영화에서 보여준 전무후무한 그만의 화려한 무술. 이는 서구에 전혀 소개된 적 없던 다양한 동아시아 무술을 크게 유행시켰고, 이 유행은 지금까지도 다양한 무술과 종합격투기를 겨루는 UFC 리그의 인기로도 이어지고 있다. 이에 맞먹게 중요한 점은 너무나 젊은 나이에 세상을 떠난 이 중국계 미국인 이소룡이, 복종적이거나 약하다는 아시아계 남자들에 대한 부정적인 이미지를 깨는 데 일조했다는 사실이다. 그런 이미지와 정반대로 이소룡은 견줄 데 없는 파이터였고, 동시대를 풍미한 권투 선수 무하마드 알리만큼 뛰어난 운동선수이자 강인한 사람이었다.

다른 스포츠 분야에서는 콧수염을 기른 마크 스피츠Mark Spitz가 1972년 올림픽에서 7개의 금메달을 딴 후 수많은 포스터를 장식하면서 명실상부한 운동선수로 자리매김했다. 빨강, 하양, 파랑 스피도 수영복을 입은 그의 모습은 몇 년 후 빨강 수영복을 입은 파라 포셋Farrah Fawcett만큼 어디에서나 볼 수 있었다. 그 덕분에 수영은 매력 있고 멋진 운동으로 인식되었다. 붙임성 있는 성격의 프랭크 쇼터Frank Shorter는 같은 해 올림픽에서 예상치 못한 마라톤 금메달(1976년 올림픽에서 은메달)을 거머쥐면서 어느 때보다 조깅 및 장거리 달리기에 관심을 불러일으켰고, 42km 넘게 뛰는 것이 어쩐지 쉬운 일인 것처럼 보이게 만드는 마력이 있었다. 이때부터 달리기와 조깅은 인기 종목이 되어 러닝화, 반바지를 비롯한 장비와 잡지, 심지어 책까지 인기를 얻어 새로운 달리기 산업이 탄생할 정도로 성장했다. 밝은 빨강 배경 위로 달리는 저자의 근육질 다리가 포착된 인상적인 표지로 베스트셀러에 오른 짐 픽스Jim Fixx의 1977년 출간작 《달리기를 위한 완벽한 가이드*The Complete Book of Running*》가 좋은 예다.

~

두말할 것도 없이 크게 주목을 받은 재능 있는 여성 운동선수들도 다수 출현해 모든 이에게 영감을 줬다. 미국의 달리기 선수 매리 데커Mary Decker, 소련의 체조 선수 올가 코르부트Olga Korbut, 루마니아의 체조선수 나디아 코마네치Nadia Comneci, 테니스의 거장 빌리 진 킹Billie Jean King과 마르티나 나브라틸로바Martina Navratilova 등 헤아리자면 끝이 없다. 그러나 나는 20세기 후반부 여성과 소녀들의 운동에 가장 결정적이고 장기적인 영향을 준 것은, 어떤 남자 선수나 여자 선수도 아닌 하나의 법 조항이라고 생각한다. 1972년 6월 23일 '타이틀 IX(나인)'이라는 이름으로 제정된 법 말이다.

'타이틀 IX'이 1964년 인권에 관한 조례에 덧붙여 제정된 법이라는 사실을 이해하고 기억하는 것이 중요하다. 인권에 관한 조례는 고용과 '공공 영역'에서 인종·피부색·종교·출신 국가로 인한 차별을 중단하기 위해 제정됐다. 유사한 경우로, 1964년 린든 존슨 대통령의 서명으로 제정된 관계법 '타이틀 VI(식스)'는 연방 정부의 재정으로 운영되는 민간 혹은 공공 단체에서 인종, 피부색, 출신 국가를 이유로 차별하는 것을 금지했다. 그러나 타이틀 VI는 성별에 근거한 차별을 금한다는 조항을 포함하고 있지 않았고, 1970년대 초 여성 해방 운동을 벌이던 활동가들은 보호 범주에 성별까지 포함시키기 위해 의회를 상대로 로비 활동을 벌였다.

첫 여성 유색 인종이자 아시아계 미국인으로 하원의원에 선출된 하와이의 팻시 밍크Patsy Mink와 인디애나주 상원의원 버치 배이Birch Bayh가 발의하고, 리처드 닉슨 대통령의 서명으로 제정된 타이틀 IX은 그 공백을 메우는 것이 목적이었다. 단 하나의 문장에 담긴 이 법의 핵심은 단순하기에 더 강력하다. "미국 내의 어떤 사람도 성별을 이유로 연방 정부의 재정적 지원을 받는 어떠한 교육 프로그램이나 활동의 참여 대상에서 배제되거나, 혜택을 거부당하거나, 차별받아서는 안 된다."

여기서 여성을 특별히 거론하지 않는다는 사실에 주목하자. 법은 여성과 남성 모두에게 적용됐다. (오바마 행정부 당시 이 법령은 성적 정체성과 성전환 여부를 기초로 한 차별도 배제하는 것으로 해석됐다. 2017년 초, 트럼프 행정부는 트랜스젠더에 대한 핵심적 보호 조치들을 무력화했지만, 다행히도 바이든 대통령의 행정 명령으로 다시 복구되었다.) 타이틀 IX이 일부에게 오해받은 것(그렇게 오해하기 쉽긴 하다)처럼 스포츠 평등에 관한 법으로만 그치는 것도 아니다. 중요한 사실은 타이틀 IX이 연방 정부의 재정 지원을 받는 모든 교육 프로그램에 적용되었기에, 과학·기술·수학 프로그램 등도 포함된다는 점이다. 그러나 이제 이 법령은 미국의 고등학교·대학교에서 여성 및 여성 청소년이 스포츠와 운동 프로그램에 참여하는 양상을 변화시킨 계기로 자리 잡았다. 이 법을 통해 여성 스포츠와 운동 프로그램에도 대등한 자금 지원과 동등한 기회를 제공해야 했기 때문이다. 그뿐 아니라 한때 '더 약한 성'이라고 부르던 이들을 향한, 유구하고도 전형적인 시각을 크게 바꾸는 계기가 되었다. 이제 소녀들도 체조 선수나 피겨 스케이트 선수, 테니스 선수뿐 아니라 농구, 야구, 축구, 배구, 무술, 권투, 하키 스타가 되는 꿈을 꿀 수 있게 됐다.

그러나 물론 이런 변화가 하루아침에 일어난 것도, 타이틀 IX이 아무런 논란 없이 통과된 것도 아니다. 일부에서는 여학생들에게 가는 혜택이 고등학교와 대학교의 남학생들이 참여할 수 있는 운동 프로그램을 희생시켰다고 주장했고, 지금도 그런 주장을 계속하는 사람들이 있다. (이 새 법령으로 인해 재정적 지원과 위상을 잃은 가장 좋은 예로, 전형적인 남성 스포츠로 꼽히는 레슬링이 언급되곤 한다.) 여성 청소년들에 대한 기회 부족 문제를 해결하기 위해 남성 청소년들을 위한 프로그램 중 일부가 축소되거나 폐지된 것이 사실이지만, 이런 현상은 한쪽으로 기운 저울추를 바로잡기 위한 매우 필요한 조치이자, 이미 오래전에 했어야 할 일이라고 나는 생각한다. 또한 지난 50년 사이에 여성이 체육 분야 활동에 참여하는 비율이 상당히 증가했다는 사실을 보여주는 연구 결과도 있다. 2006년에 나온 한 연구에 따르면 고등학교에서 여성 학생들이 스포츠에 참여하는 숫자가 1972년에 비해 9배가 늘었고, 대학교의 경우 같은 기간에 인원이 거의 500%가 증가했다.

혹자는 타이틀 IX이 가져온 진보와 여성 및 여성 청소년이 다양한 형태의 운동에 참여하게 된 것이 실제로, 역사적으로 어떤 연관성이 있는지 물을 것이다. 이는 합당한 의문이다. 사실 나는 조직적 스포츠 활동이나 스포츠 경기가 운동과 동일하다고 주장한 적이 한 번도 없다. 그러나 타이틀 IX은 미국 사회가 문화적·정치적·법적으로, 심지어 재정적으로 재정립되는 변환점이 되어서 여성들이 남성 못지않게 땀을, 진정한 땀을 흘릴 기회를 부여하는 역할을 했다. 이에 제인 폰다보다 더 적합한 예가 또 어디 있겠는가?

~

1937년 태어난 제인 폰다는 자서전 《지금까지의 내 인생*My Life So Far*》에서 "육체적 운동이 여성들에게 제공되지 않는 시절에, 성년이라고 부르는 나이가 되었다"고 밝혔다. 1950년대와 60년대의 그녀는 "여성들은 땀을 흘리거나 근육을 가지면 안 된다"고 알고 있었다. 폰다는 20년 동안 발레를 공부했고, 그것이 몸매를 유지하는 방법이었다. 그러나 1978년 개봉된 영화 〈차이나 신드롬〉을 촬영하는 도중에 발에 골절상을 입으면서 상황이 바뀌었다. 더 이상 토슈즈를 신고 발레 수업을 받을 수 없게 된 것이다. 하지만 41세였던 폰다에게 다음 영화 〈캘리포니아의 다섯 부부〉에서 비키니를 입고 나오는 장면이 주어졌고, 그녀는 늘씬하고 군살 없는 몸매를 가꿔야겠다는 결의를 다졌다. 그녀의 양어머니는 발이 나으면 길다 막스 스튜디오에서 강습을 받아보라고 권했다. 그곳에는 레니 카즈덴Leni Cazden이라는 '대단한' 선생님이 있다는 소문이 돌고 있었다.

폰다의 묘사에 따르면 카즈덴의 수업은 1980년대에 본인 덕분에 크게 유행할 에어로빅만큼 활발한 운동은 아니었다. 그 수업은 잭 라렌의 텔레비전 쇼나 PCPF가 처방한 운동에 가까운 신체에 충격이 덜한 컨디셔닝 운동 쪽이었다. 그러나 그런 운동과 다른 점이 딱 하나 있었다. 바로 음악이었다. 카즈덴은 팝뮤직과 R&B를 수업 내내 틀었다. 플리트우드 맥, 테디 펜더그래스, 스티비 원더, 마빈 게이의 노래들이었다. 폰다는 그게 너무나도 좋았다. "내 움직임의 리듬이 달라지기 시작했다. 자동차 유리창 속으로 보이던 자기만 들을 수 있는 음악에 맞춰 노래하고 몸을 들썩이는 사람들, 나도 그런 사람이 되어가고 있었다." 그녀는 자서전에 그렇게 썼다. "이후 나는 발레 수업으로 돌아가지 않았다." 자신을 '회복 중인 음식 중독자'라 밝히고, 수년간 거식증으로 고생한 폰다는 이제 카즈덴의 운동 수업에 '중독'되어 있었다. "하루도 빠지고 싶지 않았다." 단체 수업이 없는 날에는 카즈덴에게 따로 개인 수업을 받았다.

폰다가 운동 비즈니스를 시작한 데에는 운동에 대한 새로운 사랑에서 나온 순수한 동기만 있는 건 아니었다. 정치 활동가이자 장차 캘리포니아 주의회 의원이 될 그녀의 남편 톰 헤이든Tom Hayden이 '경제적 다양성 캠페인CED, Campaign for Economic Diversity'이라고 부르는 민간 조직을 시작한 지 얼마 되지 않은 시점이었다. 이 조직은 캘리포니아주 전역을 대상으로 한 비영리 단체로 경제 평등·세입자 권익·환경 보호 등과 관련된 문제를 다뤘다. 막 설립된 비영리 단체들이 대부분 그렇듯 CED 운영을 위한 재정을 확보하는 것은 처음부터 어려운 도전이었고, 헤이든과 폰다는 몇 달 내내 자금 조달 방법을 놓고 고심하고 있었다. 레스토랑이나 자동차 정비 센터 개업 등, 폰다에 따르면 부부는 전혀 경험이 없는 일들까지 고려하고 있었다. 그러던 어느 날 폰다에게 아이디어 하나가 번뜩 떠올랐다. 운동은 그녀가 큰 열정을 가지게 된 분야였다. 레니와 파트너가 되어 운동 스튜디오를 열면 어떨까. 레니도 그 생각을 좋아했고, 두 사람은 의기를 투합해 1979년, 베벌리힐스에 '제인 앤 레니의 워크아웃Jane and Leni's Workout'이라는 작은 공간을 열었다. 이 업체를 CED가 소유하고, 모든 이윤이 CED 활동을 지원하는 데 직접 사용될 것이라는 조건이 붙어 있었다. 폰다 자신은 (적어도 처음에는) 한 푼도 벌지 못한다는 의미였다. 레니 카덴자는 다른 강사, 매니저 등과 마찬가지로 월급을 받게 되어 있었다.

"스튜디오가 얼마나 큰 성공을 거둘지에 대해 우리는 전혀 마음의 준비가 되어 있지 않았다." 폰다는 자서전에 그렇게 밝혔다. 첫날부터 "산사태가 난 듯했다. 광고에 한 푼도 쓰지 않았는데 말이다." 오스카상 수상을 한 제인 폰다의 명성 덕분에 "토크쇼 진행자인 머브 그리핀Merv Griffin과 바버라 월터스Barbara Walters가 자진해서 우리 수업을 녹화하고 싶다며 부탁했다. 전국에서 사람들이 몰려들었다." 그녀의 말에 따르면 "스튜디오의 유명세는 우리 모두의 상상을 초월하는 세계적 현상이 됐"다. 이 모든 일이 단 하나의 스튜디오를 운영하는 상태에서 일어난 현상이었다.

폰다는 새로운 운동 프로그램을 부지런히 개발해서 주로 여성으로 이루어진 고객들에게 다양한 선택지를 주고자 했고, 폰다 자신이 대부분의 강습을 이끌었다. 초급, 중급, 고급반과 임신 출산 회복 운동반, 스트레칭반, 갱년기 여성반, 팝송·디스코·컨츄리 장르 등 서로 다른 음악을 이용한 반 등이 마련됐다. 카즈덴을 비롯한 강사들과 함께 폰다는 완전히 새로운 운동의 언어를 만들어내고 있었다. 그리고 그녀의 의도와 상관없이 넓은 범위의 책과 동영상의 기초가 되는 재료가 만들어지고 있었다. 폰다는 해부학과 생리학을 공부했고, 유산소 운동을 포함한 운동 과학의 기초를 상당히 잘 이해하게 되었다고 말했다.

그보다 10여 년 전인 1968년, 미국의 의사 케네스 쿠퍼

Kenneth Cooper가 《에어로빅스*Aerobics*》(당시 거의 알려지지 않았던 용어)라는 선구적인 저서를 펴내고 에어로빅 운동, 즉 유산소 운동의 장점을 설명했다. 그는 '심장 박동과 신체의 큰 근육들에 산소 공급을 증가시키는 저강도~고강도 활동을, 평균 15분에서 20분 동안 힘이 들 정도로 지속하는 것'을 유산소 운동이라 규정했다. 쿠퍼의 원 저서는 상당히 건조한 과학 문헌의 느낌이 강했다. 그러나 폰다가 스튜디오를 연 1979년, 그는 일반 대중을 타겟으로 한 개정판인 《뉴 에어로빅스*The New Aerobics*》를 내고 걷기와 달리기를 비롯한 단순한 심폐 활동을 통해 유산소 활동을 추적할 수 있는 간단한 체계를 소개했다. 이로써 모든 조건이 완벽히 갖춰진 셈이 되었다. 전 세계적인 에어로빅 붐이 시작된 것이다.

2년 후인 1981년, 폰다는 《제인 폰다의 워크아웃 북*Jane Fonda's Workout Book*》 을 펴내서 2년 연속 〈뉴욕타임스〉 베스트셀러 목록에 머무는 기염을 토했다. 이후 일련의 운동 관련 책들이 나와 베스트셀러가 되었지만 운동, 특히 여성을 위한 운동에 혁명적인 변화를 가져오고 수백만 달러에 달하는 수익을 올리게 된 것은 폰다가 위험을 감수하고 출시한 비디오테이프였다.

폰다는 1982년 첫 비디오를 만들기 전 상당히 망설였다고 한다. 당시 VCR을 가지고 있는 사람은 거의 없었다. 비싼 기계였고, 상업적인 비디오테이프를 위한 시장이 형성되어 있지 않았다. 폰다 자신도 VCR을 가지고 있지 않았던 데다, 배우로서 싸구려 비디오가 자신의 커리어에 악영향을 미치고, 바보처럼 보이게 만들까도 두려웠다. 스튜어트 칼Stuart Karl이라는 이름의 기업가가 폰다의 워크아웃 책을 읽은 아내의 설득으로 내놓은 제안이었다. 폰다가 승낙할 때까지 칼은 몇 번씩 시도해야 했고, 폰다는 그 비디오가 CED 재정에 조금이나마 도움이 될 수 있기를 바랐다.

그렇게 만들어진 첫 비디오 〈제인 폰다의 워크아웃Jane Fonda's Workout〉은 역대 최고로 성공적인 가정용 비디오가 되었다(1700만 개가 넘는 비디오가 판매되어 CED로 들어가는 돈이 너무 많아지자, 폰다는 기존 계약을 바꿔서 이 멀티미디어 운동 기업의 유일한 소유주가 되었다). '가정용 비디오'라는 표현에서 가장 중요한 단어는 '가정'이었다. 여성들은 운동을 하기 위해 체육관 회원으로 가입하거나 아이를 돌봐줄 사람을 고용하지 않아도 되었고, 폰다가 운영하는 베벌리힐스 스튜디오까지 가지 않아도 되었다. 심지어 걷거나 달리기를 하기 위해 집을 나설 필요도 없었다. 미국 오하이오주에 살든, 남아프리카 공화국에 살든 과테말라에 살든, 무엇을 입고 있든 상관없이 당시 유행하던 표현인 '제인처럼 하기do Jane'를 집에서 혼자 할 수 있었던 것이다. 뛰어나게 효과적인 선생인 폰다는 다양한 스트레칭 운동으로 워밍업을 한 다음, 중강도 심장 강화 운동이라 할 만한 동작으로 넘어가서 팔·어깨·복부 등 신체 모든 부분을 자극하는 단순한 동작을 수행하도록 만든다. 그러는 동안 그녀는 줄곧 순수한 열정으로 사기를 북돋운다. 엉덩이 운동 동작을 보여주면서 "올리고, 내리고, 꽉 조이세요!"하고 외친다. "깊은 근육까지 자극하세요! 다섯, 여섯, 일곱, 여덟, 조금만 더!" 본 운동 다음에는 요가 자세를 응용한 정리 운동이 따른다.

이제 온라인으로 볼 수 있는 폰다의 운동법은 오랜 세월이 흐른 후에 보아도 놀라울 정도로 효과적이다. 물론 그 비디오가 나왔을 당시만 해도 VCR 없이는 볼 수 없었지만, 폰다의 〈워크아웃〉 비디오의 인기에 부분적으로 힘입어 VCR 시장이 폭발적으로 성장했고, 그 결과 기계 가격 역시 보통 사람들도 살 수 있을 정도로 내려갔다. 비디오테이프 자체는 체육관 회원으로 가입하는 것보다 훨씬 쌌다. 폰다의 비디오는 새로운 버전이 주기적으로 출시됐다. 지금까지 제인 폰다는 23개의 운동 비디오와 12개의 오디오 프로그램을 만들었고, 운동에 관한 저서도 다수 출간했다.

70년대와 80년대 초에 일어난 여러 발전 덕분에 피트니스 산업은 수십억 달러 규모의 다양한 세계적 산업으로 발돋움할 기초를 굳건하게 다졌고, 오늘날 그것은 현실이 되었다. 그러나 그즈음, 운동 역사의 전환점이던 바로 그즈음, 사람의 목숨을 닥치는 대로 앗아가면서 세상을 바꿔버린 존재가 고개를 들기 시작했다. 현재까지 3천 2백만 명을 죽인 바이러스가 등장한 것이다.

13

거울에 비친 남자들

No Matter What Shape You're In, Anyone Can Get The AIDS Virus.

These days, people all over America are working on their bodies. These are active people with active social lives. If that sounds like your lifestyle, think about this: One workout that can protect you from the AIDS virus is just to be responsible and not to take risks when it comes to sex.

For more information about AIDS, call:
NATIONAL AIDS HOTLINE
1-800-342-AIDS
Servicio en Espanol
1-800-344-7432
TTY-Deaf Access
1-800-243-7889

U.S. DEPARTMENT OF HEALTH AND HUMAN SERVICES Public Health Service Centers for Disease Control CDC

삶은 사지를 움직이는 데 지나지 않는다.

—토마스 홉스Thomas Hobbs, 《리바이어던》, 1651년

‹No matter what shape you are in, anyone can get the AIDS virus›, Centers for Disease Control and Prevention, 1991

이제는 에이즈 팬데믹이 처음 시작된 당시의 독특한 분위기를 떠올리기가 어렵다. 1980년대 초 최초의 진동이 느껴지던 때, 두려움을 품을 만큼 충분히 아는 사람이 아무도 없었던 시절을 이야기하는 것이 아니라 그보다 더 나중을 말하는 것이다. 아지도티미딘AZT은 나와 있었지만, 단백질 분해 효소 억제제가 나오기 전까지만 해도 일단 감염되고 나면 속수무책인 게 에이즈였다. 원시적인 예방약들을 복용해서 우연한 감염이 일부 예방되길 바라는 것이 고작이었지만, 그렇다고 해서 카포시 육종·거대세포 바이러스·폐포자충 폐렴으로 죽지 않으리라는 보장은 전혀 없었다. 그때 당시 에이즈에 걸린 사람이 30년에서 40년을 산다는 것은 거의 상상할 수 없는 일이었다.

시애틀과는 완전히 다른 나라처럼 느껴지는, 샌프란시스코 카스트로로 옮긴 1985년 7월은 록 허드슨Rock Hudson이 죽은 직후였다. 그러니까 이 치명적인 바이러스에 관한 기사가 신문 지면을 가득 채우던 시절이다. 당시 24살이었던 나는 실은 10대 때부터 성관계를 가져왔었지만, 대학을 졸업한 23살에 가족들에게 내가 동성애자라는 사실을 알렸다. 내가 에이즈 팬데믹의 그라운드 제로로 여겨지던 샌프란시스코로 이사한다는 소식을 알리자, 아버지는 그게 자살 행위라 생각한다고 말했다. 하지만 나는 룸메이트 넷, 세 고양이와 함께 다이아몬드 스트리트 근처의, 뷰는 아름답지만 쥐구멍 같은 아파트에 살면서 모든 것의 중심에 있다는 사실에 떨 듯이 기뻤다.

당시 내가 가장 두려워한 것은 질병이나 HIV에 대한 노출이 아니라, 내가 잘 알지 못하는 사람들이 사라지는 현상이었다. 체육관이나 버스에서 자주 마주치던 사람들, 혹은 바에서 보고 왠지 끌려서 이후 몇 주 내내 다시 마주치기를 바라며 찾아갔지만 갑자기 모습이 보이지 않는 사람들 말이다. 물론 이사했거나, 전근을 갔거나, 다른 체육관으로 옮겼을 수도 있다. 버스에 치이는 사고를 당했을 수도 있다고 나 자신에게 상기시키곤 했다. 그러나 나는 사람들의 삶을 지배하는 제비뽑기의 논리는 샌프란시스코에 적용할 수 없다는 사실을 빠른 시일동안 배우게 되었다. 마치 오스카 와일드의 명언, "이상한 일이지만 사라진 사람들은 모두 샌프란시스코에 있다는 말이 들리곤 한다(《도리언 그레이의 초상》에서 샌프란시스코의 매력을 말하는 장면—옮긴이)"가 현재 상황에 어우러지면서 부정적으로 뒤집힌 느낌이었다.

이 괴상한 새 질병에 너무 익숙해진 나머지, 내가 아는 사람들 몇 명은 이 병에 걸린 사람은 멀리서부터 느낌이 온다고 말하곤 했다. 새로 나온 HIV 항체 테스트로 확인이 가능해지기 시작한 초기였음에도 불구하고, 변덕이 심한 샌프란시스코의 날씨를 감지하듯 척 보면 느낌이 온다고들 했다. 다른 건 필요 없고, '눈빛'만 봐도 안다는 것이었다. 처음에는 그들의 직감이 신기하기만 했지만 나도 곧 그 감각을 장착하게 되었다. 한두 해 흐르면서 친구 한둘이 죽고 나자 나에게도 그 기술이 생긴 것이었다.

서서히 깨달은 사실이지만, 내게 가장 두려운 부분은 사라져가는 등장인물들이 아니라 너무나도 예측 가능한 플롯이었다. 이야기 하나가 갑자기 끝날 때마다 바로 뒤를 이어 또 다른 이야기가 시작되었고, 그 모든 것이 마치 처음과 끝이 맞물려 끊임없이 재생되는 비디오테이프 같았다. 친구 제프의 집에 방문했던 때가 기억난다. 피터라는 친구가 죽은 지 얼마 지나지 않은 때였다. 제프는 병원에서 퇴원한 지 얼마 되지 않았고, 나이는 24살이었다. 끊이지 않는 두통으로 고통에 시달렸고 설사 때문에 몸이 약해진 그는, 오랜 시간 기다리지 않고 바로 입원할 수 있도록 병원 대기실에서 자살 기도를 했었다. "기절할 정도로만 약을 먹었어." 제프가 내게 설명했다. "그보다 더 많이 먹고 술까지 같이 먹어야 끝까지 갈 수 있거든." 그는 그 문제에 관해 전문가 수준의 지식을 갖추고 있었다. 당시 수많은 게이와 마찬가지로 제프도 사람들에게 자살 방법에 관한 조언을 해주는 '독미나리 클럽Hemlock Society'의 회원이었다.

그는 스튜어트의 집에 머물고 있었다. 당시 스튜어트의 몸엔 ARCAIDS-related complex(에이즈 관련 증후군을 부르던 명칭)가 나타나고 있었고, 에이즈에 대한 로널드 레이건 행정부의 빈약한 연방 재정 지원에 대한 항의 표시로 큰 주목을 받으며 단식 투쟁을 벌이고 있었다. 1986년 겨울이었다. 두 사람이 사는 아파트의 문을 열자 250도로 달궈진 오븐을 여는 느낌이었다. 나는 즉시 껴입고 있던 겉옷을 하나하나 벗기 시작했다. 스튜어트는 나이가 더 많고 통통한 두 남자 사이에 몸을 기댄 채 소파에 앉아 있었다. 온몸을 침낭으로 감싸고 가느다란 테의 안경을 쓴, 홀쭉하게 여윈 얼굴과 금발 머리만 보이는 그가 몸을 떨고 있었다. 방안에는 전기난로 예닐곱 대가 쉭쉭, 빠작빠작 소리를 내며 꺼졌다 켜지기를 반복하면서 바닥에 따뜻한 주황색 불빛을 드리우고 있었다. 그 누구도, 말 한마디 하지 않았다. 벽에는 스튜어트의 단식 투쟁 일을 기록하느라 X 표시가 줄줄이 그려진 커다란 달력 하나만 걸려 있었다. 내 뒤에서 문이 어둠 속으로 사라졌다.

나는 그 자리에 서서 잠시 현기증을 느끼며 병의 마지막 공포가 어떤 것인지 느꼈다. 끔찍하고, 탈출의 희망이 전혀 없이 갇힌 느낌. 제프와 스튜어트처럼 삶에 갇히고, 죽을 준비가 되지 않은 몸에 갇히고, 그 몸에서 절박하게 뛰쳐나오고 싶은 느낌. 나는 소파에 앉아 자신의 차례를 조용히 기다리고 있는 나머지 두 사람을 보며, 그들 옆에 편안하게 자리 잡으면 이 집을 영원히 떠나지 않게 될 것 같다고 생각했다. 나는 부엌을 찾아서 가져온 음식을 텅 빈 냉장고에 넣은 다음 제프의 방을 들여다봤다. 그는 자고 있었다. 내가 본 살아 있는 제프의 모습은, 바로 그 찜통 같은 어두운 방 안에서가 마지막이었다. 침대에 대각선으로 엎드린 채 축 처져 누워 있던 그는, 마치 무릎까지 오는 눈밭에 쓰러졌는데 일어서지 못하는 사람처럼 모자와 장갑을 쓴 채 겨울 코트를 입고 있었다.

며칠 뒤 그가 물이 가득 든 양동이와 전기난로를 끌고 전기 소켓을 찾아 집 안을 헤매는 걸 누군가가 발견했다. 제프는 다시 병원으로 돌아가 강제로 그룹 치료에 참여해야 했고, 자살 위험이 있다는 진단이 내려져 각종 정신 치료를 받아야 했다. 의사들은 뭐가 잘못됐는지 찾을 수가 없었다. 그냥 그가 입원한 지 며칠 후부터 말을 하지 않기 시작했다고만 전해 들었다. 그 말을 듣고 놀라운 일이 아니라고 생각했던 기억이 난다. 그는 죽을 준비가 되어 있었고, 의사가 됐든, 사회복지사가 됐든, 친구가 됐든 누구하고도 그 문제에 관해 이야기하고 싶지 않았을 것이다. 나는 그의 침묵을 장렬한 항복으로 받아들였다. 그가 죽은 후 부검을 해본 후에야 에이즈 때문에 제프의 뇌 일부가 손상되어 말하는 능력을 상실하고 치매가 온 사실이 밝혀졌다.

~

죽은 사람들의 얼굴이 매주 〈베이 에어리어 리포터*Bay Area Reporter*〉에 실렸다. 에이즈로 세상을 떠난 이들의 부고와 사진을 게재하는, 동성애 남성들을 위한 지방지였다. 그 신문을 받아들면 나는 본능적으로 먼저 부고면부터 열었다. 기사가 넘쳐 두 페이지도 모자랄 지경이었다. 내가 알았던 사람, 나와 함께 춤을 췄거나, 동침했거나, 운동을 함께했던 사람이 꼭 한두 명은 보였다. 부고의 주인공이 나였어도 내용이 거의 다르지 않을 것이라는 사실을 뼈저리게 실감하는 순간들이었다.

한동안 나는 부고 기사를 비롯해 에이즈 팬데믹의 흔적, 아니 증거를 모았다. 액트 업ACT-UP(성소수자 공동체들이 HIV에 맞서기 위해 벌인 운동—옮긴이) 모임 회의록, 친구들 사이에 돌려보던 카포시육종의 증상을 담은 폴라로이드 사진, '완치의 날을 상상하라'라는 말만 쓰인 전단지, 동성애자 대상 신문에 실린 '세코날과 AZT 교환 희망(세코날은 수면제, AZT는 에이즈 예방 및 치료제—옮긴이)'이라는 내용의 개인 광고 등등. HIV 음성인 게이 남성으로서 나는 내가 속한 공동체를 위해 기록 보관 담당자가 되어야 한다는 의무감을 느꼈던 것 같다. 그러나 나는 스티브와 사랑에 빠지고 나서 누렇게 변색되어 가는 그 종이들을 모두 버렸다. 잠시 희망을 주는 듯하다가 이내 사라져버리는 수많은 치료법에 대한 뉴스를 빠트리지 않고 파악하는 일이 너무 버겁게 느껴졌다. 우리 침실에 쌓여만 가는 종이 더미에 대해 오래 생각하고 싶지 않았다. 급증하는 사망률을 일깨우는 구실밖에 하지 않았기 때문이다. 때는 1989년이었다. 온 세상에 퍼진 팬데믹은 이제 뉴스 기사 수준을 넘어서서 우리 집에도, 스티브의 몸에도, 우리 삶에도 깊숙이 들어와 있었다.

어느 날 밤 스티브와 내가 한 친구의 집 문을 두드리는 꿈을 꿨다. 친구가 문을 열었다. "안녕?" 나는 자신 없이 그렇게 말했다. 말투를 어떻게 해야 할지 마음을 정할 수가 없었다. "네가 다시 건강해졌다는 소식을 들었어. 이제 더 이상 그게 없다고." "응." 그가 차분하게 대답했다. "이제 그거 없이 살아보려고 노력 중이야." 우리는 모두 어색하게 웃었다. "그렇구나, 어떻게 했어?" 스티브가 물었다. "뭘 먹은 거야? 의사가 누군데?" 친구가 대답하려고 하는데 집 안에서 누군가가 그를 불렀다. "미안, 조금 이따 다시 나올게." 그가 약속했다. "잠깐만 기다려 줘." 스티브와 나는 기다리고 또 기다렸다. 친구는 다시 돌아오지 않았다.

실제 삶도 그 꿈과 비슷하게 흘러갔다. 우리는 서로에게 의지한 채 함께 서서 답을 들을 수 있을 것이라 확신하면서도 기다림에 지쳐 점점 냉소적으로 변해갔다. 그리고 어느 날 마침내 그 답을 들을 수 있었다. 1996년경 단백질 분해효소 억제제가 나왔고, 스티브에게 딱 맞는 시기에 나온 그 약은 운명처럼 느껴졌다. 4~5년이 지나면서 스티브는 잃었던 건강을 되찾았다. 그의 T세포가 안정을 찾았고, 바이러스 수치도 감지되지 않을 정도로 낮아졌다. 그리고 그 약을 사용할 수 있게 된 수많은 사람과 마찬가지로 우리도 좀 더 편하게 숨 쉴 수 있게 되었다. 그러나 안주하거나 잊는 사람은 아무도 없었다. 그게 가능한 일인가? 매일 엄격하게 시간을 맞춰 약을 복용하고, 가끔 복용약을 바꾸고, 부작용을 견뎌내며, 주기적으로 혈액 검사를 받는 일이 스티브의 몫이었다. 나는 항상 안전장치 없는 단 한 번의 섹스나 실수로도 약을 한 주먹씩 먹어야 하는 운명이 될 수 있다는 사실을, 한순간도 잊지 못했다.

스티브를 만나기 전까지 나는 누군가와 오래 관계를 유지하는 것을 상상하지 못했다. 애인, 섹스, 연애는 모두 환영이었지만 누군가의 반려자가 되어 함께 삶을 이루어나가는 것? 생각조차 해보지 않은 일이었다. 그러다가 에이즈 팬데믹이 몰아닥쳤고, 그 때문에 나는 우리가 안정된 반려 관계가 될 정도로 오래가지 못할 거라 추측했다. 하지만 예상치 못하게 그런 관계를 누릴 수 있었고, 그 행복을 나는 예고 없이 잃고 말았다.

~

스티브가 죽기 전날 저녁, 우리는 체육관에 함께 가서 운동을 했다. 중량 운동을 하기 위해 나갈 때 스트레칭 룸에서 윗몸일으키기와 복근 운동을 하고 있던 스티브의 모습이 지금도 생생하게 떠오른다. 30년이 지난 지금까지도 그 광경이 왜 내 머릿속에서 반복해서 떠오르는지 이유는 알 수가 없지만 말이다. 어쩌면 너무나도 건강해 보였던 바로 그다음 날 갑자기 스티브가 세상을 떠나버려서일지도 모른다. 어쩌면 과거에 스티브와 내가 처음 만난 곳이 체육관이어서일지도 모른다. 우리 만남의 시작과 끝이 체육관이라는 한 장면으로 합쳐지는 느낌이 든다.

이제는 문 닫은 지 오래인 그 체육관은 '머슬 시스템Muscle System'이라는 상호를 가지고 있었다. 그냥 체육관이 아니라 당시 샌프란시스코의 게이들을 위한 특별한 체육관이었다. '머슬 시스템'은 '남성만을 위한' 체육관이었고, 여기서 '남성'은 게이 남성을 말하는 것이었다. 물론 이성애자 남성도 예외적으로 몇 명 있기는 했지만, 두말할 것 없이 그곳은 그냥 게이 전용 체육관이었다. 지난 20여 년 사이에 이런 체육관은 모두 사라졌지만 말이다. (당시에는 '머슬 시스템'을 '머슬 시스터즈'라고 불렀다. 일부는 반동성애적 감정으로, 일부는 애칭으로 그리 불렀을 것이다.) 여성의 가입을 원칙적으로 금지해서였는지, 그냥 그때그때 막아서였는지, 뭔가 가입하지 못할 분위기를 만들어서였는지 모르지만 15년 동안 난 그곳에서 운동하는 동안 여성 회원을 단 한 명도 보지 못했다.

천창으로 햇빛이 들어오는 2층 높이의 '머슬 시스템'은 모든 벽에 천장 높이의 전신 거울이 있어서 다양한 각도에서 자기 몸을 관찰할 수 있었다. 물론 목숨을 걸고 열심히 운동하는 사람들도 몇 있긴 했지만 머슬 시스템은 당시 잘 알려진 '골드' 체육관처럼 보디빌딩 전문 체육관은 아니었다. 하지만 HIV 보유자이든 아니든 상관없이 (그때 샌프란시스코의 동성애자 남성 절반 이상이 HIV 양성이었다) 당시 대부분의 게이 남성에게 있어서 에이즈 시대의 '보디빌딩'은 단순한 자기도취나 운동 이상의 의미였다. 운동이 외모를 가꾸거나 동침 상대를 구하는 문제 이상의 의미를 갖게 된 것이다.

운동을 하는 것은 노화뿐 아니라 에이즈와 직접적으로 겨루는 일이었다. 그땐 누군가가 몸을 만들어야겠다고 하면 그것이 그저 남자친구를 얻기 위한 것이나 살을 빼려는 게 아니라 에이즈 바이러스와 싸우는 일일 수도 있고, 에이즈의 흔한 부작용인 소모 증후군을 방지하려 하는 것일 수도 있었다. 그런가 하면 어떤 사람들에게는 몸집을 키우고, 체지방을 줄이고, 근육을 강화하는 것이, 천천히 몸을 갉아 먹는 바이러스나 그 치명적인 병을 치료하기 위해 몸에 주입하는 독한 약물로부터 무기력해지지 않고 자기 몸에 대한 제어력을 확보한다는 의미를 지닐 수도 있었다.

그런 이유가 아니더라도 근육이 있으면 강하고, 건강하고, 매력적으로 '보이게 할 수' 있었다. 속으로는 그렇게 느끼지 않더라도 말이다. 머슬 시스템에 있으면, 잘 다듬어진 몸이야말로 끌리는 상대에게 거부를 당하는 무참함이나 HIV에 걸렸다는 비밀 같은 것을 이겨낼 수 있는 가장 좋은 방어책으로 느껴졌다. 어떤 사람들은 체육관 문에 들어서는 순간부터 멋있어 보이는 몸을 장착하고 싶어 집에서 먼저 운동으로 근육을 한껏 부풀려 오기도 했다.

체육관이 만원일 때면 운동보다 수다를 떠는 시간이 더 길어지곤 했다. 탈의실에서 나누는 잡담이 HIV 관련 최신 뉴스에 관한 진지한 대화로 자연스럽게 넘어가는 일도 드물지 않았다. 늘씬한 젊은이들이 지난밤에 열린 에이즈 환자 돕기 행사를 이야기하다 '미스터 레더' 경연 대회 후기, 유두 피어싱의 장단점을 논하는 소리가 운동 중에 자연스럽게 들리곤 했다. 식수대 근처의 두 친구가, 집에서 산소 호흡기를 쓰고 모르핀 주사를 맞아가며 투병하고 있는 또 다른 체육관 회원에게 음식을 가져다줄 계획을 짜는 광경을 보기도 했다.

체육관에 가도 에이즈를 완전히 잊고 정신적인 휴식을 찾는 건 불가능했다. 사실 도시 어디에도 그럴 수 있는 곳은 없었다. 어디를 가도 보이는 액트 업 티셔츠와, 에이즈 팬데믹에 맞춰 편곡한 네네 체리Neneh Cherry의 '아브 갓 유 언더 마이 스킨I've Got You Under My Skin'이 도시 전체에 울려 퍼지는 것마저도, 우리가 처한 난국을 어둡게 되새김질하도록 만들었다.

마치 우리가 그 죽음들을 잘 잊을 수 있는 사람이라도 되는 것처럼 그곳은 그랬다. 모든 게이 남성은 에이즈의 신행 단계, 감염, 투병, 생존, 돌보기, 부정 혹은 애도를 직간접적으로 경험하고 있었다. 사실 에이즈가 얼마나 우리 삶 중심에 똬리를 틀고 자리 잡게 되었는지, 가장 잘 드러나는 곳이 체육관이었을 수도 있다. 체육관이야말로 모두가 모인 곳이었다. 샌프란시스코에 처음 온 낯설고 건강한 얼굴들이 그곳을 지키다 떠나는 얼굴을 대체하는 현상을 밤마다 볼 수 있었으니 말이다. 체육관의 접수 창구에는 세상을 떠난 동료 회원이나 직원의 추도식 안내문이 종종 붙어 있곤 했다. 〈베이 에어리어 리포터〉에 사망 기사가 나기도 전에, 안내문에 먼저 사람들의 이름이 나붙을 때도 많았다.

마크의 추도식 알림장을 본 기억이 난다. 사교성이 좋았던 남부 출신의 32살 마크는 몇 년 동안 밤마다 퇴근 후 체육관에 오는 사람이었다. 제대로 인사를 하거나 친하게 지낸 적은 없지만 체육관에 와 있을 때도, 오지 않을 때도 존재감이 느껴지는 사람이었다. 그는 늘 단정한 정장 차림에 넥타이를 매고 긴 모직 코트나 트렌치코트를 입은 채 손에는 서류 가방과 운동 가방을 들고 나타났다. 입장하며 받은 수건을 목에 걸치고 탈의실로 가면서 만나는 사람마다 '안녕, 안녕'하고 인사하던 마크. 이름을 기억하는 사람이라면 이름까지도 모두 부르며 안부를 묻던 그였다.

그의 소식이 담긴 안내문이 붙기 6주 전, 머슬 시스템에서 그를 마지막으로 봤을 때 그는 체중이 8~9kg쯤 빠진 듯 보였다. 당시 샌프란시스코에서는 드문 일이 아니었지만, 그의 감량은 운동과 다이어트 덕분이 아니라 에이즈 때문일 확률이 높았다. 이후 그를 어디에서도 다시 보지 못했다. 그렇게 젊고 에너지 넘치던 사람이 어떻게 그렇게 가버릴 수가 있을까? 어떻게 그마저 그렇게 홀연히 없어져버릴 수 있을까? 마치 어느 날, 여느 때처럼 형광 반바지와 탱크톱을 입고 체육관에서 운동을 하다가 그냥 거울 속으로 걸어 들어가 사라져버린 것처럼 말이다.

운동하지 않는 날들

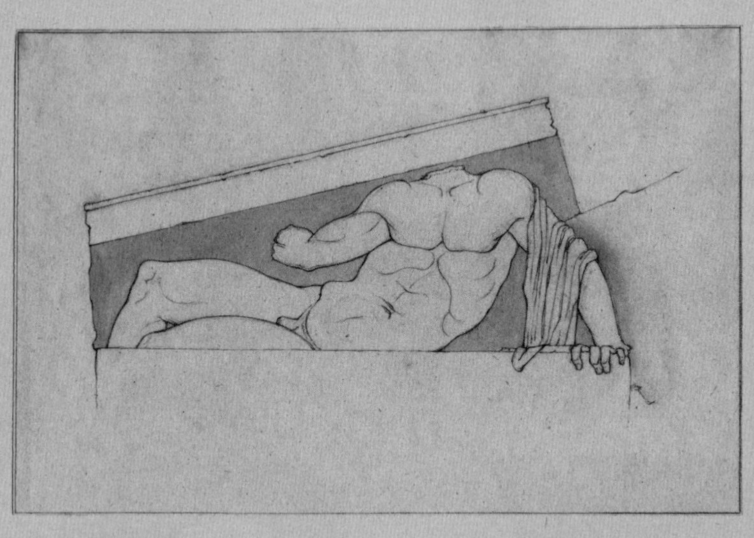

몸이 괴로워지기 시작하면 운동은 바로 멈춰야 한다.

—갈레누스, 《의학의 기술*The Art of Medicine*》, 180년 경

‹Lying hero or divinity›, David Humbert de Superville, 1770-1849

가끔은 운동을 쉬어주는 것이 좋다. 피트니스 훈련 강좌에서도 관절, 힘줄, 인대뿐 아니라 정신적으로도 휴식을 취할 필요가 있다고 배운다. 그러나 어떨 때는 그런 휴지기가 계획했던 것보다, 혹은 상상했던 것보다 훨씬 더 오래 계속될 수도 있다. 내가 한동안 그랬다. 운동을 너무 열심히 하는 일, 이 책을 쓰는 일 모두에서 한동안 휴식을 취했다. 여기에서 휴식을 취했다는 것은 몇 주 정도 쉬었다는 뜻이 아니다. 몇 년이나 휴식이 계속되었다는 뜻이다.

운동과 내가 결별한 그 기간은 2015년 8월, 82세의 나이로 세상을 떠난 올리버를 잃고 얼마 지나지 않은 때부터 시작됐다. 우리는 일주일에 두어 번 함께 수영을 하곤 했다. 집 근처 수영장에 가서 레인 하나를 함께 쓰면서 보통 1마일(1.6km) 정도를 수영했고, 수영 코치의 강습을 둘이서 절반씩 받곤 했다. 우리는 가능한 곳이라면 어디서든 수영을 했다. 차가운 산 속 호수, 짠 바닷물, 염소가 과하게 들어 있는 뉴욕의 공공 수영장을 가리지 않고 헤엄쳤다. 런던과 아이슬랜드, 예루살렘, 샌프란시스코의 우아한 호텔 수영장에서도 수영했고, 퀴라소와 세인트크로이 섬에서는 스쿠버다이빙을 했다. 가장 웃긴 추억 중 하나는 올리버와 함께 뉴욕 센트럴파크의 커다란 공공 수영장에서 수영했던 기억이다. 찌는 듯한 여름 밤이었다. 날이 너무 더워서인지 수영장은 수영하는 사람들, 아이들, 가족들, 뉴요커들로 콩나물 시루처럼 붐볐다. 몇 안 되는 안전요원들이 얼마간의 질서라도 유지해 보려고 동분서주하는 중이었다. 아이들이 사람들을 밀치거나 물에 위험하게 첨벙 뛰어드는 걸 막기 위해 불어대는 그들의 호루라기가, 엄청난 소음을 뚫고 계속 들려왔다. 그러나 타임 스퀘어 광장만큼이나 붐비는 수영장에서는 아무 소용이 없었다. 그런 아수라장 한가운데 올리버가 있었다. 그는 앞이 반쯤 보이지 않았지만 불굴의 의지를 보이며 수영장 이쪽 끝에서 저쪽 끝까지 수영으로 가겠다는 일념으로 매진 중이었고, 나는 스트레스를 잔뜩 받은 경호원처럼 그의 옆을 바짝 지키며 함께 수영을 했다.

올리버는 느린 속도로 짧은 거리를 움직이는 정도였지만 거의 생의 마지막까지 꾸준히 운동했고, 수영도 꾸준히 했다. 걸어서 체육관까지 가서 운동하는 것이 더 이상 안전하지 않은 일이 되자, 친절한 트레이너 이언은 우리 집으로 와서 가벼운 덤벨·스트레치 코드·보수볼 등을 이용해 그가 간단한 운동을 하도록 도왔다. 심혈관 운동, 유산소 운동의 일환으로 복도를 성큼성큼 걸어다니기도 했다. 심지어 침대에서 일어나지 못하게 됐을 때까지도 올리버는 팔다리를 있는 힘껏 이리저리 움직이는 것으로 운동을 대신하려고 애썼다. "죽어가는 사람의 운동이야." 그는 냉소적으로 그렇게 말했지만 그런 동작이나마 계속했다. 운동을 하면 기분이 좋았고, 살아 있는 느낌이 들었기 때문이다.

우리는 올리버의 추도식을 '뉴욕 의학 아카데미New York Academy of Medicine' 강당에서 열었다. 무대는 그가 가장 좋아했던 식물이었던 싱싱한 양치식물 수백 그루로 장식했다. 추도식 후 리셉션이 희귀장서 열람실과 같은 복도에 있는 공간에서 열렸다. 내가 지롤라모 메리쿠리아레와 《체조술》을 처음 만났던 곳 아닌가. 왠지 위로가 됐다.

하지만 올리버가 떠나고 난 후 모든 것이 침묵으로 빠져들었다. 삶이 소리를 잃었고, 운동에 대한 내 흥미도 조용해졌다. 갑자기 아무것도 의미가 없어졌다. 운동의 역사도 그중 하나였다. 모든 것이 사소하기 짝이 없었고, 중요하지 않았다. 나는 이 책의 원고를 한쪽으로 밀쳐둔 후, 거의 4년 동안 컴퓨터 파일조차 열어보지 않았다. 그사이 다른 책을 썼다. 뉴욕에서의 내 삶, 올리버와의 시간을 담은 비망록과 뉴욕 거리에서 찍은 사진들을 모은 사진집이었다.

하늘 아래 혼자인 싱글이며, 따분하고 우울감에 찌든 나는 동네 펍에서 많은 밤을 보내면서 과음을 했다. 주말에는 부끄러울 정도로 많은 양의 대마초를 피웠다. 운동을 두서없이 가끔 하긴 했으나 운동에 가졌던 과거의 열정은 사라진 상태였다. 초콜릿 복근이 있던 자리에 지방이 한 겹씩 쌓일 때마다 내 의지는 10배씩 약해졌다. 체육관이나 수영장, 요가원은 점점 더 먼 곳처럼 느껴졌다. 그러다가 2018년 초에 고혈압 진단을 받았다. 예상치 못한 일은 아니었다. 돌아가신 어머니뿐 아니라 내 다섯 누이 중 셋이 고혈압 진단을 받았었고, 내 혈압도 늘 살짝 높은 쪽이었기 때문이다. 의사가 처방전을 써주면서 덧붙였다. “심혈관 강화 운동을 좀 더 열심히 하세요.” “네, 그렇게 말씀하실 줄 알았습니다.”

57세의 나이에 나는 새로운 현실과 마주했다. 한때 그저 선택 사항이었던 것이 이제는 더 이상 선택의 문제가 아니게 됐다. 내가 자유 의지로 하고 싶었던 운동, 외모를 가꾸고 좋은 기분을 갖기 위해 하던 운동이 건강을 유지하기 위해 꼭 해야 하는 것으로 변한 것이다. 변명의 여지가 없었다.

시간이 걸렸지만 나는 운동과 재회했다고 말할 수 있게 됐다. 비록 이전과는 다른 관계지만 말이다. 스티브와 사별한 지 9년이 채 지나지 않아 올리버가 세상을 떠났고, 나는 다른 사람이 되었다. 내가 달라지면서, 운동도 달라졌다. 젊음에 대한 집착이 아니라 이제는 중년으로 접어든 지 오래인, 과거의 애인들과 유지하는 점잖은 관계라고나 할까. 나는 운동을 다시 시작했고 수영도 규칙적으로 다녔다. 그 결과 혈압이 정상으로 돌아오고 체중도 감소했다. 육체적으로나 정신적으로나 아주 오랜만에 좋은 상태로 2020년 1월, 쉰 아홉 번째 생일을 맞이할 수 있었다.

그리고 팬데믹이 덮쳤다.

3월 중순에 접어들면서 뉴욕 주지사는 코로나 바이러스의 확산을 막기 위해 여러 조치를 취했고, 그 중에는 주에 있는 모든 체육관을 닫는 것이 포함되어 있었다. 전 세계 많은 도시에서 같은 상황이 벌어졌다. 하루아침에 체육관들이 문을 닫았고, 수백만 명의 삶의 방식이었을 뿐 아니라 어엿하게 하나의 산업이었던 운동 전체가 갑자기 종말을 맞았다. 공공 건강 문제에 대한 대책으로 체육관이 강제로 문을 닫게 된 것이 이번이 처음은 아니었다. 1918년 미국에서만 총 50만 명의 목숨을 앗아간 독감이 돌 때, 그 치명적인 바이러스의 확산을 막기 위해 YMCA 체육관이 몇 달씩 폐쇄되고, 실내 스포츠 행사가 금지되었다. 한편 실외 운동이 장려되고, '독감 게임'이라는 별명이 붙은 바깥놀이로 아이들을 유도했다. 이와 비슷하게 1950년대 초 소아마비 유행이 정점에 달하자 (1918년 독감이나 코로나 팬데믹보다는 규모가 훨씬 작았다) 수영장이 폐쇄됐다. 장내바이러스 종류여서 호흡기가 아니라 장을 통해 몸에 침투하는 소아마비 바이러스가 미량의 대변으로 오염된 물을 통해 확산될 수 있기 때문이었다. (돌이켜 보면 소아마비로 인한 수영장 폐쇄는 살짝 지나친 대응에 가깝다. 수영장을 통한 실제 감염 사례는 거의 없었다.) 하지만 코로나 팬데믹에 비하면 그런 선례들은 아무것도 아니었다. 2020년이 저물 무렵, 코로나로 인한 미국 내 사망자 수가 1년도 되지 않아 50만 명이라는 비극적인 이정표에 가까워지면서 전국적으로 영원히 문을 닫은 체육관이 적어도 15%에 이르렀다고 '국제 헬스, 라켓 스포츠클럽 협회International Health, Racquet and Sports club Association'는 밝혔다. 심지어 체육관 폐업과 관련 부도의 규모는 완전히 밝혀지지 않은 상태였다.

다니던 체육관이 문을 닫자 팬데믹을 지나는 동안 다른 모든 사람이 그랬듯 나도 새 방법을 강구할 수밖에 없었다. 그래서 집에서 20분 만에 할 수 있는 운동 루틴을 개발했다. 팔굽혀펴기·턱걸이·스쾃·윗몸일으키기와 일부 요가 동작을 결합한 운동이었다. 또한 거의 날마다 빠지지 않고 산책을 하기 위해 노력했다. 하지만 인스타그램 라이브 방송이나 줌 앱으로 트레이너와 함께 운동한다거나, 유튜브 요가 강좌에 참여하는 식의 온라인 운동은 하지 않았다. 어차피 비싼 기계를 살 돈도 없었지만 '펠로톤Peloton'이나 '미러Mirror' 같은 최신형 운동 기구에는 관심이 없었다. '미러' 광고를 텔레비전에서 보고 정말 이상하다고 생각했던 기억이 난다. 좋지 않은 의미에서 미래 세상을 보는 느낌이었다. 사람들이 전신 거울 속에 나타난 가상 퍼스널 트레이너를 보면서 혼자서 열심히 운동하는 광고였다. 부자들을 위한 하이테크 버전의 나르키소스를 보는 듯했다. 그것이 내게는 사람들이 얼마나 각자 소외되고 있는지, 앞으로도 어떻게 살기를 원하는지 보여주는 것처럼 느껴졌다. 모두들 자기 집에서 혼자 격리된 채 사방이 거울로 둘러싸인 위생적인 공간 안에서 안전하게 사는 그 모습은, 에이즈 시대와 다르지 않았다.

한동안은 팔굽혀펴기를 하고, 산책을 하고, 팬데믹이 지나가기를 기다리며 그냥 나 혼자 운동하는 것으로 만족했다. 그러다가 결국 게을러지기 시작했다. 그러나 체육관들이 금방 다시 열지 않을 것이라는 사실이 명백해지면서 중량 운동을 하던 것, 지칠 때까지 힘든 동작을 반복하던 것, 심지어 다음 날 근육이 쑤시던 느낌까지도 내가 그리워한다는 사실을 깨달았다. 수영장과 수영을 할 때 느끼는 환희와 명상이 그리웠다. 무엇보다도 아무리 작은 규모여도 내가 소속감을 느낄 수 있었던 체육관 속 공동체가 그리웠다.

뉴욕에서 체육관이 다시 문을 열어도 좋다는 결정이 내려진 것은 2020년 8월 말이었다. 문을 닫은 지 5개월이 넘게 지난 시점이었다. 여러 가지 제한 조건이 붙어 있었다. 평소 수용 인원의 3분의 1을 넘지 않아야 하고, 마스크 착용과 사회적 거리두기가 의무화되었고, 입장할 때 체온 확인을 해야 했다. 모든 장비는 사용하기 전후에 늘 소독하고, 공기 정화 시설이 없는 체육관은 정화기를 설치해야 했다. 그러나 실내 수영장 개장 허가는 아직 나지 않았고, 단체 훈련 강좌나 실내 자전거, 요가, 필라테스 강좌 등도 열리지 않았다. 코로나 바이러스의 확산 위험이 큰 환경이었기 때문이다.

나는 수영장 개장이 허락되고 나서야 이전에 다니던 첼시 피어스 피트니스 센터로 돌아갔다. 수영장 이용이 가능해진 첫날인 9월 30일이었다. 창고처럼 생긴 3층짜리 건물의 주차장 쪽에 체크인 데스크가 마련되어 있었다. 나는 체육관에서 만들어 놓은 앱으로 내 회원증 바코드를 스캔하고 또 하나의 의무사항인 '일일 건강 확인서'를 제출했다. 직원이 내 체온을 잰 다음 입장을 허락했다.

긴장됐다. 코로나에 걸릴까 두려워서가 아니라 나도 모르게 새 규칙을 어기는 잘못을 저지르지 않을까 걱정이 되어서였다. 항상 북적대던 그곳은 거의 텅 비어 있고 쥐 죽은 듯 조용했다. 체육관 한가운데 있는 커다란 식당은 문이 닫혀 있었다. 믹서기와 주스 착즙기가 돌아가는 소리, 사람들의 말소리로 떠들썩했던 곳이었다. 심지어 커다란 텔레비전마저도 꺼져 있었다. 탈의실로 걸어가면서 한밤중에 공항 안을 걸을 때와 비슷한 으스스한 느낌이 들었다. 커다란 안내 문구들이 조명을 받으며 벽에 붙어 있었다. 그중 몇 개에는 두 팔을 교차시켜 커다란 X를 만든 그림과 함께 '스포팅 금지No Spotting'이라는 경고문이 쓰여 있었다.

스포팅 금지라… 그 두 단어에는 모든 것이 얼마나 극적으로 변했는지가 담겨 있었다. 스포팅은 다른 회원들이 중량 운동을 하는 것을 직접적인 신체적 접촉을 통해 도우면서 "자, 자, 두 번만 더!"라고 북돋으며 상대방이 스스로 기록을 깨게 돕는, 체육관에서만 볼 수 있는 따뜻한 문화였다. 그런 상호작용은 서로 완전히 모르는 회원들 사이에서도 흔히 이루어졌다. 그렇게 하지 않는 것, 다시 말해 도움이 필요한 상황을 못 본 척 지나치는 것, 장비나 아령을 공유하지 않는 것이 무례하며 스포츠맨 정신에 어긋나는 행동으로 여겨지던 때가 바로 얼마 전이었다. 하지만 팬데믹 시대에는 그것이 에이즈 시대에 콘돔을 사용하지 않는 성행위와 맞먹는 행동이었다.

탈의실에는 나 말고 2명의 사람이 있었다. 운동을 하러 온 사람들과 맞먹는 수의 직원들이 라커 문, 선반, 샤워실 내부 등을 소독하느라 바쁘게 움직이고 있었다. 건식 사우나와 널찍한 습식 사우나는 언제 다시 열겠다는 안내도 없이 문이 닫혀 있었다. 어쩌면 영원히 그렇게 남아 있을지도 모를 일이었다. 로마를 찾은 메리쿠리아레가 만난, 테르마에thermae라 불렸던 무너져가는 고대 목욕탕 유적이 떠올랐다. 지나간 시대, 다른 문화가 남겨 놓은 유적 말이다. 너무도 우울한 광경이었다. 하지만 나는 그런 것을 너무 오래 염두에 두지 말자고, 이 정도라도 할 수 있게 된 것이 다행이라고 스스로 타일렀다. 재빨리 수영복으로 갈아입은 나는 수건을 집어 들고 시간에 맞춰 수영장으로 향했다. 5분 일찍 도착하라는 안내가 있었다. 30분까지 허락된 내 수영장 사용은 2시 10분부터였다. 병원 약속 시간에 맞춰 가는 느낌이었다.

안전 요원이 내 예약을 확인한 다음 규칙을 설명했다. 물에 들어가기 직전까지는 계속 마스크를 착용해야 하고, 벗은 마스크는 그가 건넨 비닐 주머니에 넣어서 수영장 바로 옆에 보관해야 했다. 킥보드나 부표, 오리발 등은 쓰고 나면 소독을 할 수 있도록 그에게 반환하라고 했다. 레인을 함께 사용하거나 여러 사람이 원을 그리며 수영하던 이전과 달리 각자에게 하나의 레인이 주어졌다. 팬데믹의 드문 이점 중 하나였다. 일찍 왔지만 1번 레인이 비어 있어서 바로 시작할 수 있었다.

'올리버의 레인인데.' 나는 속으로 생각했다. 그는 늘 1번 레인에서 수영했다. 어떨 때는 올리버가 사다리가 있는 1번 레인을 사용할 수 있도록, 안전 요원이 거기서 수영하던 사람에게 다른 레인으로 옮겨달라 부탁하기도 했다. (올리버는 지팡이를 짚으면서 걸었고, 사다리 없이 그냥 몸을 구부려 물속으로 들어갈 수 없었다.) 그는 내 팔을 꼭 붙들고 커다란 발에 오리발을 신고 철벅거리며 사다리가 있는 곳까지 걸었고, 나는 그가 안전하게 물속으로 들어갈 수 있도록 돕곤 했다.

나는 마스크를 벗고 물안경을 쓴 채 물속으로 뛰어들었다.

물이 차가웠다. 정말 차가웠다! 10월의 산속 호숫물만큼은 아니지만 평소보다 훨씬 온도가 낮았다. 수영장을 완전히 비우고 청소를 한 다음 다시 채운 게 분명했다. 첨벙! 나는 물을 헤치고 나아갔다. 손은 V자 모양으로 앞으로 뻗고, 다리는 돌고래 킥을 하면서 앞으로 나아가다 3분의 1쯤 된 지점에서 표면으로 올라와서 자유형을 시작했다. 3월 이후 하루도 쉬지 않은 것처럼 자동으로 몸이 움직였다. 물속에 들어오기 전에는 팔다리를 저어나가는 동시에 얼굴을 양쪽으로 돌려 호흡하는 동작의 리듬을 자연스럽게 되찾을 때까지, 얼마나 걸릴까 궁금했다. 몸이 굳어지지는 않았을까 생각했다. 하지만 아니었다. 내 몸은 정확히 무엇을 할지 알고 있었다. 팔다리를 뻗어 당기고 차고 돌리는 동작, 바로 수영이라는 동작이 자연스럽게 나왔다. 맞은편 벽에 손을 댄 다음 몸을 돌려 발로 벽을 밀고 앞으로 나아갔다. 팬데믹은 완전히 잊고 생각이 흐르는 대로 가도록 기꺼이 맡긴 채 레인을 왕복하면서, 나는 그냥 계속 헤엄쳤다.

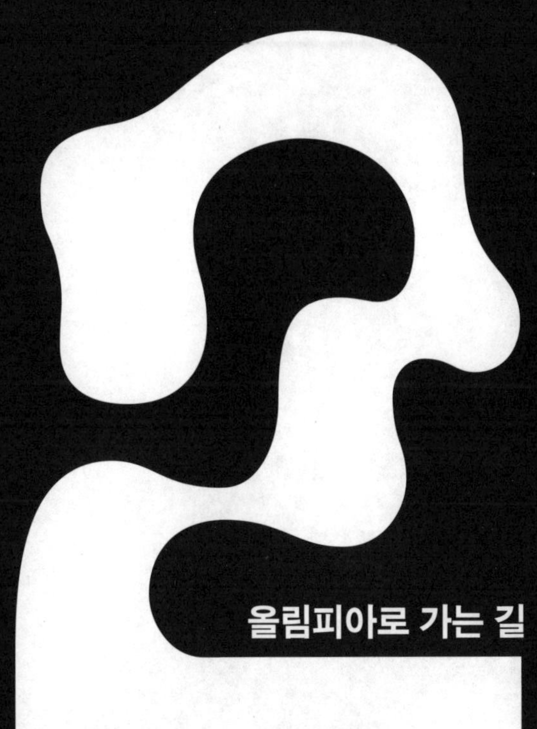

올림피아로 가는 길

여정에 오르는 것은 좋은 일이다.

—아레타이오스Aretaeus, 약 2세기

‹Roman Capriccio;The Colosseum and Other Monuments›, Giovanni Paolo Panini, 1735

나는 오랫동안 올림피아Olympia에 가는 꿈을 키웠다. 혼자서 장거리 자동차 여행을 떠나 고대 운동 경기가 열렸던 곳들을 찾아다니는, 무엇에도 견줄 수 없는 여정에 대한 꿈. 그것은 지롤라모 메리쿠리아레에게는 한 번도 주어지지 않은 기회였다. 나는 그를 위해서라도 꼭 해야만 할 일이라는 생각마저 들었다.

내가 맨 먼저 들여다본 것은 여행 가이드북이 아니라 고대 그리스의 서정 시인 핀다루스Pindar의 작품들이었다. 그는 운동 축제의 승자들을 칭송하는 승리의 헌시를 썼다. 그의 시들을 통해서 올림피아는 범그리스 운동 축제Panhellenic Games가 열린 네 곳 중 하나에 불과하다는 사실을 알게 되었다. 범그리스 운동 축제는 헬레나 제국이라 부르기도 했던 고대 그리스의 선수들이 참가하는 모든 경기를 가리켰다. 지금과 마찬가지로 4년에 한 번씩 올림피아에서 열리는 경기뿐 아니라 그사이에 이스트미아Isthmia, 네메아Nemea, 피티아Pythia에서 경기가 열렸다. 한때는 선수들뿐 아니라 관람객들도 그 네 경기장을 모두 방문하는 경우가 많았다. 하지만 이제는 이스트미아나 네메아가 나와 있는 가이드북이 그다지 많지 않다.

나는 로마에 있는 아메리칸 아카데미의 바에 앉아 맥주를 마시면서 내 여행 일정을 대충 그려봤다. 거기서 만난 아주 밝은 금색 머리의 한 젊은 고고학자가 내가 가고 싶은 곳에 가는 방법을 알려줬다. 사실 내가 하고 싶은 것은, (어떤 의미에서는) 2800년을 거슬러 올라가는 시간 여행이기도 했다. 나는 이탈리아에서처럼 기차를 타고 여기저기를 다닐 수 있으리라 생각했지만 그 젊은 고고학자는 그리스에서는 짧은 거리 말고는 그렇게 다닐 수 없다고 말했다. 차를 렌트하는 것이 더 편한 방법이고, 아테네에서 시작해 한 장소에서 다른 장소로 원을 그리듯 돌아 다시 아테네에서 여행을 마치는 것이 좋을 것이라고 설명했다. "걱정 마세요." 그녀가 나를 안심시켰다. "아테네만 빠져나가면 길이 막히지 않을 거예요."

내가 걱정한 것은 길이 막히는 것이 아니었다. 길이 막힌다는 것은 운전하지 않고 한곳에 멈춰 있다는 의미였다. 나는 오히려 운전하는 쪽을 걱정하고 있었다. 빠르게, 매우 빠르게 좁고 가파른 길에서 운전해야 하는 일 말이다. 하지만 25살짜리가 할 수 있는 일이라면 그녀 나이보다 2배는 더 많은 사람이 못할 것도 없다는 생각이 들었다. 그래서 나는 비행기와 차, 4개 도시에 호텔을 예약하고, 국제 운전 면허증을 만들었다.

~

길을 떠나기 전 나는 아테네에서 이틀을 묵었다. 내가 아테네를 좋아하지 않을 것이라고, 그곳은 뉴욕처럼 '그냥 대도시'에 불과하다는 말을 여러 사람에게서 들었다. 하지만 내게 뉴욕과 비슷하다고 하는 말은 오히려 제일 큰 칭찬이었다. 아니나 다를까 나는 첫눈에 맨해튼을 사랑하게 됐던 것처럼 아테네와도 즉시 사랑에 빠지고 말았다. 6월 말의 아테네는 굉장히 더웠다. 냉방이 잘 되는 박물관에 다니기 완벽한 날씨였다. 나는 들어가는 입구 아래로 박물관을 건설하면서 발견한 유적을 볼 수 있게 설계해서 새로 문을 연 아크로폴리스 박물관Acropolis Museum과, 스트리질과 글로이오스를 저장하는 데 사용됐던 작은 질그릇들을 포함한 놀라운 발굴 유적들이 보물섬처럼 넘쳐나는 국립 고고학 박물관National Archaeological Museum을 방문했다.

나는 렌터카 회사에서 디젤 연료를 사용하는 수동 기어 방식의 차를 좋은 가격에 빌렸다. GPS가 설치되어 있지 않은 차였지만 괜찮았다. 여행할 때 GPS에 의존하는 것은 운동경기에 참가할 때 경기력 향상 약물을 복용하는 것이나 비슷하다. 나는 구식으로 여행하는 것, 《오디세이》에서처럼 정말 구식으로 여행하는 것을 선호한다. 종이 지도 한 장만 있으면 원하는 곳 어디에나 갈 수 있을 것…이길 바랐다.

아무 문제 없이 아테네를 빠져나왔다. 차는 차선이 여러 개 있는 넓은 고속도로 위를 날 듯이 부드럽게 달렸다. 백미러에 미소 짓는 내 얼굴이 보였다. 90분도 채 지나기 전에 이스트미아로 향하는 이정표들이 보이기 시작했다. 본토와 펠로폰네소스 반도를 잇는 좁은 땅인 이스트무스 오브 코린스Isthmus of Corinth에 있어서 이스트미아라는 이름이 붙은 것이었다. 한쪽에는 코린스 해협이, 다른 한쪽에는 에게해가 펼쳐져 있었다. 나는 주유소에 차를 멈추고 가게 점원에게 이스트미아로 가는 길을 물었다.

"이스트미아?" 주방용 앞치마를 입은 중년 여성 점원이 말했다. "이스트미아! 여기, 이스트미아!" "여기가 이스트미아라고요?" 그건 좋은데, 고대 유적들은 어디에 있느냐고 내가 물었다. 그녀는 계산대 뒤에서 돌아 나와 창문 쪽으로 걸어갔다. 그런 다음 서쪽을 가리키며 외쳤다. "길? 여기!" 잠시 멈춤. "다리? 저기!" 그녀의 눈과 내 눈이 마주쳤다. 그러더니 그녀는 마술사들이 모자에서 토끼를 꺼낼 때 내는 소리를 내며 말했다. "짠! 이스트미아!" 물론 그녀가 알려준 길이 맞았다. 몇 분 운전을 한 후에… 짠! 나는 고대 이스트미아 유적지 옆 주차장에 차를 댈 수 있었다. 입구엔 입장하는 줄이 보이지 않았다. 사람이 거의 없었다. 사실 직원들과 길고양이, 몸집이 크고 무뚝뚝한 두 경비원 말고는 아무도 없었다. 나는 차에서 내려 타는 듯한 태양 아래서 주변을 둘러봤다. 약 100㎡ 정도 되는 크기였다.

솔직히 말하자면 그곳을 보고 처음 머리에 떠오른 단어는 '황량함'이었다. 오늘날의 이스트미아는 주로 돌과 흙과 나무만 보이는 메마른 들판이었다. 고대 이스트미아의 매우 작은 부분만 고고학자들에 의해 발굴된 상태였다. 하지만 풍부한 역사가 깃들어 있는 그 땅에 황량함이라는 단어는 적합하지 않은 표현이었다. 어찌 됐든 기원전 5세기 초, 젊은 플라톤이 레슬링 선수로 참가했다고 전해 내려오는 이스트미아 경기가 열리던 곳 아닌가. 그의 땀이 바로 이 땅의 흙에 섞여 있을 것이다. 나는 흙을 한 줌 손에 쥐고 흙 알갱이가 손바닥에서 흘러내리는 것을 지켜봤다.

~

나는 같은 날 오후 1시까지 네메아로 가야만 했다. 35년에 걸쳐 고대 네메아 발굴 작업을 주도한 저명한 고고학자와 만날 약속을 오래전에 해두었고, 나를 만날 시간이 1시간 밖에 없다는 이야기를 들었기 때문이었다. 겨우 시간에 맞춰 약속 장소에 도착한 나는 중요한 발굴 현장 두 곳 중 하나의 입구에 서서 기다리고 있는 스티븐 밀러 박사Dr. Stephen Miller를 만났다. 그는 나와 악수를 하자마자 성큼성큼 앞장서 걸어가면서, 급히 펜을 찾는 나를 아랑곳하지 않고 네메아의 역사를 설명하기 시작했다. 그러다가 갑자기 걸음을 멈춘 그가 말했다. "여기가 탈의실이에요." "이게 탈의실이라니, 지금까지 본 것 중에서 제일 아름다운 탈의실이네요." 그에게 내가 속삭이듯 말했다. 세로로 홈이 파이고 높이가 서로 다른 모래 색깔의 아홉 기둥이 서 있었는데, 매우 희귀한 동물을 마주했을 때 감도는 장엄함이 느껴졌다. 바닥은 고르고 평평했다. 주변에 펼쳐진 정원에는 들장미 덤불이 자라고 있었다.

밀러 박사는 그곳이 네메아 경기에 참가한 선수들이 참가 전 옷을 벗고 당시 관습에 따라 올리브 오일과 흙을 몸에 바르는 장소였다고 설명했다. 피부에 바른 기름과 흙은 천연 자외선 차단제 역할을 할 뿐 아니라 근육질 몸매의 남성적인 아름다움을 돋보이게 하는 (의도가 다분한) 효과가 숨어 있었다. 그런 다음 선수들은 나체로 경기에 임했다. "자, 이쪽은요," 밀러 교수가 말을 이었다. "우리가 찾은 '비밀 통로'예요. 탈의실에서 경기장으로 통하는 길이지요." 내가 따라 들어간 터널은 약 2m 높이에 길이는 27m 정도 되고, 역사상 가장 오래된 아치형 천장 중 하나를 가지고 있었다. 터널을 보존하고, 관람객들의 안전을 확보하기 위해 일부 복원 작업을 해야만 했으나 이 터널을 사용했던 사람들과 용도에 관한 증거들은 남아 있었다. 밀러 박사는 고대 그리스인이 터널 벽에 새겨놓은 낙서를 가리켰다. 번역해 보니 "아크로투스는 아름다워"라고 쓰여 있었다. "잠깐만요, 그러니까 한 남자가 다른 남자의 외모에 대해 말한 내용이라는 말씀이세요?" 내가 물었다. "물론이죠. 여성들은 어떤 경기에도 출전할 수 없었으니까요." 그는 그렇게 설명하면서 여성은 관람마저도 특별히 정해놓은 경우에만 허락됐었다고 덧붙였다. 게다가 당시 남성들 사이의 성적 관계는 드문 일이 아니었다.

약 180m가 넘는 길이에 12명이 나란히 달릴 수 있는 너비의 경기장은 발굴 당시 원형 그대로 보존된 상태였다. 대리석으로 된 스타팅 블록이 굳건히 자리를 지키고 있었고, 구역 전체를 둘러싼 얕은 도랑은 송수로에서 물을 끌어다가 경기와 경기 사이에 먼지가 나는 트랙에 뿌리는 용도로 설치되었을 것이다. 다양한 거리의 달리기뿐만이 아니라 원반던지기, 창던지기, 멀리뛰기 등의 육상 경기도 했다. 이뿐만 아니라 레슬링·권투·혼합 무술의 고대 그리스 버전인 인정사정없는 판크라티온 경기도 이곳에서 열렸다. 관객들은 약 2천 명 정도가 앉을 수 있는 양쪽의 경사가 완만한 잔디밭에서 경기를 구경했다. 고대의 사진 판정가들에 해당하는 심판관들은 트랙 끝에 배치되어 있었다.

밀러 박사는 이곳을 다 둘러본 후, 400m 정도 거리에 있는 또 다른 현장으로 가자고 말했다. 그곳에는 제우스 신을 섬기는 신전과 스포츠 경기와 관련된 모든 종교 의식을 올리는 곳의 유적이 있다고 했다. 우리는 거기서 만나기로 하고 각자 차에 올라탔다. 하지만 다음 순간 이해할 수 없는 일이 일어났다. 적어도 그 순간에는 그랬다. 총소리를 방불케 하는 커다란 폭발음이 났고, 나는 한쪽으로 밀어제쳐지는 느낌을 받았다. 백미러로 보니 뒷 유리창이 완전히 박살 나 있었는데 이유를 전혀 알 수가 없었다. 그리고 뒷 유리창이 있어야 할 곳에 올리브 나무 둥치가 보였다. 내 차가 꽤 빠른 속도로 후진을 해서 나무를 박은 것이었다. 실수로 기어를 1단이 아니라 후진에 두었기 때문이었다. 차의 뒷면이 완전히 부서져버렸다.

밀러 박사가 바로 옆에 차를 댔다. "나도 똑같은 짓을 두 번이나 한 적이 있어요." 그가 차 창문 너머로 소리쳤다. "저 망할 놈의 나무! 저 녀석한테 당한 사람이 아주 많아요!" 그는 쿡쿡 웃더니 빠른 속도로 차를 몰고 가버렸다. 내가 할 수 있는 일은 하나도 없었다. 밀러 박사와 보낼 수 있는 시간은 20분밖에 남지 않았고, 차는 여전히 작동됐다. 나는 천천히 차를 굴려 언덕을 내려갔다.

~

내가 그 여행에서 돈을 물 쓰듯 한 게 한 군데 있다면 가능한 한 모든 자동차 보험을 든 일이었다. 네메아에서 전화를 했더니 허츠 렌탈사는 나플리오Nafplio에서 다른 차를 픽업할 수 있도록 해주었다. 나는 네메아에서 한두 시간 거리에 있는 그 바닷가 마을에서 하루 묵기로 했다. 망가진 차를 고치는 데 내가 내야 할 돈은 아주 소액에 불과했다. 축하하는 의미로 수영을 하는 것이 마땅하다고 느껴졌다. 오후 6시에서 6시 반 정도 되었던 걸로 기억한다.

가족이 운영하는 작은 호텔의 직원인 타노스가 어디로 가야 하는지 알려줬다. 부두 반대편에 있는 '대리석 해변'이라고 했다. 정확히 어딘지 알아내려고 애를 썼지만 그는 문 쪽을 가리키면서 "반대쪽이에요. 가면 알아요"라고만 했다. 어쩌면 내가 한 말을 잘못 알아들은 것인지도 몰랐다. "거기까지 얼마나 오래 걸리나요?" 어깨를 으쓱해 보이는 것이 내가 원하는 만큼 걸릴 것이라는 뜻 같았다.

나는 바다를 껴안듯 굽어진 해안도로로 나섰다. 태양은 거의 지기 직전까지도 38도로 불타오르고 있었다. 약 40분 정도 가다 보니 과연 대리석 해변이 보였다. 헤아릴 수 없이 많은 마노석이 모여서 만화경처럼, 또는 여신의 보석 주머니가 쏟아진 것처럼 보이는 곳을 상상했지만 그곳은 그냥 바위투성이 해변이었다. 시간이 늦어지고 있었는데도 불구하고 여전히 사람들이 바다에 들어가 있었다. 나는 온몸을 엄습하는 차분한 느낌을 즐기며 그 광경을 한동안 지켜봤다. 물은 기름처럼 새까맸다. 물결이 꽤 크게 일어서 파도가 시멘트 방파제에 철썩철썩 부딪히고 있었다. 나는 배낭에 옷을 구겨넣은 다음 아무 데나 던져뒀다. 방파제 하나에 달린 사다리를 타고 물속으로 들어간 후 수영을 했다. 꽤 멀리까지 나아가면서 그날의 스트레스가 물에 씻겨 나가는 감각을 즐겼다.

다음 날 아침 타노스는 나플리오에서 올림피아로 가는 지도를 그려줬다. 펠로폰네소스를 동쪽에서 서쪽으로 가로지르는 여정이었다. 그는 길이 매우, 아주 단순하다고 말했다. 그리고 그는 가는 길이 매우, 아주 아름다우며 2시간 정도 걸릴 것이라 말했다. 그는 또 자기는 한 번도 가본 적이 없는 길이라고도 말했다. 그즈음 나는 길을 못 찾는 내 능력과, 걸핏하면 길을 잃는 내 성향을 고려해서 한 지점에서 다른 지점까지 운전해서 가는데 필요한 시간을 계산하는 공식을 가지고 있었다. 보통 사람들이 잡는 시간에 2를 곱하고, 거기에 여유 있게 1시간쯤 더 보태주는 방법이다. 따라서 '올림피아까지 2시간'이라고 타노스가 말했으니 모든 일이 잘 풀려도 5시간쯤 걸릴 것이었다. 올림피아까지 가는데 하루를 잡았으니 괜찮다고 생각했다. 길을 조금 돌아서 미케네Mycenae까지 보는 것도 좋을 것 같았다.

미케네는 아르골리드Argolid 평원에 있는 요새 도시로, 나플리오에서 북쪽으로 1시간가량 차를 몰면 나오는 곳이었다. 청동기 시대 초기부터 형성되기 시작한 미케네 문명은 거의 4천 년 전으로 거슬러 올라간다. 운동 경기에 관한 최초의 언급 중 하나에서도 미케네가 등장한다. 선수들은 권투나 레슬링 경기를 경쟁이 아닌, 왕을 위한 오락으로 시연했다. 나는 늘 경기장이 딸린 거대한 궁전을 상상했지만 궁전 유적이 발굴된 언덕을 올라가보니 내 생각이 잘못된 것임을 알 수 있었다. 왕의 궁전은 상대적으로 작았다. 권투 선수들은 왕 바로 앞에서 경기를 벌였을 것이다. 왕은 선수들의 몸에 흐르는 땀 냄새를 맡고, 뼈가 으스러지는 소리를 듣고, 그들이 죽도록 얻어맞는 것을 아마도 만족스러운 표정으로 지켜봤을 것이다.

미케네를 떠나 길을 되짚어 올림피아로 향하는 주 도로로 돌아온 후 나는 적어도 세 번 이상 길을 잃는, 길치다운 면모를 발휘했다. 이정표가 드물었고, 그나마 있는 것도 그리스어로 쓰여 있었다는 게 주된 이유였다. 길을 잃을 때마다 주유소 직원이나 가게 점원이 길 찾는 것을 도와줬다. 타노스는 헛소리를 하는 사람이 아니었다. 가는 길은 정말로 아름다웠고, 산으로 올라갈 수록 점점 더 아름다워졌다.

5시간 정도 운전을 하고 가던 즈음 지도에 표시되어 있지 않는 산골 동네가 나왔다. 나는 차를 세우고 걸어서 동네를 둘러보기 시작했다. 길 하나가 작은 동네 전체를 관통하고 있었다. 집들이 그 길 위와 아래의 가파르고 나무가 많이 있는 산비탈에 지어져 있었지만 사람은 하나도 보이지 않았고, 인기척도 들리지 않았다. 마치 유령 도시로 변한 샹그릴라(제임스 힐튼이 쓴 《잃어버린 지평선*Lost Horizon*》이라는 작품에 나오는 가공의 장소—옮긴이)에 온 느낌이었다.

식당 한 군데를 들여다봤지만 아무도 없었고, 가게 몇 군데에서도 사람 그림자도 보이지 않았다. 계속 걷다가 바 하나를 찾았는데 바의 주인으로 보이는 젊은 부부가 인도로 꺼내놓은 테이블에 앉아 있었다. 남자는 선사시대의 무사 같은 얼굴과 그에 걸맞은 턱수염을 기르고 있었다. 여자는 몸매가 드러나는 서머드레스를 입은 매력적인 모습에 구릿빛 머리카락을 가지고 있었다. 두 사람 모두 영어를 거의 하지 못했다. 목이 너무 말랐던 나는 코카콜라를 두 잔 주문해서 게눈 감추듯 모두 순식간에 마셨다. 내가 지도를 꺼냈더니 그녀가 그 동네의 위치를 짚어줬다. 그곳은 아르카디아Arcadia라는 곳이었다. 아르카디아라면 유토피아와 동일어가 아닌가. 모든 것이 이해가 됐다.

차로 돌아가는 길에 식당에서 나오는 남자와 마주쳤다. 나는 그에게 영업을 하는지 물었다. "물론이죠." 그가 그윽한 목소리로 답했다. 덥수룩한 턱수염에 트라이엄프 모터사이클(영국의 오토바이 제조 기업.—옮긴이)의 티셔츠를 입고 있었다. "메뉴 가져다 드릴게요." 그렇게 말하고 그는 길을 건너더니 다른 식당으로 들어갔다. 나는 야외 파티오에 앉았다. 나 말고는 아무도 없었다. 그 남자가 몇 분 후에 돌아왔다. 내가 맥주를 주문하자 그가 몸을 돌려 길 건너로 걸어갔다. 서두르지 않는 그 리듬이 너무 좋았다. 10분쯤 지났을까, 아니 그보다 더 지났을까, 그가 얼음처럼 차가운 맥주를 가지고 돌아왔다. 나는 클럽샌드위치를 주문했다. "이 동네에 대해 좀 이야기해 주세요." 내가 물었다. "역사를 알고 싶어요." 그가 불편한 표정을 지었다. "영어를 잘 못해요."

내가 괜찮다고 그를 안심시키자 그가 몇 가지 소소한 이야기들을 해줬다. "건축업자들이 지은 동네예요. 다른 동네에서 사람들을 위해 집을 짓는 노동자들이요." 그는 그 사람들이 제일 좋은 이곳을 자기들의 집을 지을 장소로 남겨뒀다가, 나중에 돌아와 집을 지었다고 설명했다. "멋지네요. 선생님은요?" "난 20년 전에 여기 왔어요. 그때부터 계속 여기 살았죠." 30분쯤 후 트라이엄프맨이 내 클럽샌드위치를 들고 다시 돌아왔을 때 나는 그가 감자튀김을 포함해서 모든 것을 직접 만들었다는 걸 깨달았다. 그는 내가 조용히 음식을 즐기도록 자리를 떴다.

너무 오래 돌아오지 않아서 그가 나를 잊어버린 것 아닌가 짐작할 정도였다. 나중에 다시 돌아와 이 마을을 찾으려 해도 그럴 수 없을 것 같다는 생각이 얼핏 들었다. 집들도, 젊은 부부도, 이 식당도 모두 나중에 사라져버릴 것 같았다. 떠나기 전 나는 길 건너 텅 빈 바에서 트라이엄프맨을 찾았다. 그는 활짝 웃으며 손을 뻗어 병 하나를 들더니 작은 잔에 금빛 액체를 따랐다. 그리고는 내 쪽으로 잔을 밀었다.

"그리스 전통이에요." 내 얼굴에 떠오른 질문에 대한 답이었다. 꿀로 만든 리큐어였다. 그는 자기 잔에도 리큐어를 한 잔 채웠고, 우리는 건배를 했다. 가볍고 달콤했지만 지나치게 달지는 않았다. 우리 아버지라면 두 남자가 마시기에 충분할 정도로 독한 술이라고 했을 것이다. 그는 종이컵에 더블 에스프레소를 만들어 줬고, 나는 계산을 했다. "올림피아?" 나는 문을 나섰다가 다시 고개를 안으로 쑥 집어넣고 길을 가리키며 물었다. "이 쪽인가요?" "네, 그 길 따라가다 보면 금방 나와요." 그가 대답했다.

~

그로부터 3시간, 운전을 시작한 지 8시간 만에 올림피아에 도착해 보니 중심가가 혼잡해 차가 움직이지 않고 있었다. 나는 주변 골목에 차를 세우고 혼잡의 진원지 쪽으로 걸어갔다. 유리창이 깨진 가게 앞에 사람들이 많이 모여 있었다. 인도에 유리 조각이 흩어져 있는 것이 보였다. 보석 가게였는데 옆에 있던 한 젊은이가 불과 몇 분 전에 총을 든 강도가 들이닥쳐 가게 앞 쇼윈도를 깨고 거기 있던 보석들을 가지고 달아났다고 말해줬다. "범인들은 잡았나요?" 내가 물었다. 하지만 나도 그 말이 내 입 밖으로 나오는 순간 그게 얼마나 순진한 말인지 깨달았다. "총으로 무장한 4명을 누가 막겠어요." 그가 코웃음을 쳤다. "이제 이 나라 사람들은 돈이라면 뭐든 할 거예요." 나는 그곳을 떠나 호텔에 체크인을 한 다음 재빨리 씻고 다시 차를 타고 오후 8시에 문을 닫는 고대 올림픽 경기장으로 향했다.

알고 보니 내가 간 때는 그곳을 방문하기에 제일 좋은 시각이었다. 관광 버스가 떠난 뒤라 15~20명 정도 되는 사람 말고는 거의 텅 비어 있었고, 황혼빛을 받아 마법에 걸린 듯 아름다웠다. 여전히 32도로 공기는 뜨거웠지만 건조했고, 낮게 걸린 태양은 녹아내리는 황금 같았지만 몸을 쉴 그늘을 내어주는 나무 또한 많았다. 축구장 4개 정도 크기의 그곳은 기념품 가게로 북적이지도, 이탈리아의 다른 역사 유적들처럼 눈을 부라리며 관광객들을 꾸짖는 경비원들로 넘쳐나지도 않았다. 그냥 누구의 간섭도 없이 그 순간을 음미하는 것이 가능했다.

나는 체육관과 경기장, 팔레스트라palestra(고대 그리스의 레슬링 및 육상 훈련장—옮긴이)를 둘러보며 각각의 뛰어난 단순미와 기능미를 감상했다. 유적지를 둘러보는 동안 나를 감싼 그 고요하고도 차분한 분위기는 피와 땀이 흐르던 곳이라기보다는 종교적 묵상을 하던 곳 같은 느낌을 줬다.

다른 건물도 많이 있었는데 일부는 신과 여신을 위한 신전들이었고, 그중에서도 제우스 신전이 가장 눈에 띄었다. 이외에도 이 명당 자리에 눈독 들인 로마 황제의 명령으로 지어진 저택처럼, 훨씬 후에 지어진 건물들도 있었다. 나는 고대 올림픽 경기에 참가했던 선수들에게 올림피아가 어떤 곳이었는지를 머릿속에서 그려보려고 노력했다. 원래 올림픽 경기장의 일부가 아니었던 건물들을 시각적으로 제외하고 생각하려면 부단히 상상력을 동원해야만 했다. 그래도 괜찮았다. 애초에 올림픽 경기가 열렸던 것 자체가 위대한 집단 상상력을 발휘한 덕분이 아니었던가?

사람들은 고대 올림픽이 시작된 해를 기원전 776년으로 인지해 왔지만, 이제 역사학자들은 그보다 나중일 수도 있다고 믿는다. 어찌 됐든 올림피아에서 열렸던 경기들은 그리스의 다양한 체육 제전들 중 가장 최초로 시작되었을 뿐 아니라 가장 오랫동안 유지된 행사이기도 했다.

고대 올림픽 경기의 권위는 이 경기에 참여했던 선수들과 올림피아에 유일하게 부과되었던 특별한 조건 덕분에 생겨났다. 선수들은 매년 10개월을 쉬지 않고 훈련해 왔다고 맹세해야 하고, 그 조건이 충족되면 경기가 시작되기 전 30일 동안 근처의 합숙소에서 다 함께 치열한 훈련을 해야만 했다. 이 훈련은 올림픽 경기 자체보다 더 어려웠다고 알려져 있다. 이 과정에서 실력이 못 미치거나, 스포츠에 전적으로 헌신할 마음가짐을 갖추지 못한 선수들이 떨어져 나가기 때문에 결국 그야말로 최고 중에서도 최고들만 경기에 참가할 수 있었다. (이 부분은 심지어 《성경》에 언급되기까지 한다. 바울이 고린도 성도들에게 보낸 편지 중 자기 수양의 필요성에 대한 설명을 하면서 이렇게 말한다. "경기에 출전하는 사람들은 모두 엄격한 훈련을 거칩니다. 그들은 금방 시들어버릴 관을 위해서 그리 하지만, 우리가 하는 자기 수양은 영원히 시들지 않는 관을 얻기 위함입니다.") 최고의 몸상태를 유지하기 위해 1년 내내 계획적으로 운동을 하는 과정은, 현대의 우리가 체육관에서 운동하는 개념의 전신이라고 할 수 있다.

나는 최대한 늦게까지 올림피아에 머물다가 문을 나서며, 그곳을 지키던 두 경비원에게 인사로 "정말 아름다워요!"라고 나도 모르게 경탄을 했다. 둘 중 한 여성이 서툰 영어로 대답했다. "이게 일이고, 날마다 여기 오면, 잊어버려요…." "이곳이 얼마나 특별한 곳인지를요?" 내가 말했다. "네." 그녀가 미소를 지었다.

~

올림피아를 떠나면서 나는 일종의 해방감을 느꼈다. 그것을 이제 나는 '5단 기어로 달리는 느낌'이라 부른다. 은유적으로나 현실적으로나 왼쪽으로 펼쳐진 바다를 끼고 다른 자동차는 하나도 보이지 않는 도로에서 아무 걱정 없이 전속력으로 달리는 바로 그 느낌 말이다. 나는 새로 개통한 아름다운 리오-인티리오 다리를 건너기 직전 차에 기름을 넣고 방향을 물어보기 위해 피르고스Pyrgos에서 차를 멈췄다. 주유소 직원에게 거기서 보이는 다리가 정말 멋지다고 말했다.

그 젊은이는 구역질 난다는 표정으로 고개를 저었다. "멋지긴 하죠. 하지만 모두 배가 고픈데 무슨 소용이에요." 그가 말했다. "저 다리는… 저 다리는… 잘못이에요." 나는 그가 그리스의 경제 상황으로 볼 때 저런 볼거리에 과한 큰돈을 쓰는 것이 잘못이라 말하고 싶어했다고 추측했다. 한때 세계의 불가사의 중 하나로 꼽혔던 올림피아의 제우스 신상, 혹은 현대 올림픽 경기를 위해 지나치게 화려하게 지은 경기장들처럼 말이다.

이번 여행의 여정은 지리적 조건에 따라 한 유적지에서 다른 유적지까지를 가장 쉽고 빠른 찻길로 연결한 것이었지만, 의도치 않게 시대순으로 둘러보게 되었다. 맨 처음에 방문한 이스미아는 발굴과 개발이 가장 덜 되어 있었고, 뒤로 갈 수록 점차 나아졌다. 피티아 경기가 열렸던 델피Delphi로 들어가면서 나는 맨 마지막으로 볼 곳이 가장 좋은 곳일 수도 있겠다는 생각이 들었다.

델피는 포키스 계곡의 파르나소스 산Mount Parnassus의 돌출부에 자리잡고 있어서 엄청난 경관을 자랑하는 곳이었다. 유적지에 가기에는 너무 늦은 시각이었지만 해가 지기 전 슬쩍 본 걸로만도 숨이 턱 막힐 지경으로 아름다웠다. 다음날 아침 일찍 나는 고대 유적지에 도착했다. 신화에 따르면 아폴로 신이 이곳에 살던 용 피톤Python을 죽인 후 경기를 시작했다고 한다. 피티아 경기Pythian Games라는 이름이 붙여진 것도 이러한 업적을 기리기 위해서다. 피티아 경기는 올림피아, 네메아, 이스트미아 경기와 중요한 차이가 하나 있었다. 운동 경기가 열리는 동안 음악과 춤 대회도 열렸던 것이다. 〈아메리칸 아이돌Amenrican Idol〉과 〈댄싱 위드 더 스타즈Dancing With the Stars〉를 합친 고대 그리스판 경연 대회였다고나 할까.

나는 잠시 주변을 파악하느라 걸음을 멈추고 자외선 차단제를 바른 다음 앞으로, 아니 위로 걸음을 옮겼다. 유적지를 보기 위해서는 산을 올라야 했기 때문이다. 나는 다른 관광객이 나를 앞질러 가도록 비켜주면서 첫 번째 주요 기념물인 아폴로 신전으로 천천히 향하는 동안, 이 압도적인 크기의 신전이 점점 더 크게 다가오는 순간을 온몸으로 음미했다.

신전 자체가 너무도 크고 웅장해서 그에 비하면 네메아의 탈의실은 섬세한 인형의 집처럼 느껴질 정도였다. 건물 주변을 빙 돌아 걸으면서도 이곳이 3천여 년 전에 지어졌다는 사실을 믿을 수가 없었다(이 궁금증에 대한 답은 노예 노동이지만, 그보다 더한 무엇, 이 아름다운 건축물을 가능케 한 어떤 신비로운 힘이 있었던 게 분명했다). 델피의 신탁이 바로 이 신전에 살았다. (그녀의 신탁은 항상 여사제였다.) 땅에 난 틈으로 올라오는 연기, 아마도 광천수에서 나오는 기체였을 연기를 마신 후 무아지경에 이르러 미래의 일을 예언했다.

아무리 신탁이라 해도 이 세상과 역사 곳곳을 헤매고 다니는 사람의 발길이 닿는, 예상치 못한 곳에 관해서는 예언하지 못할 거란 생각이 불현듯 들었다. 어떤 초능력을 가졌더라도, 아무리 공감 능력이 뛰어나더라도, 한 사람의 생애가 얼마나 큰 고난과 시험에 봉착할지, 얼마나 애간장이 끊어지는 경험을 할지, 얼마나 성장할지 말할 수 있는 예언가는 없을 것이다. 내가 그곳에 서 있다는 사실, 경기장 유적지 네 곳을 모두 방문할 수 있었다는 사실이 행운이라는 생각이 들었다. 내게 이러한 영감을 준 메리쿠리아레에게 무언의 감사를 보냈다. 극장과 그 위쪽 산 중턱을 깎아 만들어 놓은 경기장으로 오르는 내 머리 속에 핀다루스의 싯구 하나가 떠올랐다.

새로이 성공을 일구어 낸 사람은
온몸에 빛을 받으며
희망에서 희망으로 솟구쳐 오르네
기량을 증명받았으니
공기 중을 날 듯 걸으며
마음속에서
억만금보다 더 달콤한 계획을 싹틔우네

참고 문헌

Agasse, Jean-Michel. "Girolamo Mercuriale: Humanism and Physical Culture in the Renaissance", Translated from French by Christine Nutton. In Mercuriale, 《*Girolamo Mercuriale: De arte gymnastica*》, 861–1118. English-language translation of Mercuriale's text included. Translated from Latin by Vivian Nutton. Florence, Italy: Leo S. Olschki, 2008.

Ananthaswamy, Anil. "The Exercise Paradox." 〈*New Scientist*〉, June 1, 2013, 28–29.

Angelopoulou, N., et al. "Hippocrates on Health and Exercise." 〈*Nikephoros*〉 13 (2000): 141–52.

Arcangeli, Alessandro, and Vivian Nutton, eds. 《*Girolamo Mercuriale: Medicina e cultura nell'Europa del cinquecento*》. Florence, Italy: Leo S. Olschki, 2008.

Aristotle. 《*Problems: Books 1–19*》. Translated by Robert Mayhew. Cambridge, MA: Harvard University Press, 2011.

Aristotle. 《*Problems: Books 20–38*》, Translated by Robert Mayhew. Cambridge, MA: Harvard University Press, 2011.

Aschwanden, Christie. "Faster Body, Faster Mind." 〈*New Scientist*〉, November 9, 2013, 44–47.

Barry, John M. 《*The Great Influenza*》. New York: Penguin Books, 2004.

Beecher, Catharine. 《*A Treatise on Domestic Economy*》. New York: Harper & Bros., 1848.

Berryman, Jack W., and Robert J. Park, eds. 《*Sport and Exercise Science: Essays in the History of Sports Medicine*》. Urbana: University of Illinois Press, 1992.

Biagioli, Brian D. 《*Advanced Concepts of Personal Training*》. Coral Gables, FL: National Council on Strength & Fitness, 2007.

Black, Jonathan. 《*Making the American Body*》. Lincoln: University of Nebraska Press, 2013.

Blasé, Irene. Unpublished translation of Girolamo Mercuriale's 《*De decoratione liber* (Venice, Italy: Giunta, 1585)》. Collection of Clendening History of Medicine Library, University of Kansas Medical Center, Kansas City.

Blasé, Irene. Unpublished translation of Girolamo Mercuriale's 《*De excrementis*(Venice, Italy: Giunta, 1572)》. Collection of Clendening History of Medicine Library, University of Kansas Medical Center, Kansas City.

Borelli, Giovanni Alfonso. 《*De motu animalium*》. Rome: Angeli Bernabó, 1680 – 81.

Bowie, Ewen, and Jas Elsner, eds. 《*Philostratus*》. Cambridge, UK: Cambridge University Press, 2009.

Brailsford, Dennis. 《*British Sport: A Social History*》. Rev. ed. Cambridge, UK: Lutterworth Press, 1997.

Bramble, Dennis M., and Daniel E. Lieberman. "Endurance Running and the Evolution of Homo." 〈*Nature*〉, November 18, 2014, 345 – 52.

Brod, Max. 《*Franz Kafka: A Biography*》. Translated by G. Humphrey Roberts and Richard Winston. New York: Schocken Books, 1960.

Butler, George. 《*Arnold Schwarzenegger: A Portrait*》. New York: Simon & Schuster, 1990.

Castiglione, Baldesar. 《*The Book of the Courtier*》. Translated by George Bull. New York: Penguin Books, 1967.

Celenza, Christopher S. 《*The Lost Italian Renaissance*》. Baltimore: Johns Hopkins University Press, 2004.

Christensen, Paul, and Donald G. Kyle, eds. 《*A Companion to Sport and Spectacle in Greek and Roman Antiquity*》. Hoboken, NJ: Wiley Blackwell, 2014.

Coffin, David R. 《*Pirro Ligorio: The Renaissance Artist, Architect, and Antiquarian*》. University Park: Pennsylvania State University Press, 2004.

Cohen, Elizabeth S., and Timothy Cohen. 《*Daily Life in Renaissance Italy*》. Westport, CT: Greenwood Press, 2001.

Conrad, Lawrence I., Michael Neve, Vivian Nutton, Roy Porter, and Andrew Wear. 《*The Western Medical Tradition: 800 B.C.–1800 A.D*》. Cambridge, UK: Cambridge University Press, 1995.

Corcoran, Clinton. "Wrestling and the Fair Fight in Plato." 〈*Nikephoros*〉 16 (2003): 61 – 85.

Corvisier, Jean-Nicolas. "Hygieia: Plutarch's Views on Good Health." 〈*Nikephoros*〉 16 (2003): 115 – 46.

Crowther, Nigel B. "The Olympic Training Period." 〈*Nikephoros*〉 4 (1991): 161 – 66.

Crowther, Nigel B. "The Palestra, Gymnasium, and Physical Exercise in Cicero." 〈*Nikephoros*〉 15 (2002): 159 – 74.

Decker, Wolfgang. 《*Sports and Games of Ancient Egypt*》. Translated by Allen Guttmann. New Haven, CT: Yale University Press, 1992.

Delavier, Frederic. 《*Strength Training Anatomy*》. Champaign, IL: Human Kinetics,

2010.

Dickie, Matthew W. "Calisthenics in the Greek and Roman Gymnasium." 〈*Nikephoros*〉 6 (1993): 105 – 51.

Dimon, Theodore. 《*The Body in Motion: Its Evolution and Design*》. Berkeley, CA: North Atlantic Books, 2011.

Duby, Georges, ed. 《*Revelations of the Medieval World*》. Vol. 2 of A History of Private Life. Translated by Arthur Goldhammer. Cambridge, MA: Belknap Press of Harvard University Press, 1988.

Dutton, Kenneth R. 《*The Perfectible Body: The Western Ideal of Male Physical Development*》. New York: Continuum, 1995.

Evans, Nick. 《*Bodybuilding Anatomy*》. Champaign, IL: Human Kinetics, 2007.

Ferretti, Anna Colombi. 《*Il complesso monumentale di San Mercuriale a Forlì Restauri*》. Forlì-Cesena, Italy: STC Group, 2000.

Folk, G. Edgar, and Holmes A. Semken Jr. "The Evolution of Sweat Glands." 〈*International Journal of Biometeorology*〉 35 (1991): 180 – 86.

Fonda, Jane. 《*Jane Fonda's Workout*》. VHS. Produced by Sid Galanty. Released by Karl Home Video and RCA Video Productions, 1982.

Fonda, Jane. 《*Jane Fonda's Workout Book*》. New York: Simon & Schuster, 1981.

Fonda, Jane. 《*My Life So Far*》. New York: Random House, 2005.

Fuller, Francis. 《*Medicina Gymnastica*》, *or,* 《*A Treatise Concerning the Power of Exercise*》. London: printed by John Matthews at the Angel and Crown in St. Paul's Church, 1705.

Gage, Frances. "Exercise for Mind and Body: Giulio Mancini, Collecting, and the Beholding of Landscape Painting in the Seventeenth Century." 〈*Renaissance Quarterly*〉 61 (2008): 1167 – 207.

Gaines, Charles, and George Butler. 《*Pumping Iron: The Art and Sport of Bodybuilding*》. New York: Simon & Schuster, 1974.

Galen. 《*Galen's Hygiene(De Sanitate Tuenda)*》. Translated by Robert Montraville Green, MD. Springfield, IL: Charles C. Thomas, 1951.

Galen. 《*Selected Works*》. Translated by P. N. Singer. New York: Oxford University Press, 1997.

Gallini, Giovanni Andrea. 《*A Treatise on the Art of Dancing*》. London: printed for the author, 1762.

Gamrath, Helge. 《*Farnese: Pomp, Power, and Politics in Renaissance Italy*》. Rome: L'Erma di Bretschneider, 2007.

Gardiner, E. Norman. 《*Athletics of the Ancient World*》. London: Oxford University Press, 1971.

Gaston, Robert W. 《*Pirro Ligorio: Artist and Antiquarian*》. Milan: Silvana Editoriale, 1988.

Gay, Peter. 《*Freud: A Life for Our Times*》. New York: W. W. Norton, 1988.

Georgii, Carl August. 《*Kinetic Jottings: Miscellaneous Extracts from Medical Literature, Ancient and Modern*》. London: Henry Renshaw, 1880.

Gerber, Ellen W. 《*Innovators and Institutions in Physical Education*》. Philadelphia: Lea & Febiger, 1971.

Goethe, Johann Wolfgang. 《*Maxims and Reflections*》. Translated by Elisabeth Stopp. New York: Penguin Books, 1998.

Golden, Mark. 《*Sport and Society in Ancient Greece*》. Cambridge, UK: Cambridge University Press, 1998.

Goldstein, Richard. "Jack LaLanne, Founder of Modern Fitness Movement, Dies at Ninety-Six." 〈*New York Times*〉, January 24, 2011.

Grafton, Anthony, ed. 《*Rome Reborn: The Vatican Library and Renaissance Culture*》. Washington, DC: Library of Congress, 1993.

Grafton, Anthony, Glenn W. Most, and Salvatore Settis, eds. 《*The Classical Tradition*》. Cambridge, MA: Belknap Press of Harvard University Press, 2010.

Green, Harvey. 《*Fit for America: Health, Fitness, Sport, and American Society*》. New York: Pantheon Books, 1986.

Gutsmuths, Johann Christoph Friedrich. 《*Gymnastik für die Jugend*》. Schnepfenthal, Germany: Buchhandlung der Erziehungsanstalt, 1793.

Guttmann, Allen. 《*The Erotic in Sports*》. New York: Columbia University Press, 1996.

Hagelin, Ova. 《*Kinetic Jottings: Rare and Curious Books in the Library of the Old Royal Central Institute of Gymnastics*》. Stockholm, Sweden: Hagelin Rare Books AB, 1995.

Hamill, Joseph, and Kathleen M. Knutzen. 《*Biomechanical Basis of Human Movement*》. 3rd ed. Baltimore: Lippincott Williams & Wilkins, 2009.

Harris, H. A. 《*Sport in Greece and Rome*》. London: Thames and Hudson, 1979.

Harvey, William. 《*De motu locali animalium, 1627*》. Translated by Gweneth Whitteridge. Cambridge, UK: Cambridge University Press, 1959.

Hecht, Jennifer Michael. 《*The Happiness Myth: Why What We Think Is Right Is Wrong*》. New York: Harper Collins, 2007.

Herlihy, David V. 《*Bicycle*》. New Haven, CT: Yale University Press, 2004.

Hesiod. 《*Works and Days*》. Translated by Glenn W. Most. Cambridge, MA: Harvard University Press, 2018.

Hippocrates. 《*The Medical Works of Hippocrates*》. Translated by John Chadwick and W. N. Mann. Oxford, UK: Blackwell Scientific Publications, 1950.

Hippocrates. 《*Regimen in Health. Regimen 1-3*》. Translated by W. H. S. Jones. Loeb Classical Library 150. Cambridge, MA: Harvard University Press, 1931.

Homer. 《*The Iliad*》. Translated by Stephen Mitchell. New York: Free Press, 2011.

Homer. 《*The Odyssey*》. Translated by Robert Fagles. New York: Penguin Classics, Deluxe Edition, 1996.

Horstmanshoff, Manfred, Helen King, and Claus Zittel, eds. 《*Blood, Sweat, and Tears: The Changing Concepts of Physiology from Antiquity into Early Modern Europe*》. Leiden, Netherlands: Brill, 2012.

Howell, Maxwell L. 《*People's Republic of China Four-Minute Exercise Plan*》. New York: Grosset & Dunlap, 1973.

Huizinga, Johan. 《*Homo Ludens: A Study of the Play Element in Culture*》. Boston: Beacon, 1972.

Jahn, Friedrich Ludwig. 《*Treatise on Gymnastics*》. Translated by Charles Butler. Northampton, MA: Simeon Butler, 1828.

Joyce, James. 《*Ulysses: The Complete and Unabridged Text*》. New York: Vintage International, 1990.

Kafka, Franz. 《*The Diaries of Franz Kafka, Volume Two: 1914–1923*》. Translated by Martin Greenberg and Hannah Arendt. London: Secker & Warburg, 1949.

Kraus, Hans, and Ruth P. Hirschland. "Muscular Fitness and Health." 〈*Journal of the American Association for Health, Physical Education, and Recreation*〉 24, no. 10 (1953): 17 – 19.

Kuno, Yas. 《*Human Perspiration*》. Springfield, IL: Charles C. Thomas, 1956.

Kyle, Donald G. 《*Sport and Spectacle in Ancient Greece*》. Malden, MA: Blackwell, 2007.

Laden, Karl, ed. 《*Antiperspirants and Deodorants*》. New York: Marcel Dekker, 1999.

Laughlin, Terry. 《*Total Immersion: The Revolutionary Way to Swim Better, Faster, and Easier*》. New York: Fireside, 2004.

Lee, Hugh M. "The caestus in the Sixteenth Century: Brant, Raphael, Mercuriale, and Ligorio." 〈*Nikephoros*〉 18 (2005): 207 – 17.

Lee, Hugh M. "Girolamo Mercuriale: De Arte Gymnastica." 〈*Nikephoros*〉 22 (2009): 263 – 71.

Lee, Hugh M. "Mercuriale, Ligorio, and the Revival of Greek Sports in the Renaissance." In 〈*Cultural Relations Old and New: The Transitory Olympic Ethos*〉. London, ON: International Centre for Olympic Studies, 2004.

Leonard, Fred Eugene. 《*Pioneers of Modern Physical Training*》. New York: Association Press, 1922.

Lewis, Diocletian. 《*The New Gymnastics for Men, Women, and Children*》. Boston: Ticknor & Fields, 1862~1868.

Ling, Pehr Henrik. 《*Gymnastikens Allmänna Grunder*》. Upsala, Sweden: Leffler & Sebell, 1840.

Lo, Vivienne. 《*Perfect Bodies: Sports, Medicine, and Immortality*》. London: British Museum, 2012.

Locke, John. 《*Some Thoughts Concerning Education*》. London: 1693.

Löfving, Concordia. 《*On Physical Education, and Its Place in a Rational System of Education*》. London: W. Swan Sonnenschein, 1882.

Mann, Thomas. 《*Essays*》. Translated by H. T. Lowe-Porter. New York: Vintage Books, 1957.

Mantas, Konstantinos. "Women and Athletics in the Roman East." 〈*Nikephoros*〉 8 (1995): 125-44.

Massengale, John D., and Richard A. Swanson, eds. 《*The History of Exercise and Sport Science*》. Champaign, IL: Human Kinetics, 1997.

Mattern, Susan P. 《*The Prince of Medicine: Galen in the Roman Empire*》. New York: Oxford University Press, 2013.

McClelland, John. 《*Body and Mind: Sport in Europe from the Roman Empire to the Renaissance*》. New York: Routledge, 2007.

McDougall, Christopher. 《*Born to Run: A Hidden Tribe, Superathletes, and the Greatest Race the World Has Never Seen*》. New York: Vintage Books, 2011.

McGinn, Colin. 《*Sport*》. Stocksfield, UK: Acumen, 2008.

McKenzie, Shelly. 《*Getting Physical: The Rise of Fitness Culture in America*》. Lawrence: University Press of Kansas, 2013.

Mechikoff, Robert A., and Steven G. Estes. 《*A History and Philosophy of Sport and Physical Education from Ancient Civilization to the Modern World*》. New York: McGraw-Hill, 1993.

Mendez, Christobal. 《*Book of Bodily Exercise*》. Translated by Francisco Guerra. New Haven, CT: Elizabeth Licht, 1960.

Mercuriale, Girolamo. 《*De arte gymnastica*》. Venice, Italy: Giunta, 1569 (first edition) and 1573 (second edition).

Mercuriale, Girolamo. 《*De decoratione liber*》. Venice, Italy: Giunta, 1585.

Mercuriale, Girolamo. 《*De morbis cutaneis, et omnibus corporis humani excrementis tractatus locupletissimi...*》 Venice, Italy: Giunta, 1572.

Mercuriale, Girolamo. 《*De pestilentia*》. Venice, Italy: Giunta, 1577.

Mercuriale, Girolamo. 《*Girolamo Mercuriale: De arte gymnastica*》. Translated from Latin by Vivian Nutton. Florence, Italy: Leo S. Olschki, 2008.

Mercuriale, Girolamo. 《*Nomothelasmus*》. Padua, Italy: Giacomo Fabriano, 1552.

Miller, Stephen G. 《*The Ancient Stadium of Nemea*》. Walnut Creek, CA: Thomas J.

Long Foundation, n.d.

Miller, Stephen G. 《*Arete: Greek Sports from Ancient Sources*》. Berkeley: University of California Press, 2004.

Mondschein, Ken. 《*The Knightly Art of Battle*》. Los Angeles: J. Paul Getty Museum, 2011.

Morris, Jeremy, et al. "Coronary Heart Disease and Physical Activity of Work." 〈*The Lancet*〉 262 (November 21, 1953): 1053~1057.

Mulcaster, Richard. 《*Positions*》. London: printed by Thomas Vautrollier for Thomas Chare, 1581.

Neils, Jenifer. 《*Goddess and Polis: The Panathenaic Festival in Ancient Athens*》. Hanover, NH: Hood Museum of Art, Dartmouth College, 1992.

Nutton, Christine. "Mercurialis's Life and Work." In 《*Hieronymus Mercurialis, De arte gymnastica*》. Stuttgart, Germany: Edition Medicina Rara, 1978.

Nutton, Vivian, ed. 《*Medicine at the Courts of Europe, 1500–1837*》. Abingdon, UK: Routledge, 1990.

Nutton, Vivian. "The Pleasures of Erudition: Mercuriale's Variae Lectiones." In 〈*Girolamo Mercuriale: Medicina e cultura nell'Europa del cinquecento*〉, edited by Alessandro Arcangeli and Vivian Nutton, 77 – 95. Florence, Italy: Leo S. Olschki, 2008.

Oates, Joyce Carol. 《*On Boxing*》. Updated and expanded ed. New York: Harper Perennial, 2006.

Palmer, Richard. "Girolamo Mercuriale and the Plague of Venice." In 〈*Girolamo Mercuriale: Medicina e cultura nell'Europa del cinquecento*〉, edited by Alessandro Arcangeli and Vivian Nutton, 51 – 65. Florence, Italy: Leo S. Olschki, 2008.

Panvinio, Onofrio. 《*De ludis circensibus*》. 2nd ed. Padua, Italy: Pauli Frambotti, 1642.

Park, Katharine. 《*Doctors and Medicine in Early Renaissance Florence*》. Princeton, NJ: Princeton University Press, 1985.

Partner, Peter. 《*Renaissance Rome, 1500–1559: A Portrait of a Society*》. Berkeley: University of California Press, 1976.

Pascha, Johann Georg. 《*Gründliche Beschreibung des Voltiger*》. Halle, Germany: Melchior Oelschlegel, 1666.

Philostratus. Heroicus, 《*Gymnasticus, Discourses 1 and 2*》. Translated by Jeffrey Rusten and Jason König. Cambridge, MA: Harvard University Press, 2014.

Pindar. 《*Pindar's Victory Songs*》. Translated by Frank J. Nisetich. Baltimore: Johns Hopkins University Press, 1980.

Piranonmonte, Marina. 《*The Baths of Caracalla*》. Milan: Mondadori Electa, 2008.

Plato. 《*Plato: The Man and His Work*》. Translated by A. E. Taylor. Mineola, NY: Dover Publications, 2001 (unaltered republication of the fourth edition originally published in 1926 by Methuen, London).

Plato. 《*The Republic of Plato*》. Translated by Francis MacDonald Cornford. London: Oxford University Press, 1951.

Pleket, H. W. "The Infrastructure of Sport in the Cities of the Greek World." 〈*Scienze dell'antichita: Storia, archeologia, antropologia*〉 10: 627–44.

Pleket, H. W. "Roman Emperors and Greek Athletes." 〈*Nikephoros*〉 23 (2010): 175–203.

Porter, Roy. 《*Flesh in the Age of Reason: The Modern Foundations of Body and Soul*》. New York: W. W. Norton, 2004.

Potter, David. 《*The Victor's Crown: A History of Ancient Sport from Homer to Byzantium*》. New York: Oxford University Press, 2012.

Powers, Scott K., and Edward T. Howley. 《*Exercise Physiology: Theory and Application to Fitness and Performance*》. 8th ed. New York: McGraw Hill, 2012.

President's Council on Physical Fitness. 《*Adult Physical Fitness: A Program for Men and Women*》. Washington, DC: US Government Printing Office, ca. 1962.

Quinn, Susan. 《*Marie Curie: A Life*》. New York: Simon & Schuster, 1995.

Remijsen, Sofie. 《*The End of Greek Athletics in Late Antiquity*》. Cambridge, UK: Cambridge University Press, 2015.

Renbourn, E. T. "The History of Sweat and the Sweat Rash from Earliest Times to the End of the Eighteenth Century." 〈*Journal of the History of Medicine*〉 9 (April 1959): 202–27.

Rifkin, Benjamin A., and Michael J. Ackerman. 《*Human Anatomy: From the Renaissance to the Digital Age*》. New York: Harry N. Abrams, 2006.

Robertson, Claire. 《*Il Gran Cardinale: Alessandro Farnese*》, Patron of the Arts. New Haven, CT: Yale University Press, 1992.

Rousseau, Jean-Jacques. 《*Emile, or On Education*》. Translated by Allan Bloom. New York: Basic Books, 1979.

Sandow, Eugen. 《*Strength and How to Obtain It*》. London: Gale & Polden, 1897.

Santorio, Santorio. 《*Medicina Statica: Being the Aphorisms of Sanctorius*》. Translated by John Quincy. London: W. J. Newton et al., 1723~1724.

Scanlon, Thomas F. 《*Eros and Greek Athletics*》. New York: Oxford University Press, 2002.

Singleton, Mark. 《*Yoga Body: The Origins of Modern Posture Practice*》. New York: Oxford University Press, 2010.

Siraisi, Nancy G. 《*Communities of Learned Experience*》. Baltimore: Johns Hopkins University Press, 2013.

Siraisi, Nancy G. "History, Antiquarianism, and Medicine: The Case of Girolamo Mercuriale." 〈*Journal of the History of Ideas*〉 64 (April 2003): 231 – 51.

Siraisi, Nancy G. 《Medieval and Early Renaissance Medicine: An Introduction to Knowledge and Practice》. Chicago: University of Chicago Press, 1990.

Siraisi, Nancy G. "Mercuriale's Letters to Zwinger and Humanist Medicine." In 〈*Girolamo Mercuriale: Medicina e cultura nell'Europa del cinquecento*〉, edited by Alessandro Arcangeli and Vivian Nutton, 77 – 95. Florence, Italy: Leo S. Olschki, 2008.

Solari, Giovanna R. 《*The House of Farnese: A Portrait of a Great Family of the Renaissance*》. Translated by Simona Morini and Frederic Tuten. Garden City, NY: Doubleday, 1968.

Spears, Betty. "A Perspective of the History of Women's Sport in Ancient Greece." 〈*Journal of Sport History*〉 11, no. 2 (Summer 1984): 32–47.

Sutton, Richard L. 《*Sixteenth Century Physician and His Methods: Mercurialis on Diseases of the Skin*》. Kansas City, MO: Lowell Press, 1986.

Sweet, Waldo. 《*Sport and Recreation in Ancient Greece*》. New York: Oxford University Press, 1987.

Syman, Stefanie. 《*The Subtle Body: The Story of Yoga in America*》. New York: Farrar, Straus and Giroux, 2010.

Thibault d'Anvers, Gérard. 《*Academie de l'Espée*》. Leiden, Netherlands: Elzevir, 1628~1630.

Tipton, Charles M., ed. 《*Exercise Physiology: People and Ideas*》. New York: Oxford University Press, 2003.

Todd, Jan. "From Milo to Milo: A History of Barbells, Dumbbells, and Indian Clubs." 〈*Iron Game History*〉 3, no. 6 (1995): 4 – 16.

Todd, Jan. 《*Physical Culture and the Body Beautiful: Purposive Exercise in the Lives of American Women, 1800–1875*》. Macon, GA: Mercer University Press, 1998.

Tuccaro, Archangelo. 《*Trois dialogues de l'exercise de sauter et voltiger en l'air*》. Paris: Claude de Monstr'oeil: 1599.

Tyrrell, William Blake. 《*The Smell of Sweat: Greek Athletics, Olympics, and Culture*》. Wauconda, IL: Bolchazy-Carducci, 2004.

Vagenheim, Ginette. "Pirro Ligorio." In 〈*Encyclopedia of the Renaissance*〉, edited by Paul F. Grendler. Vol. 3. New York: Charles Scribner's Sons, 1999.

Vegetius, Publius Flavius Renatus. 《*De rei militari libri*》. Leiden, Netherlands: Plantin Press, 1607.

Vella, Mark. 《*Anatomy for Strength and Fitness Training*》. New York: McGraw Hill, 2006.

Vertinsky, Patricia A. 《*The Eternally Wounded Woman: Women, Doctors, and Exercise in the Late Nineteenth Century*》. Urbana: University of Illinois Press, 1994.

Veyne, Paul, ed. 《*From Pagan Rome to Byzantium*》. Vol. 1 of A History of Private Life. Translated by Arthur Goldhammer. Cambridge, MA: Belknap Press of Harvard University Press, 1987.

Vigarello, Georges. 《*The Metamorphosis of Fat: A History of Obesity*》. Translated by C. Jon Delogu. New York: Columbia University Press, 2013.

Waddy, Patricia. 《*Seventeenth-Century Roman Palaces: Use and the Art of the Plan*》. Cambridge, MA: MIT Press, 1990.

Waller, David. 《*The Perfect Man: The Muscular Life and Times of Eugen Sandow, Victorian Strongman*》. Brighton, UK: Victorian Secrets, 2011.

West, Michael. "Everard Digby, and the Renaissance Art of Swimming." 〈*Renaissance Quarterly*〉 26, no. 1 (1973): 11–22.

Zander, Gustaf. 《*Dr. G. Zander's Medico-Mechanische Gymnastik*》. Stockholm, Sweden: P. A. Norstedt & Söner, 1892.

Zeigler, Earle F. 《*History of Physical Education and Sport*》. Champaign, IL: Stipes, 1988.

Zeigler, Earle F. 《*Sport and Physical Education in the Middle Ages*》. Bloomington, IN: Trafford, 2006.

참고 사이트

"Alessandro Farnese." Wikipedia. en.wikipedia.org/wiki/Alessandro_Farnese. (2013년 7월 5일 접속 기준.)

"Alfonso II d'Este, Duke of Ferrara." Wikipedia. en.wikipedia.org/wiki/Alfonso_II_d%27Este,_Duke_of_Ferrara. (2014년 4월 3일 접속 기준.)

Brouwers, Josho. "Roman Girls in 'Bikinis'—A Mosaic from the Villa Romana del Casale." Ancient World Magazine. https://www.ancientworldmagazine.com/articles/roman-girls-bikinis-mosaic-villa-roman-del-casale-sicily/. (2021년 4월 접속 기준.)

"Council of Trent, Session XXV, On Reformation, Eighth Decree, Chapter XIX [On dueling]." The Council of Trent. http://www.thecounciloftrent.com/ch25.htm. (2021년 4월 접속 기준.)

"Gerard Thibault d'Anvers." Wikipedia. en.wikipedia.org/wiki/G%C3%A9rard_Thibault_d%27Anvers. (2014년 5월 28일 접속 기준.)

"Girolamo Mercuriale." Wikipedia. en.wikipedia.org/wiki/GirolamoMercuriale. (2013년 7월 5일 접속 기준)

"History of Fencing." Wikipedia. en.wikipedia.org/wiki/History_of_fencing. (2014년 5월 28일 접속 기준.)

"Onofrio Panvinio." Wikipedia. en.wikipedia.org/wiki/Onofrio_Panvinio. (2013년 7월 5일 접속 기준.)

"Pirro Ligorio." Wikipedia. en.wikipedia.org/wiki/Pirro_Ligorio. (2014년 4월 3일 접속 기준.)

"Pope Pius IV." Wikipedia. en.wikipedia.org/wiki/Pope_Pius_VI. (2013년 7월 14일 기준.)

"President's Council on Sports, Fitness & Nutrition—History." US Department of Health and Human Services. www.hhs.gov/fitness/about-pcsfn/our-history/index.html. (2020년 12월 접속 기준.)

Sturgeon, Julie, and Janice Meer. "The First Fifty Years: 1956–2006." US Department of Health and Human Services. www.hhs.gov/sites/default/files/fitness/pdfs/50-year-anniversary-booklet.pdf. (2020년 12월 접속 기준.)

Thayer, Bill. "Vitruvius: On Architecture." penelope.uchicago.edu/Thayer/e/roman/texts/vitruvius/home.html. (2021년 1월 접속 기준.)

Wilson-Barlow, Lindsay. "The Physiological Effects of Laughter." www.findapsychologist.org/the-physiological-effects-of-laughter-by-lindsay-wilson-barlow/. (2020년 12월 접속 기준.)

스웨트

1판 1쇄 인쇄 2023년 9월 11일
1판 1쇄 발행 2023년 9월 20일

지은이 빌 헤이스
옮긴이 김희정, 정승연

발행인 양원석 편집장 박나미 책임편집 이정미
디자인 withtext 영업마케팅 조아라, 이지원, 정다은, 박윤하

펴낸 곳 ㈜ 알에이치코리아
주소 서울시 금천구 가산디지털2로 53, 20층 (가산동, 한라시그마밸리)
편집문의 02-6443-8827 도서문의 02-6443-8800
홈페이지 http://rhk.co.kr
등록 2004년 1월 15일 제2-3726호

ISBN 978-89-255-7598-8 (03900)

SWEAT